U0056385

釋迦牟尼佛

蓮花生大士

目錄

附錄

達賴喇嘛序

大圓滿的見甚深艱奧，闡釋其見的主要著作是龍欽巴尊者（Longchen Rabjampa）頗為深奧的《妙乘藏》（*Treasury of the Supreme Vehicle*），以及《法界藏》（*Treasury of the Expanse of Reality*）。我建議對寧瑪派的共修道和對大圓滿不共法教有興趣的人，應當要研讀持明吉美・林巴（Rigdzin Jigme Lingpa）較易趨入的《功德藏》（*Treasury of Precious Qualities*）。這個譯本是甘珠爾仁波切（Kangyur Rinpoche）隆欽・耶謝・多傑（Longchen Yeshe Dorje）所著《功德藏》釋論的第一冊。

《功德藏》屬於「道次第」（lam rim）類的典籍，涵蓋了寧瑪派成佛修道上的所有次第，直至最高的大圓滿法教。這一冊囊括了顯教的部分，仔細闡述依發願不同而有別的三士夫修道。它從轉心向法的四聖念、輪迴本質、四聖諦、十二因緣開始；在這個基礎上，解說了如何皈依佛、法、僧，皈依的重要性，以及如何在心中生起覺醒的菩提心；而六度——布施、持戒、安忍、精進、禪定、般若——的陳述，則包含了做為「行」指引的三戒（分別是別解脫戒、菩薩戒、密乘戒）討論，和做為「正見」指引的中觀思想解說。

這本釋論包羅萬象、精闢易懂，在各方面皆鞭闢透徹，我相信蓮師翻譯小組的成員定是竭精殫慮地將其迻譯為曉暢、易懂的英文，使讀者能一窺其堂奧，祈願讀者都能在成佛之道上從中得到莫大的鼓舞。

吉美・欽哲仁波切序

持明吉美・林巴所著的《功德藏》，和甘珠爾仁波切所撰的釋論，皆是無視於世間名聞利養、超脫一切俗慮的真正大師作品。這些著作的偉大價值，在於其呈現佛法的方式，皆是如實本於佛陀所言。傳承清淨、法教真實，令人驚訝的是這些法教依然在世。託一切傳承之源——釋迦牟尼佛不可言喻的慈悲之故，這些教法才能應時而起，倘若沒有世尊，不僅我們所修、學的佛法，連我們自認所屬的僧團都將蕩然無存。

將這些法教帶入西藏且保存至今的，是蓮師（蓮花生大士）的證悟之力，和菩薩般住持寂護大師（Shantarakshita）的淵博、主事，以及法王赤松德真（Trisong Detsen）的護持、贊助。拜他們殊勝悲心和其踵志者——蓮師的二十五位偉大弟子、印度班智達、西藏譯師，和傳承的所有上師——的悲心之故，我們方能繼續受持佛陀法教，並付諸實修。在此所譯出的是怙主甘珠爾仁波切的《功德藏》釋論，是印度、西藏諸大師花開落蒂之浩瀚法教的結晶與鎖鑰，它是任何對佛法有稍許興趣者不可或缺的忠實指南。它闡明了佛法的真義，照亮了我們的生命、立足之地和修行之道。對此書的讀者而言，願這本書能做為其真正知識的豐富寶藏，和源源不絕的鼓舞、激勵來源。

中譯序

彷彿佇立在一座寶庫的門前，乍見漫天的燦爛光芒，本應在靜默中獨自吟詠這奇特、令人讚歎的一幕，但在回過神來的剎那，卻又衷心希冀能有更多人見聞到這些美好。就是在這種複雜、交織的難言思緒下，班門弄斧地寫下這譯序。

這本書是甘珠爾仁波切為吉美．林巴尊者《功德藏》所作的釋論。吉美．林巴尊者是近代寧瑪派最重要的大師之一，他在多年的閉關苦修之後，證得了殊勝的圓滿智慧與成就，因此他的著述，咸被推崇為遍智的自然流露與其甚深修證的結晶。《功德藏》一書的重要，除了是吉美．林巴尊者為寧瑪派修道次第所寫的精要指引外，也是他濃縮了龍欽巴尊者大圓滿法教《七寶藏論》的精華所在，堪稱是至高的法教寶冠。

在此譯出的一系列中譯，譯自英譯本，原是甘珠爾仁波切為《功德藏》所作的藏文釋論《三道甘露精華》。甘珠爾仁波切是當代最重要的藏傳佛教上師之一，也是一九七〇年代將藏傳佛法傳往西方的主要上師之一。從下文導讀的介紹中，我們可以得知《功德藏》的諸多藏文釋論，以及為何選擇《三道甘露精華》做為輔助根本頌的原因：《三道甘露精華》不僅長度適中，詳實地闡述了《功德藏》三士道的架構與要義，也完整涵括了經乘與密乘的修道體系：從小乘根本的因果業報、四聖諦、十二因緣，到大乘的菩提心與六度，最後是密乘的持明傳承、生起次第與圓滿次第，與最高的大圓滿法教，整個藏傳佛教修道系統的見與修，循序漸進、縝密地呈現，加上英譯本細心的註解、附錄與名詞解釋，使這本書幾乎囊括了所有佛法的要點。而《三道甘露精華》的題稱，也呼應了《功德藏》原書名《功德藏．喜之雨》，對佛法修持所帶來喜悅甘霖的表喻，更貼切地指出了宣說三士道佛法精義的宗旨。

由於本書內容涵蓋的範圍既多且廣，許多名相與引文來自藏文典籍，其中部分的名相未曾有漢譯，或是與漢譯的用法稍有不同，而摘錄自藏文佛典的引文，絕大多數也與漢譯佛經有相當的出入，為了讓讀者更清楚瞭解這些差異與背景，譯者在內文中保留了藏文名相的拼音，並加入了以括號補充的譯注、部分用以對照的漢譯佛經譯文，或許會增添閱讀上的不便，懇請見諒；但同時也希望大家能從這些繁複、詳盡的中、英譯註中，體會到佛法的浩瀚與深廣，與具德上師為了接引大眾的剴切與慈悲。

《功德藏》與《三道甘露精華》釋論的英譯本，共有兩冊，分屬於經部（包括了小乘與大乘的法教）與續部（密乘與大圓滿法）。在中譯本中，將經部分成了上、下兩冊：上冊的內容是下士道、中士道的相關法教，以及上士道的前行與皈依部分；下冊則包括了大乘的四無量心、菩薩戒，與菩提心教授等。同樣地，在續部部分也會分為上、下兩冊，分別講述密乘的修道次第，以及最高階的大圓滿法教。無論編排方式為何，這個完整的修道體系，是一體且不可分的。而《功德藏》根本頌的部分，希望在未來能對照藏文原文譯出而出版。

最後，如果此書的翻譯有任何不足之處，皆是譯者的力有未逮，也希望這些缺失能成為未來成熟、進步的助力。透過此書的中譯，希望未來能有更多藏傳佛教的甚深經典，能如實、有系統地被譯成各種語言，觸及每個尋求正法的心靈。也祈願這個如旭日般溫暖、明亮、具實義的法教與完整修道，能夠在世界各地深耕遠播，裨益無數的有緣弟子；更祈願具德上師能永久住世、常轉法輪，讓這些無私遍灑、止息煩惱猛火的法義甘霖，為現世惶惑的人們，帶來解脫道上的喜悅甘露。

願任何有緣接觸到此法教的朋友，都能深深地得到鼓舞與啟發，在修道上具信、歡欣地前進，臻至最後的究竟解脫與圓滿佛果。

劉婉俐謹誌　二〇一四年十二月

導讀

這本書是持明吉美．林巴（1730-1798）名著《功德藏》釋論之一的第一部分。《功德藏》是以優雅韻文寫成的薄冊，陳述了藏傳佛教寧瑪派（或稱舊譯派）的完整修道。這本書，包括本頌和釋論，以漸進的方式呈現了佛陀的一切法教，是如何從最根本的要義到最甚深的大圓滿修法，毫無扞格地統合成一條證悟之道。因此，《功德藏》是寧瑪派各教團所一致推崇、研習的著作，通常是做為一個完整的概要，一路伴隨漫漫的修道進程到終點。譯成了英文，是有心修學寧瑪派法教者的必備手冊。

吉美．林巴尊者*

雖然被認為是寧瑪派最重要的人物之一，而且是無垢友大師（Vimalamitra）和法王赤松德真的共同轉世，但吉美．林巴卻是在一個藉藉無名的環境中出生、長大。六歲的時候，他進入了藏南的巴瑞寺（Palri），在那兒被授予沙彌戒後，隨即開始基礎的僧院教育。七

* 下文摘錄自吉美．林巴尊者的傳記，請參照東杜仁波切（Tulku Thondup）所著《禪定與神蹟之上師》（*Masters of Meditation and Miracles*）一書（譯注：此書已有中譯本，見《慧光集》第二十三集《大圓滿龍欽寧體傳承祖師傳》）。

年之後、十三歲時，他遇到了他的上師，大伏藏師仁增．圖秋．多傑（Rigdzin Thukchok Dorje），接受了諸多的口傳和教授。年少時期的吉美．林巴，便顯露出不凡的靈性早慧，親見蓮師、空行母伊喜．措嘉（Yeshe Tsogyal）和其他證悟者，是司空見慣之事。有一回，在面見大圓滿傳承祖師之一的文殊友（Manjushrimitra）後，他的生命起了大幅轉變，他決定換下僧袍，改穿瑜伽士的白袍，並蓄起長髮。他嚮往隱修的生活，在年輕時便完成了兩次的三年閉關。在第一次的三年關當中，他成為伏藏師——隱密伏藏的發掘者，取出了一整套重要的《龍欽心髓》*法教和儀軌。在他三十一歲於桑耶青浦（Samye Chimphu）開始的第二次三年閉關中，則開展出最為深邃的禪修體驗。當時，他連續三次在禪觀中親見大師龍欽巴尊者。第一次，他領受了龍欽巴全部法教的口傳；第二次，他被授權為法教持有者與弘傳者；最後，在第三次的禪觀中，兩位上師的心性不可言喻地融為一體，龍欽巴尊者的證量剎時在吉美．林巴的心中現起。在歷史上，相隔五世紀之遙的兩位上師，在智識與成就上自此無分無別。

---

* 有關這個取藏的詳述，請參見頂果．欽哲仁波切（Dilgo Khyentse Rinpoche）之《如意寶》（*The Wish-Fulfilling Jewel*）一書（譯注：已中譯為《如意寶——上師相應法》一書，由雪謙出版社出版）。

吉美・林巴尊者（1730-1798年）

稍後，在圓滿第二次的三年閉關後，也就是在他取出《龍欽心髓》的七年之後，吉美．林巴開始將此法傳予親近的弟子：包括吉美．欽列．偉瑟（Jigme Trinle Özer，第一世多竹千仁波切）和吉美．賈威．紐古（Jigme Gyalwa'i Nyugu，他將此法教傳給了弟子巴楚仁波切 Patrul Rinpoche），《龍欽心髓》於焉在西藏廣傳開來，時至今日，仍是寧瑪派最為重要的禪、修體系之一。

吉美．林巴的後半生，是在其創建於南藏的閉關中心，有著一間小關房的才仁炯（Tsering Jong）度過的。他深居簡出，引領、教導大批的弟子，並將功德主的供養全數用於各種慈悲的佛行事業。譬如，他終生不斷地自屠夫、獵人手中，搶救、買下動物而放生。總之，他的一生，是宛如佛經和他自己筆下描繪之大菩薩的典範與功德示現。從他所寫的自傳中，我們或可一瞥其溫暖、深摯的性情，洞澈、毫無畏懼、坦蕩磊落，顯現出殊勝成就的悲心與清明：

「我的認知變得像個小孩般，也樂得與孩童嬉戲。但當我遇到有人行為不檢點時，會毫不猶豫地直言不諱，不管是大有來頭的宗教領袖也好，或慷慨解囊的施主也好，不管做什麼，在靜坐、散步、飲食睡眠之際，我總是須臾不離究竟本性的清明；不管修持任何佛法，縱使有如登天之難，我也一定矢志圓成。」

儘管平生素淡，吉美．林巴卻是一位學識淵博的學者。據說，他是「天生睿智」，自然通曉法教而毋須太多的學習。他自陳，是甚深的禪修體驗，而非學識的鑽研，讓他心性中潛藏的浩瀚智識翻湧而出，結果讓他貯存的智慧之水從內在不斷湧現。他編纂了二十五冊的寧瑪派密續全集與一冊的相關教史；在他圓寂之後，還留下了九冊的本論和取出的伏藏法教。其中，整部《龍欽心髓》是最廣為人知的鉅著；而《功德藏》和兩冊自釋，則是他最受讚譽的佛學著述。

《功德藏》

《功德藏》有經部和續部兩部分：經部的部分，是目前這本釋論的內容，包含了道德、心理、佛學層面的法教，是三藏經典和藏傳佛教各派共通的教法。雖然旨在陳述大乘法教，但其內容卻自然涉及且詳盡涵蓋了更接近小乘觀點的問題，例如業和戒律、四聖諦以及十二因緣等根本議題。值得注意的，是其對別解脫戒的側重，如同在釋論中所解釋的，因為龍欽巴尊者在他所著的《大車疏》（*The Great Chariot*）一書中，並未細談別解脫戒，為此《功德藏》中的這個部分便被視為是增補。

就大多數佛教的「本頌」而言，《功德藏》是包羅萬象卻言簡意賅的精華，其目的不在面面俱陳，而是深入特定的法教。而且，它係以韻文寫成，大量運用了詩偈而富含象徵，因此釋論不可或缺，除了吉美・林巴自撰的釋論之外，近兩世紀以來也有數本的釋論寫就。

傳統上，佛經和宗教典籍可以用不同的觀點來詮釋，因此衍生了諸多的釋論體例：「記誌」（spyi 'grel）是通釋，對原著做通盤的闡述；而「敦誌」（don 'grel）則是「義釋」，闡明原著的主要義理和目的；相對地，「闡誌」（mchan 'grel）和「係誌」（tshig 'grel）（各是註解和名詞解釋的釋論）則是煞費苦心地註解原著的語詞，「闡誌」是部分解釋，而「係誌」則逐一解說，兩者皆將原著的用語編寫成論釋。在藏文中，解釋的語詞底下會有小圓圈點出，簡單註解，或仔細詮釋，或略過不提，端視情況而定。最後，還有一種釋論稱做「喀雅」（dka' gnad），旨在說明深奧或有疑義的部分。釋論的長度不一而足，從滔滔鉅著到提綱挈領皆有，後者多半是寫給那些對內容早已耳熟能詳的讀者，做為記憶提點之用。

如前所述，吉美・林巴寫了兩冊頗長的「義釋」，稱做《二車》（*shing rta rnam gnyis*）。這想當然爾是《功德藏》最終的參考依據，但夙以深奧難懂聞名。吉美・林巴的弟子多竹千・吉美・欽列・偉瑟（1745-1821）寫了一冊稍短的釋論，多竹千的格魯派弟

蔣揚・欽哲・汪波（1820-1892年）

吉美・林巴尊者的轉世之一，也是利美運動、無分派運動的主要創立者之一。他是《功德藏》傳承的主要持有者之一，他將此口傳傳下至甘珠爾仁波切。

子阿列・索波・雅旺・滇達（Alak Sogpo Ngawang Tendar，1759年生）也寫了一冊較短的釋論；巴楚仁波切烏金・吉美・卻吉・汪波（Orgyen Jigme Chökyi Wangpo，1808-1887），則撰寫了一本教授《功德藏》的指南，和一些綱要與難處釋疑。之後，在二十世紀之交，卓千寺（Dzogchen）分院給芒寺（Gemang）的雍滇・嘉措堪布（Khenpo Yönten Gyamtso），則寫了兩冊鉅細靡遺、明白曉暢且廣泛流通的釋論：《月光論》（*zla ba'i 'od zer*）和《日光論》（*nyi ma'i 'od zer*）。

在此我們所選譯的釋論，是由甘珠爾仁波切（隆欽・耶謝・多傑）所著的單冊釋論《三道甘露精華》（*The Quintessence of the Three Paths*），雖然它也長達六百頁，在篇幅上卻相對地簡短，與第一世多竹千仁波切和阿列・索波・雅旺・滇達的釋論相同。甘珠爾仁波切的釋論，重點在註解《功德藏》，是參考他早先從其根本上師瑞沃千寺（Riwoche）的傑炯・欽列・蔣巴・炯涅（Jedrung Trinle Jampa Jungne，1856-1922）修學札記所寫成的，全冊在一九八三年由怙主頂果・欽哲仁波切（1910-1991）加上導言的偈頌與跋而完成。傑炯仁波切從蔣揚・欽哲・汪波（Jamyang Khyentse Wangpo）處得到了《功德藏》的口傳，而後者則傳自吉美・林巴的弟子吉美・賈威・紐古。甘珠爾仁波切也曾從其叔父——噶陀寺（Kathog）住持達沃・夐努堪布（Khenpo Dawö Zhonnu）研習過《功德藏》，其傳承可溯自第一世多

傑炯仁波切欽列・蔣巴・炯涅（1856-1922年）

蔣揚・欽哲・汪波的弟子之一，也是甘珠爾仁波切的根本上師。他駐錫在康區的瑞沃千寺，此寺傳授並修持寧瑪派與達隴噶舉的兩種傳承。他是一位著名的伏藏師、伏藏法教的取出者。甘珠爾仁波切就是從他那兒接受了《功德藏》的口傳。

竹千仁波切、賈瑟．賢遍．塔耶（Gyalse Zhenpen Thaye）、巴楚仁波切、烏金．天津．諾布（Orgyen Tendzin Norbu）、雍滇．嘉措堪布，以及桑滇．嘉措堪布（Samten Gyamtso）等人。

在闡述吉美．林巴的《功德藏》時，這本釋論著重在特定議題的探討上，予以詳盡地解說。整體而言，它所設定的對象，是對阿毗達磨論藏的學術用語和全部範疇早已熟稔，且對經部、續部法教有廣泛涉獵的讀者群。誠如前述，《功德藏》的教授常擺在一堆修學功課之末，做為畫龍點睛的總結，它認為讀者都已熟知這些課題，因此對許多重要細節只是簡要帶過而已。為此，甘珠爾仁波切的釋論，基於同樣的理由，也可能會超出這本英譯所設定的一般讀者——渴望擴增、加深對佛法瞭解的西方佛教徒——的程度。為了解決這個問題，儘量提供瞭解這本釋論的相關知識而毋須大費周章地參考其他書籍，似乎有其必要，況且某些佛書也尚未翻譯成英文。所以我們從米滂仁波切（Ju Mipham Rinpoche）所著的《智者入門》（*mkhas 'jug*，譯注：是 *mkhas pa'i tshul la 'jug pa'i sgo* 的簡稱，已由 Rangjung Yeshe Publications 出版英譯本 *Gateway to Knowledge* 四冊）、前述雍滇．嘉措堪布的釋論，和怙主敦珠仁波切（Kyabje Dudjom Rinpoche）的《三律儀》（*sdom gsum*，譯注：已由 Wisdom Publications 出版英譯本 *Perfect Conduct: Ascertaining the Three Vows*）等書中旁徵博引，加上了不少註解和一系列附錄。願藉此能有助於讀者對甘珠爾仁波切釋論的賞析，這本釋論雖篇幅有限，但卻是珍貴法教的無盡寶藏。

怙主甘珠爾仁波切

除了現實的簡潔、可讀性考量之外，其實還有更為深沈、更私人的因素來翻譯和試著推廣這本釋論，因為這本書的作者是當今將佛法傳至西方最重要的影響人物之一。在頂果·欽哲仁波切虔敬的頌詩中提到，甘珠爾仁波切（1897-1975）出生於東藏的康地，如同前賢吉美·林巴般，在幼年便展現出驚人的靈性特質與能力。在他年紀很小時，便遇到文殊菩薩化身的米滂仁波切，頗得其歡心。順其自然進入瑞沃千寺為僧後，師事其根本上師——無與倫比的伏藏師傑炯仁波切欽列·蔣巴·炯涅。瑞沃千寺是利美（不分派）運動的重要中心之一，有兩個主要的佛學院：一個隸屬於寧瑪派，另一個屬於達隴噶舉傳承。甘珠爾仁波切在瑞沃千寺修學了許多年後，終於成為金剛上師。

甘珠爾仁波切（1897-1975年）

在因緣際會之下，他離開寺院，放棄位高權重的地位，成為一名浪遊的隱士，寄居於山洞之間，並走訪了全西藏和喜瑪拉雅山各處的朝聖聖地——在各方面，他都追隨（《普賢上師言教》作者）巴楚仁波切的腳步，巴楚仁波切是寧瑪派最受推崇的典範。甘珠爾仁波切在嚴格的修學後，接著經過多年的閉關與實修，終而證得了殊勝的成就。有許多關於他禪定、遊歷密地（hidden land）、取藏的故事流傳著。譬如，有一回當他到拉薩朝聖時，前往最大的佛教大學色拉寺參訪；在那兒，有一些僧人想和他辯經，企圖用辯經術來擊敗這名陌生的訪客。甘珠爾仁波接受挑戰，連番打敗了十名格西，成果輝煌。名聲在四處傳遍開來，說他必定是宗喀巴大師的化身之一：據說宗喀巴大師會不定期地匿名到訪，以考核其弟子的辯經能力！

如前所述，甘珠爾仁波切是一名伏藏師、伏藏的取出者，也被認為是南開．寧波的轉世之一、八世紀時將佛法傳入西藏的印度大師蓮花生大士最重要的弟子之一。終其一生，甘珠爾仁波切有許多次親見過大師，如無垢友、索．耶謝．旺秋（So Yeshe Wangchuk）、達善．桑滇．林巴（Taksham Samten Lingpa）等人的淨觀，並從中得到了這些大師諸多的法教和口傳，成為許多珍貴、頂尖「近傳承」的持有者。在他無數佛行事業中最為人所津津樂道者，是超過一百冊《甘珠爾》（*Kangyur*）《大藏經》的口傳，他總共傳過高達二十四次，前所未見，因而博得了甘珠爾仁波切的美譽。

因預知即將到來的浩劫，他在一九五九年之前就離開西藏，帶著大批藏書和珍貴手稿轉赴印度，從而保存了許多可能就此絕跡的佛書。他最後與家人在大吉嶺落腳，在那建立了一座寺院。也就是在六十年代晚期和七十年代初期的大吉嶺，他遇到來自西方的慕道者，成為第一批接納西方弟子的藏傳佛教上師。正當西藏的傾覆越演越烈時，甘珠爾仁波切不僅在流亡狀態中盡力維續佛法，並以極大的慈悲為佛法在西方的弘揚奠定礎石。甘珠爾仁波切雖樂意接納西方人為徒，但總是甚深地遵循著傳統，他希望他的學生都要竭盡所能、不投機地修學所有漸進的次第，不可躐等。雖然他從未真正到過西方，但在其圓寂後，其長子達隴・澤珠仁波切貝瑪・旺賈（Taklung Tsetrul Rinpoche, Pema Wangyal）依其遺願前往（不久全家也都搬至）法國，在多荷冬（Dordogne）創建了幾處傳統的三年閉關中心。在那裡，一些西方弟子有幸依循寧瑪派的傳統來修行，自敦珠法王、頂果法王、多竹千仁波切、紐修堪仁波切（Nyoshul Khen Rinpoche）等大師處接受法教和口傳。隨後，一些已閉完長關的學生，開始將現有的佛書翻成外語。這是蓮師翻譯小組（Padmakara Translation Group）成立的緣起，也是甘珠爾仁波切原先心願付諸實現的自然產物，就他最初和持續的願力，在各方面來說，都稱得上是蓮師翻譯小組的祖師爺。因此，將其著作迻譯為英文和多國語言，僅是為了聊表謝忱和為西方佛教世界稍盡棉薄之力的一項嘗試而已。

譯文

因為廣泛涵蓋了經部的法教，這本釋論自然含有豐富的專有名詞，不僅觸及阿毗達磨論藏的形上學、心理學與認識論範疇，也涉及了般若經系和四部宗義，尤其是中觀學派。這意味著身為譯者對這些學問必有一定程度的鑽研，以及大量的創新；我們很感謝能引用手邊其他譯者早已使用的現成、合適的詞彙；但不可諱言地，近年來在西方出現許多佛學書籍的英譯，仍然無法掩飾西方語言的佛經翻譯尚處於起步階段的事實，以為我們已經快要建立一套（可以）放諸四海皆準的翻譯詞庫，也是枉然。這是要將佛書翻譯成一個與其特定文化緊密相連的語言，而這個特定文化又是由其原本、非佛教的哲學與宗教傳統所構成時，所必然遭逢的遺憾。雖然英語或許富含同義字，且可吸納外來語，但尚未具有一套普遍共通、足以妥善表達佛教心理學和形上學細微層面的語彙。就這本書而言，譯者常會找不到確切的語詞，不時得將原本豐富的字義濃縮，勉強找個不太理想的近似詞來充數。這樣的例子隨處可見，任何人只要看到像是「福德」（merit）、「煩惱」（emotion）、「僧人」（monk）、「悲心」（compassion）、「安忍」（patience）、「本性」（nature）、「體性」（essence）這樣的基本字詞，就能知道有多困難。但我們希望目前的工作，對於未來、更完美的英譯佛經能做出貢獻。而釋論中所引用的典籍名稱也是個棘手的問題，用梵文的書名是較為理想的，就經藏、論藏來說還不成問題，因為這些書名垂手可得，例如在塔唐仁波切（Tarthang Rinpoche）印行的《甘珠爾》與《丹珠爾》（*Tengyur*）目錄索引中即可找到。但密續的部分就大相逕庭了，除了廣為人知的《秘密藏續》（*Guhyagarbha*）、《密集金剛》（*Guhyasamaja*）、《時輪金剛》（*Kalachakra*）等譯名之外（在此的英文譯名是梵文），絕大多數所提及的密續名稱，是我們難以翻譯的。因此，與其我們自己亂翻一通，不如保留其藏文名稱更為可行。

致謝

《三道甘露精華》的翻譯，是在甘珠爾仁波切最小的兒子吉美．欽哲仁波切（Jigme Khyentse Rinpoche）的指派與督導之下開始的，整本譯著的完成，主要歸功於欽哲仁波切在一九九五年開始直到一九九九年夏天為止，以《功德藏》為主所傳授的一整套教授。其間，還有幾位上師造訪多荷冬：尼泊爾雪謙寺的冉江仁波切（Rabjam Rinpoche）和局美．楚清堪布（Khenpo Gyurme Tsultrim）授予第一次的口傳和講解；接著，印度白玉寺的堪欽貝瑪．謝拉仁波切（Khenchen Pema Sherab Rinpoche）連續拜訪法國三次。我們要向這些上師致上最高的謝忱和感念之意。特別要感謝阿拉．生嘎仁波切（Alak Zenkar Rinpoche），他在一九九六年的耶誕節造訪多荷冬，不悋時間和學識，幫我們釐清了許多困難的疑點。吉美．欽哲仁波切的慈悲和熱忱，陪我們從頭到尾完成了整部譯作，在最後仁波切還耐心地和我們一起校對過全文。當然，譯文的任何不盡理想之處，仍須由譯者負起全責。

《三道甘露精華》是由蓮師翻譯小組的成員海蓮娜．布藍列德（Helena Blankleder）和烏斯坦．弗列確（Wulstan Fletcher）所共同譯出，並謹向校對的潘蜜拉．羅（Pamela Law）、安卓．衮瑟（Adrian Gunther）、珍妮．肯（Jenny Kane）致謝，感謝她們無價、令人衷心感激的襄助。

一九九九年持明吉美・林巴涅槃日

蓮師翻譯小組誌於多荷冬

譯注：在中譯本中，書名、人名、地名、藏文的名相在第一次出現時，皆附上英文或英文音譯，以供對照、參考之用；藏、英書名以斜體標示，其餘為正體。藏文的人名，則加入「・」以標示唸法。

《功德藏釋：三道甘露精華》經部下冊

甘珠爾仁波切隆欽．耶謝．多傑釋論

法界廣大虛空中，
五身法雲款湧動；
最勝乘之蓮花苑，
悲智之光中綻放。
虔誠禮敬父與子(1)，
與我信心界合一。

將呈淨文之薈供，
甘露光之善說(2)論，
宣說且得以揭示，
珍貴功德藏之義，
獨一典論妙開演，
佛陀法教盡俱全。

前言

《功德藏》是舊譯派闡述金剛藏[3]（Vajra Essence）甚深修道完整次第的重要著述之一。它是無數法教要義的鎖鑰，將一條完整、無誤的證悟之道呈現在讀者面前，是整個顯、密法海的精華。

書名

做為這本釋論的開場白，先思惟一下書名的含意是必要的，這將根據五大綱[4]的體系：即主旨、書名、句義、要義、回應詰難等方面來解說。

一旦掌握了書名的意思，資質聰穎者將能確切了知立論的內涵；中根器者會了解這本書屬於大乘或小乘；而穎悟力較差的人，則不會誤解內文所涉及的範疇。

傳統上對教義的闡述，都是從導言開始的，這通常從書名的解說開始。有三個理由說明了書名為何要用梵文寫成：首先，是為了讓讀者確知法教的真正可信；其次，是為了灌輸對神聖語言的薰陶；再者，是將梵文當做是一種加持的載具。

《功德藏》的梵文書名是 *Guna Kosha Ratna Pramoda Brishti Nama*，翻成藏文是 *yon tan rin po che'i mdzod dga' ba'i char zhes bya ba*，意指「喜悅之雨，功德寶藏」。字義上的對應如下：guna／yon tan／功德、kosha／mdzod／藏、ratna／rin po che／寶、pramoda brishti／dga' ba'i char／喜悅之雨、nama／zhes bya ba／稱為。

在書名中出現「功德」一詞，係因為這本書是一切功德之源，來自於正確依止三士夫[5]相關修道次第所生的功德。這些功德是「寶」，是因為透過這些修道的修持，二利*的一切所願都能達成；再者，這本書是殊勝法教和表述的寶礦，恰可稱之為「藏」；最後，對那些希望在心中增長善行收穫的人來說，這本書就像是一陣甘霖，所以被稱為「喜悅之雨」；而梵文的 nama 一詞，即藏文的 zhes bya ba，則是慣用的題稱。

總之，《功德藏》就像是一個豐富的寶庫，蘊藏一切修道與證果的功德。

或許有人會反駁說下雨不見得會帶來喜悅，畢竟，在地獄道中有猛烈的炭雨、在餓鬼道和龍族中有灼燙的砂雨。但這並不是有效的駁斥，因為在此處，雨的意象是取自出現在人、天善趣中的現象，在人、天之中，雨是會產生歡悅的；這並非指那些落在三惡趣中的雨。

* 為自身而成佛，以及究竟、暫時的利他。

禮敬三寶

佛、法、僧三寶，是宇宙中最珍貴、最殊勝的事物。因此，從現在起直至成佛為止，本論作者在思想、言語、行為上誠心地禮敬三寶，其目的是為了保護在輪迴中流轉不已、受到諸惡影響的眾生。

三寶可依其本質特性、藏文名相的詞義、各支分、梵文名相的釋義等方面來解說。本質上，佛果是「斷除」和「證悟」*一切功德的圓滿狀態。按照藏文的用語 sangs rgyas 看來，佛指的是從無明沈睡中「醒來」（sangs）的人，且其心性已「開展」（rgyas）如蓮花般，具一切智。為此，佛果依序有三個面向：（一）、佛身，像一個容器般，含納所俱的（二）、智慧，並伴隨著由前兩者流露出的（三）、佛行事業。最後，梵文的「佛」（Buddha）一詞，意指「完美了知者」，佛的心量廣納一切可知的事物，且透徹地了解這些事物。

本質上，法的特點是能夠同時斷除二障：煩惱障、所知障，或斷除其中一障，或指斷除的方法。藏文之所以用「除」（chos）這個字，就是因為佛法能「袪除」（'chos）心中的煩惱，如同藥物能治癒生病的人一般。從法的支分來說，有兩種區分的方式：一是分為教法與

---

* 之所以稱「斷除」，代表著去除煩惱障和所知障，而「證悟」則是在道上修得正果的功德。參見上冊第六章。

證法；另一種，則是分為四聖諦中的第三聖諦與第四聖諦：即滅諦與道諦。在梵文中，法（dharma）這個字的意思是「持守」；換句話說，法是將眾生持守在圓滿修道上並讓眾生遠離輪迴與三惡趣的事物。

本質上，僧寶是指具有兩種功德的人：即具有勝義智慧與離於染污的人。藏文的dge 'dun指的是那些對圓滿德行（dge）之道有熱切興趣（'dun）的人。這樣的修行者，可分為屬於小乘僧團的聲聞、緣覺，和屬於大乘僧團的菩薩。而梵文的僧有「聚集」的意思，指那些不受任何人、甚至不受天神干擾而逸離修道的團體。

「頂禮」一詞，表示對三寶的完美禮敬。這可透過三種層面來達成：第一、藉由了悟見*；其次，藉由精通禪修；最後，藉由虔誠的禮敬行為。

本頌中的「珍貴三者」指的是三寶，表示佛的身、語、意、功德、事業遍佈三界，聞名遐邇。吉美．林巴用了一個典雅的譬喻來說明這點，他提到一個故事，說佛陀曾經捎了一個訊息給珍珠蔓公主（Vine-of-Pearls），託人帶了一幅他的畫像並寫上一些偈頌，就畫在一張白布上。當公主見到這幅畫像時，她所體驗到的喜悅是如此之深刻，宛如沒有一絲妄念的三摩地狀態；

* 了悟心與一切現象的本性。

當她思惟這個訊息的意義時，一百一十二種阻礙解脫、證得見道時所摒棄的障*，全崩落了。本頌將這些遮障比喻為魔王（Mara）女兒的欺矇臉龐，如同夜晚的百合花，在黑暗中綻放，但在見道增長的智慧陽光下就枯萎殆盡。結果，珍珠蔓已準備證得滅諦、滅盡在修道（譯注：五道的第四階位）須斷除的東西，這一切都是因為佛陀悲心的力量所致。這類講述三寶效用的佛教故事，值得大家深思，因為三寶有力地對治了輪迴的本性——心的散亂與煩惱。

誓願著論

無數的經、續法教是由佛陀所宣說，佛陀是遍知勝智的上師，他以五圓滿(6)的方式傳下這些法教。他的弟子、殊勝的菩薩們，在五大綱體系的基礎上，以字、義寫下優美的釋論，並用「宗緣四支」(7)來加以編纂。這些經、論如大海般深廣，是淨化之水的實質寶藏。多虧了這些經論，勝者（the Victorious Ones）（譯注：佛的稱號之一）的法教才能存續這麼久。彌勒菩薩曾說過：

* 參見上冊第六章。

「諸法存於經論中，
圓滿宣說及詮解，
二者確保世尊教，
永久長住於世間。」

佛陀的法教，如此甚深難測，解經的論典，也尚未從世間消失，在此濃縮為單一論著。但吉美．林巴說他欠缺著論的三種功德[8]，因此其論著僅是一本無知閒扯的劣作。他說他的書沒有淨治染污與免於輪迴之苦的這兩項功德，少了佛書的三種特性，且極可能沾染了非佛書的六種過患[9]。他說，這是嘈雜的喧囂之作，就像是「水花四濺的急流」，流瀉入茂密叢林的深谷之中。即使他覺得自己的論著是醜陋、不雅的東西，但他說基於聖教的完美宣說，所以此書仍值得關注。當然，這些話只是作者的自謙用語而已。

《功德藏》的書寫，是分五主表[10]來完成：即作者的說明、論的佛經出處、大致的趨歸、要義、最後的宗旨。

一、《功德藏》的作者是吉美．林巴，他是一位現證殊勝道勝義諦、大圓滿本性的上師。正因為如此，他與本初佛普賢王如來*——如海般無盡壇城的遍滿怙主沒有分別。他圓滿了妙觀察智的透澈與覺性的顯發力。結果，無盡的二智**從他身上湧現，他示現出對五明和其他學問的精通，完全毋須學習——這是許多人親眼目睹的事實。為此，他獲得了撰寫釋論的三種功德。事實上，有記載說當他潛心在桑耶青浦的尸陀林閉三年精進嚴關時，遍知無垢光（Drimé Özer）、吉祥語自在（Ngaki Wangchuk）（譯注：兩者皆為龍欽巴尊者的名諱）以智慧身三次向他示現。透過身、語、意加持的承傳，他們的心合而為一，從那一刻起，本論的作者吉美．林巴，即持明貝瑪．旺千．耶謝．若貝．多傑（Vidyadhara Pema Wangchen Yeshe Rolpa'i Dorje），便成為殊勝乘的偉大怙主。

二、此論是佛陀所說三乘、四部密續的菁華，伴隨寫下的釋論來闡述其法義。

三、在大乘、小乘的二乘之中，此論趨向大乘；在大乘的經部、續部之中，此論趨向密續；在密咒乘的外、內密之中，此論趨向最密、無上的密續。

---

* 普賢王如來（kun tu bzang po）：本初覺性的化現，永遠離於迷妄。

** 二智指的是了知事物本性的如理智（ji lta ba'i mkhyen pa）和如實了知一切事物的如量智（ji snyed pa'i mkhyen pa）（譯注：如理智又名真智、根本智、無分別智、實智；如量智又名俗智、後得智、分別智、權智）。

四、一切修道次第，尤其是與三士夫相關的，都被解釋為大圓滿修道上的步驟。為此，下、中、上根器者的不同目標，都和諧地融為同一條、最終的修道。

五、如前所述，當吉美．林巴第二次親見龍欽巴尊者時，遍知的法主給了他一本書，說書裡清楚解說了其著述《大車疏》一書的所有密義。這就是對吉美．林巴能夠撰寫此論的授權。以別解脫道與共的密咒乘為焦點，配合了大圓滿法基、道、果的各部（大圓滿法在《大車疏》中，並沒有詳細論及），《功德藏》呈現出龍欽巴尊者整個《七寶藏論》（*Seven Treasures*）的精華。它是為了未來弟子所寫成的，好讓他們能無誤地掌握完整的教法。它將勝者的一切法教無牴觸地整合在一起，融成一條適合個人奉行的成佛修道，並提供了實修所需的一切。

因此，這五主表為此論的內容提供了一個清楚的概念，用來告知讀者，好讓讀者有信心而能成為承接法教的適當法器。

從無始以來直到今日，我們一直因為自身的煩惱與對我執的攀附而受苦。長久以來，我們飽受各種生(11)的禍害、青春逝去的老苦、摧毀健康的病苦、奪去生命的死苦，這一切的苦痛有一個很好的治療方法：就是饒富甜美甘露的神聖佛法。一開始，在聞、學習的階段，佛法是耳朵的甘露，增長了先前所沒有的信心；之後，在思的階段，佛法是散亂之心的對治，帶來先前所沒有的喜悅；最後，在修的階段，佛法生起了殊勝智的智慧，完全解脫了心性，帶來了先前一直被禁錮的自由。但是，就像狗面對一堆草，愚昧的眾生會忽視神聖的法教，即使法在他們面前如同一大片草原般散布著，甚至直接放進他們的手中！他們還是投入惡行裡。要如何教導這樣的人，給他們全部九乘義理濃縮成一本書的教授呢？這真是項艱鉅的任務。但因為對眾生的愛與無法離棄眾生，吉美．林巴允諾寫下這本論著。

註釋

(1) 這是指龍欽・冉江和吉美・林巴。前面提到的「廣大虛空」（klong chen rab'byams）和「悲智之光」（mkhyen brtse'od zer）事實上是他們名字的義譯。

(2)「善說」（legs bshad），傳統上用來描述一套論述，旨在揭示善行的準則。

(3) 金剛藏（rdo rje snying po）是大圓滿最密法教的同義詞。

(4) 五大綱（chings chen po lnga: dgos pa, mtshams sbyor, tshig don, bsdus don, 'gal lan），依世親的說法，是寫作一本專書時必須涵蓋的五個要素，參見世親所著的《釋軌論》（*Vyakhyayukti*）。在此，這套體系是採逐一的方式來解說書名，第二要素「關連」（mtshams sbyor）是和主題有關的適當編排，在這裡並未譯出，因為它純粹是指解釋書名時的正確態度，擺在主旨的陳述之後。

(5) 三士夫是指：一、希求輪迴中三善趣之悅樂者；二、希求從輪迴中解脫者（聲聞、緣覺）；和三、希求為了一切眾生而證得佛果者（菩薩）。

(6) 五圓滿（phun sum tshogs pa lnga）：即地點、上師、眷屬、時間、法教的五圓滿。對聲聞乘來說，這表示釋迦牟尼佛在不同的時間和地理位置，對其弟子說法。對大乘而言，這表示報身佛，例如毗盧遮那佛，在各佛國宣說大乘法教，以超越時間的恆久現前對住於十地的菩薩海眾說法。在大乘中，五圓滿也被稱作五確定（nges pa lnga）。

(7) 宗緣四支（dgos'brel yan lag bzhi），指的是主題（brjod bya）、宗旨（dgos pa）、究竟宗旨（nying dgos）、這三者之間的緣對（'brel ba）。這四支被認為是產生有意義溝通的要素。在本論中，主題是修行三士夫的漸道；宗旨是透過研讀論典來提供對解脫道的了解；究竟宗旨是修行者證得了最後的目標；緣對指的是前面這三者必須前後一致。（《功德海》卷一，一七九頁）

(8) 著論的三種功德是：證得法性、親見本尊（和可能的話，獲得授權）、精通五明。具備這三項功德的其中之一，就能著論或撰寫釋論。

(9)「無著的《瑜伽師地論》中說道：『佛書的三種功德是具義、得實修、離苦。非佛書的六種過患是無義、謬誤、僅為學術之用、詭辯、誤導、缺乏悲心。』」（《功德海》卷一，一七六頁）（譯注：在《瑜伽師地論》卷九十五中，提及「有六種邪戲論：謂顛倒戲論，唐捐戲論，諍競戲論，於他分別勝劣戲論，分別工巧養命戲論，耽染世間財食戲論。」）

(10) 五主表（rtsis mgo yan lag lnga）：指作者（mdzad pa po）、出處（lung gang nas btus）、範疇（phyogs gang du gtogs）、要義（bsdus don）、目的（dgos ched）。這是古代印度那瀾陀大學的班智達傳統上解說論著的方式。

(11) 在佛法裡談到了四種生：胎生、卵生、因暖濕而自動生出的濕生、神變的化生。

第七章：修學四無量心以淨化內心

第七章：修學四無量心以淨化內心

大乘道

由於小乘的目的只在淨化自身的染污與痛苦，其特定發心與修行有所限制，因此在根本頌中將小乘比喻為一池泥水。但是，大乘的種子[1]、菩提心的潛能，仍未攪擾地存在於聲聞與緣覺的心中，他們進入了止滅的寂靜中。不過最終他們會在此狀態中被諸佛所喚醒，佛是通往空性智慧與普世大悲的導師。帶著菩提心而覺醒，聲聞與緣覺會擁抱猶如大海般既深且廣的大乘佛法，並啟程前往珍寶之地、遍知佛果。

只要布施與其他四種善行沒有與智慧結合，就不構成圓滿度——帶來偉大證悟的波羅密多。然而，就像鍊金術把生鐵變成黃金，悲智雙運指的就是能把這些較低善德轉成偉大證悟的無價之因。

菩提心是達到無餘涅槃不可或缺的要素，也是方便悲心與空性智慧的融合[2]。菩提心在心中的生起，是透過不斷修學四無量心[3]而來，藉此將一個人的念頭和行為轉成大乘的修道。因此四無量心被視為是前導，一旦心被四無量心所淨化，願、行菩提心的增長與菩薩戒的修學就變得有可能。然而，在資糧道與加行道上的這個菩提心，即方便與智慧的雙運，都無非是見道所生起之徹底真正菩提心的淺嚐。

四無量心

慈在本質上是願受苦的眾生——例如，被剝奪了三善趣的喜樂——能夠擁有暫時與究竟的快樂。一位菩薩對其他眾生所懷抱的慈心，如同一位母親對其摯愛孩子的情感。因此，我們在過去、現在、未來所得到的人身、資財、福德，全都應奉獻在眾生暫時與究竟的利益之上。此外，縱使別人對我們造成傷害，也應修學持久的慈心，以德報怨。

悲的精髓是英勇的決心，要徹底去除一切眾生的苦難——眾生本質上被困在三苦或八苦之中。悲心是發自內心深處的一種感受，無法忍受眾生正在受苦的事實，就像一個人毫不猶豫地跳入糞坑中去解救他的孩子般。如此悲心是不能僅是袖手旁觀，這是要去除眾生痛苦的堅定決心。有著這般悲心的人，視六道中的眾生猶如陷入絕境的鹿、無法從我執所生的痛苦中逃脫。眼裡含著悲心之淚，他們想盡辦法要解脫那些永遠無法自行脫困的人。

喜是一種對他人所擁有快樂、富足的真誠歡悅，不被嫉妒或競爭心所沾染。喜心也和培養「倘若一切眾生都具有圓滿的富足與安好，那該有多好！」的殊勝念頭有關。這是一種欣喜慼，歡喜眾生因為過去的業力而能夠獲得快樂，並生起願他們永不失去知足與喜樂的願。

捨[4]，或無分別，是一種自由，遠離格外貪執自己所愛對象（父母、親戚、丈夫或妻子等）、憎恨敵人或不利於己者，並對不是這些類別者冷漠以對的那種僵化、慣常心態。捨心是視一切眾生、無分親疏一律平等的能力，並以相同善意來對待所有人——朋友、敵人、或非敵非友者。

因此四無量心是願他人快樂、願他人離苦、欣願他人永不失去快樂，與以無偏私的開放心胸來看待所有人的願心。重點是要了解修行的對象——亦即其他眾生，以及修行的方式——也就是這四無量心，是非實存的，猶如夢境或鏡中倒影。換言之，這個修學必須在離於執取實存主體、客體、行為的狀態中完成。

相反地，出自貪執而願自己親友快樂的慈愛；某種悲心，舉例來說，僅是出自吝嗇而讓動物免於苦勞；源自比別人更富裕而自滿地高興；以及無形、無心地冷漠，既不想幫助也不想傷害。這些跟真正的解脫道一點關係也沒有，這些比較像是所謂的**四梵住**（Brahmaviharas）[5]，四種引發投生在色界和無色界的發心。因為四梵住以分別和偏私的心態來接近其對象，其特質是一種執取，是大乘四無量心的扭曲，故必須將之徹底摒棄。

在引領至無餘涅槃、超越常斷兩邊的大乘修道脈絡中，四無量心的重點在於全部的眾生與徹底無偏私。而且，雖然這些眾生，和因而出現的四無量心，是顯現的現象，但皆是無自性、本初即離於一切概念的造作[6]。透過不斷地修學，結合了善巧方便和智慧的四無量心，將會增長，到最後生起了世俗菩提心和勝義菩提心，這就是為何四無量心被稱為不共的緣故。四無量心具備了善巧與智慧，這在聲聞、緣覺、那些追隨世俗之道者之中是看不到的。

如何禪修四無量心

四無量心[7]可以用此處所描述的直接順序來修，或以任何順序來修，譬如先修捨。一開始，吾人應該要嫻熟以這些發心容易涉入對象為重心的修行。然而，為了要對治貪執，當以固定順序禪修時，若生起貪執，禪修的次序就要改變。舉例來說，可能在持續禪修慈心和關愛的過程中，這修行本身引發了貪執；若是這樣，那麼捨的禪修、離於對親近者與對疏遠者的任何偏私，會去除這種貪執。另一方面，如果在禪修捨時，心只是變得迷糊、中性、或失去了良善的脈動，那麼就要改成悲心的禪修，思惟眾生如何種下並收割痛苦的莊稼，這種無益的捨就能被扭轉。同樣地，如果在禪修悲心並思惟眾生經歷的巨大痛苦時，心變得過於頹頓與沮喪時，轉向喜的禪修、聚焦在眾生的快樂與富足上，就可能避免灰心喪志。最後，如果禪修喜而導致心過於掉舉和散亂的話，吾人應開始禪修慈心，諸如此類。

禪修四無量心的利益

修學四無量心，會產生四種果：一、異熟果，將會投生在輪迴中的較高層級，具有人或欲界天神的圓滿身形。有了這種身體的所依，就可能圓滿二資糧並獲得決定勝——即有學與無學二道的果地。二、關於兩種等流果，造作等流果（與因相同的業）會在所有來生中繼續禪修四無量心，而受用等流果（與因相同的受用）會獲得圓滿的快樂，遠離四種隨瞋心而起的不善心所：憤、害、嫉、渴求。三、至於士用果，慈心的修行會產生在悅意處，有愉悅伙伴與設施的受用；藉由悲心吾人會發現身、心皆俱的福氣；由於喜心，環境中會有藥用樹木與藥草的點綴，且宜人宜居；藉由捨心，吾人會發現自己身處在一個人民友善且和睦的國度。四、由於增上果，吾人對四無量心的修行將會得力，且會得到每一種與二利（自利、利他）相關的殊勝功德。

當吾人精通無量慈心的修行時，就會達到珍視一切眾生猶如一位母親疼愛其獨子般的境界。透過這般慈愛的力量，嗔心與敵意沒有立足之地，吾人會受到他人的喜愛與欣賞。藉由禪修慈愛本性空、無自性的實相，吾人將會證得大圓鏡智的無礙智，並獲得報身成就，俱足佛果如海般無盡的相與隨好。如同《蓮花頂續》（*pad ma rtse mo*）中所言：「以慈逐嗔心，圓證大圓鏡智與報身。」

同樣地，在精通大悲的同時，吾人會能夠承受他人一切悲苦的重擔，宛如自身的悲苦。無法忍受他人受苦的事實，吾人所想的僅是要設法解除他人的悲苦。吾人永遠不會懷抱嗔恨之念，片刻都不會有，會以一種遠離任何貪欲痕跡的態度，視他人如朋友。悲心無非是空性的光輝與化現，與空性無二無別。悲心具有對因果法則的清楚了知，因果法則主宰了一切輪迴現象，包括生命在內。悲心最終將通往對妙觀察智的了悟，妙觀察智是清楚、確實感知一切對象的智慧，因此能證得法身，自然俱足每項功德。如同《蓮花頂續》中所言：「以悲淨諸欲，此即妙觀察智、法身。」

當吾人精通喜的修行時，所有對他人快樂與富足的嫉妒與惱怒都會消散。因為對他人快樂感到的特殊愉悅，吾人自身的良善功德將會穩固，會享受一種不間斷的滿足感、遠離嫉妒的折磨。結果，吾人的禪定力就會不受干擾。喜本質上是一種對他人圓滿俱足的快樂感，遠離由主、客二元見解所產生的緊張。因此，在勝義的層面，成所作智、不費力地達到利他，就會出現。吾人會證得殊勝的化身並努力造福他人。如同《蓮花頂續》中所言：「嫉妒被喜淨，此即成所作智，殊勝化身與殊勝、任運之佛行事業。」

當吾人成為精通捨的修行時，就會平等地利益自己和他人，無論是朋友、仇敵、或非敵非友。其結果，一切的自我珍視、或是造作（人為）的利他、我慢都會止息。因為心是空，即便此時心從中道的平等狀態、其真正與究竟的本性中逸離，因而執取了有、無的概念性邊見，心仍是空的。心在此空性中、在寂靜的界中，一切概念性的活動都止息而得以生出捨的不共了悟。本質上，捨就是去除了無明、迷惑的分別思慮（區分朋友和仇敵）；捨是對邊見觀念的平息。勝義上，證得了知一切現象皆平等，超越取、捨的法界體性智，並成就法界體性身（Svabhavikakaya，另譯自性身）——全然清淨且離於一切蓋障的空界。如同《蓮花頂續》中所言：「捨——平等捨——清淨癡與慢，此即平等性智暨法界體性智：各是現證菩提身與金剛身。」

因此根據不共大乘來修學四無量心是可能的，把對基、道、果的了知帶入其中。二資糧的修道，生起了二身（就經教的層面而言），而善巧方便與智慧的修道，淨除了二障（以密續的脈絡而言），就基的本性來說，兩者是一體且相同的。因為這兩個修道，藉此證得法性，在本性上並無不同，且在各自的果相上、即二身，也是相同的[8]。此四無量心的修行極為甚深，且能生起無盡的功德，無誤地通往勝義諦的成就。

最後，《勝鬘經》（*Shrimaladevi-sutra*）云：「所有禪修四無量心者，皆引得諸佛照看，將獲無盡功德，勝諸廣大虛空。」邪道與外道傳承沒有這個四無量心的法教與修行，他們的教義導致了輪迴的存在。《十地經》（*Praise of the Grounds*）的釋論中云：「四無量心乃解脫道，若忘失汝將入歧途。」

我們不應偏離真正修道，即悲心結合了知現象本初空性智慧的真正修道。吉美・林巴尊者請我們要修學殊勝的菩薩道，通往解脫，離於二障，並止息我們內心的混亂、自我中心、對現象實存的信念。我們也應該確實做到並訓練自己，而不是只滿足於智識的理解而已！

註釋

1 「在唯識派中，提到聲聞乘、緣覺乘、菩薩乘是三終乘。唯識宣稱那些屬於小乘根器者，一如既往，『注定』要臻至唯識修道果位的了義與不退轉成就；然而，那些不定根器者，會先進入小乘，然後再進入大乘。但中觀派宣稱，雖然修行者屬於小乘，但那只是暫時地離於大乘；且雖然有與這三乘相應的不同根器，儘管如此，一切眾生無餘將透過大乘的修道而究竟地獲得證悟。有些眾生在一開始就能夠修學大乘，是因為他們的發心廣大且被空性的法教所吸引。其他眾生在修學小乘的法教之後，便能進入大乘。最後，是那些只能在其原本修道上獲得最終成果的眾生，進入了大乘。在《月燈三昧經》（*Chandrapradipa-sutra*，另譯《三摩地王經》）中云：『一切眾生無餘皆具佛性，無一不是法器。』」（《功德海》卷二，9頁）

「佛性」，佛果的潛能或體性，是三轉法輪中《如來藏經》（*Tathagatagarbha-sutra*）、二轉法輪中彌勒菩薩《寶性論》，以及龍樹菩薩《讚集》（*Stotras*）的核心概念。猶如奶油潛藏在牛奶中，佛果也俱藏在眾生之中。《華嚴經．入法界品》（*Gandayuha-sutra*）中云：「勝者之子！菩薩種性即法界，如虛空般廣大、本然光明，往昔認出此性之菩薩、未來將認出此性者、現在認出此性者，即誕生於諸佛之家。」在《寶性論》中云：「心之明性不變如虛空。」遍知隆欽巴尊者在其《宗派寶藏論》（*grub mtha' mdzod*，161-162頁）對此釋為：「此本然清淨界乃勝義諦、俱生智。在其染污或蓋障的緣境中，被稱為『種性』（rigs）、『種子』、『大』（khams），或是『如來藏或佛性』（de bzhin gshegs pa'i nying po）。當其被揭顯時，被稱做『菩提心』（byang chub kyi sems）或如來（de bzhin gshegs pa）。」

一切眾生的佛性是不變且離於過患的。佛性不僅在整個輪迴的過程中不受染污，也具有所有的智慧功德，這些智慧功德與佛性無別，猶如陽光與太陽不可分般。為了讓這些功德顯現，遮蔽了佛性的蓋障必須被去除，就像烏雲必須被吹散才能讓太陽露臉。這些蓋障是有可能被去除的，因為它們非實存，蓋障的本性是空的，「自空」（rang stong）。這些蓋障一旦被遣除，法性、或佛性，就會彰顯出來。這個本性圓俱了智慧的每種功德，且在本質上離於任何垢染、離於非其本具的任何事物，為此，是他空（gzhan stong）的。（英譯注：垢染是自空、無遮；而心性是他空、非遮。）心的實相是其本性乃全然無垢的，暗示了在本質上諸佛與眾生是沒有差別的。於諸佛，心維續無垢與無染的狀態；於眾生，心被客塵所遮蔽。有關佛性的進一步討論，參見隆欽巴尊者的《宗派寶藏論》與胡克罕（S. K. Hookham）所著的《內在之佛》（*The Buddha Within*）一書。

2 由於對一切眾生無餘的大悲心，修行者離於涅槃的邊見；因為了悟一切現象為空性的智慧，修行者離於輪迴的邊見。真正的菩提心、具有悲心本質的空性智慧，只有始自初地菩薩後的登地菩薩才會擁有。

3「根據覺護尊者（Buddhagupta）的說法，這四種發心被稱做無量，是因為其指涉對象是無量的眾生，因為這四種發心會帶來無量的福德資糧與智慧資糧、無量的佛果功德、無量的不二智慧。」（《功德海》卷二，11頁）

4「藏文的btang snyoms一詞，有三種可能的涵義：受捨、中性的感受（tshor ba brang snyoms）；行捨、行蘊、平等（'du byed btang snyoms）；與無量捨（tshad med btang snyoms）。在此處，指的是第三種涵義。」（《功德海》卷二，20頁）

5 tshangs pa'i gnas bzhi，四梵住或四種據說是梵天常住的發心。表面上，四梵住跟在此所述的四無量心一樣，但最重要的差別在於四梵住以主體而非客體為目的。這就在眾生之間製造了依自己觀點而非他人角度的不合理區分。因此有了喜愛親近者與合於己意者的傾向，雖有慈悲卻是以利己的方式而為，等等。

6 即眾生與四無量心皆離於四種邊見：不能說其存在、不存在、兩者皆存、兩者皆不存。

7 四無量心的顯相有四緣：一、因緣（rgyu'i rkyen），即如來藏；二、增上緣（bdag po'i rkyen），即教導四無量心的善知識；三、所緣緣（dmigs pa'i rkyen），是禪修者關注的對境；與四、等無間緣（de ma thag pa'i rkyen），即對此禪修利益與相違過患的了知。（《功德海》卷一，27頁）

8 這兩種修道是相同的，在於它們產生了「以悲心為核心的空性」了悟。其最終的果也是相同的：經乘修道之果與密乘修道之果也是同一個且相同的。

第八章：菩提心戒

第八章：菩提心戒

何謂菩提心？

菩提心、證悟之心，是整個輪迴與涅槃中最偉大、最珍貴之物。菩提心是帶來圓滿證悟、修道之果的殊勝與精髓要素。這個崇高的內心質素透過四無量心的不斷修學而證得。且當弟子增長了願、行菩提心，就必須如法薰習相隨的菩提心戒。事實上，弟子以如大地般堅實的懇切熱忱，以及如黃金般優越的崇高內心，他們的菩提心會加強且增長。當修道上的「神變車乘」越來越前進時，只求個人平靜與喜樂的不當欲望會枯萎，二利的目標將會圓滿達成。

假如菩提心的殊勝心念在最卑鄙生物的心中生起，他們因染污與痛苦而深陷輪迴之中（惡業的可怕後果），彷彿置身在恐怖國王的地牢中，這種人將會徹底改頭換面。他們會被冠上「佛子」的稱號，且被提昇到全然的嶄新地位。對這些人隨喜並對其產生信心，讚嘆他們並向其獻供，諸天、人類、六道眾生的怙主，將會向他們頂禮並紛紛致上獻禮與讚頌。

心的本性是本初清淨的，但卻被無明與染污所遮蔽而滋生了輪迴的業行。因此凡夫的良善是薄弱與易變的；猶如烏雲密佈、日月無光的天空裡短暫閃過的閃電。這類良善，斷斷續續地施行，產生的只有福德，別無他物。在產出果報、人天福報之後，就會像芭蕉、蓖麻、竹籐般消耗殆盡，結果之後就枯萎了。相反地，融合了菩提心的神變善德之樹，猶如種在肥沃、勤耕良田中的種子，會帶來豐盛、擴增的收穫：輪迴三善趣的廣大快樂，這快樂不斷地增加直到獲得偉大證悟的寂靜為止。

輪迴是個由遍滿痛苦諸河所充滿的大海，環伺著業力與染污的熾熱深淵，並洶湧著邪思的浪濤。航向解脫避風港的弱小船隻滿佈凶險。但眾生無法認知到輪迴是如此境況，他們樂在其中並執著於輪迴，彷彿是自己家園般，因此把解脫的機會拒於門外。披上強大與英勇決心的鎧甲以帶領這些眾生出離輪迴：這就是殊勝菩提心的唯一涵義。如同寂天菩薩在《入菩薩行論》中所云：

> 百千生死苦痛欲摧壞，有情憂惱不安欲遣除；
> 眾多百千妙樂欲受享，菩提心體常應不捨離。
> （第一品，第8偈）

上士夫並不會如下士夫或中士夫那樣計較自身的利益。他們渴望拯救無數的眾生免於苦難，猶如飢渴交迫的人渴求飲食。這是衡量其大悲心的方式。他們以悲心專注於利他，並以智慧專注於圓滿證悟，以帶領一切眾生成佛為目的。這就是菩提心的涵義，在《現觀莊嚴論》（*Abhisamayalankara*）中有一個總攝的定義：「菩提心就是為了他人之故而圓滿證悟的願心。」

菩提心的分類

願菩提心與行菩提心

發誓要成就圓滿證悟，稱做願菩提心，為此有三種修學：自他平等、自他交換、自輕他重；這些構成了願菩提心的主要戒律，在本質上無非是慈、悲、喜、捨四無量心。

行菩提心由發誓要修持獲致證悟的六度波羅密，與行持如是誓言所構成；其戒律包括了六度的修學，以及諸如行、坐等中性活動藉由利他的發願而成為善行與淨行的一切法門。

菩提心的其他分類

根據修道不同階段所做的區分，可以將兩種菩提心分為六種。與二資糧相關的，有兩種菩提心。同樣從二諦的觀點看來，也有兩種菩提心：凡夫的世俗菩提心*。此外，有與戒、定、慧三學相關的三種菩提心，還有另外三種分法與戒律的三個面向有關：攝律儀戒、攝善法戒、饒益有情戒。

依照道次的不同，也可以將菩提心分成四種。在資糧道與加行道的修學時，這兩道不可能直接見到法性，因為遮蔽佛性的蓋障還未被清淨的緣故，這些蓋障甚至未被部分清除。其結果就是，暫時地，法性只能藉由心像、在概念上被理解；這個階段所生起的菩提心，因此必須是**勝解行菩提心**。相對地，從初地到七地（亦即，在見道與修道時），能了知自他平等，且遮蔽佛性的蓋障已被部分去除了，直接體驗到本初智慧，且出現了**清淨意樂菩提心**。當通過三清淨地（八地、九地、十地），遮蔽究竟本性的餘障漸漸被去除。在八地時，遏止了染污的末那識，其果是證得了無相智。在九地時，遏止了意識與前五識，同時，證得了本初智的四種圓滿智與一切現象的廣大清淨。在十地時，意識的作用被清淨且圓滿了佛行事業[9]。當俱足這四種了悟時，便出現了**異熟菩提心**。但到了十地的終了，其遮住佛性的蓋障、即心的俱生串習與心所，與阿賴耶一起全都被清淨了。在這個果位、佛果的果位，出現了**斷障菩提心**。

* 在第一種情況下，關注的重點在於眾生的誓言；第二種情況，重點在於心性。

與五道相關，菩提心也可以分為五種。在資糧道時，有「初業」菩提心；在加行道時，有「圓修」菩提心；在見道時，有「見法性」菩提心；在修道時，有「俱解脫」菩提心；與在無學道時，有「不可思議」菩提心。最後，與六度相關，分為六種菩提心。

依二十二喻所分菩提心

還有從五道十地的觀點把菩提心細分為二十二種。這二十二種菩提心在《現觀莊嚴論》中以譬喻描述如下：

如地金月火，藏寶源大海，金剛山藥友，如意寶日歌，
王庫及大路，車乘與泉水，雅聲河流雲，分二十二種[10]。

前三種譬喻：大地、黃金、月亮，指的是資糧道的三品；火般投入指的是加行道；接下來的十喻指的是十地（從見道至修道），與十度相應；國王般神通與之後四喻（從庫到泉水）通稱三清淨地（修道）；法筵妙音與最後二喻河流、雲，指的是十地。也有其他的分類，但全都可以列入願菩提心、願證得諸佛密意與佛行事業的發心，與實際達成此發心的行菩提心之中。

依利益所分菩提心

那些只為了自身利益而努力想要獲致殊勝三善趣的人，會謹慎地保持一扇永遠敞開的大門。他們會拿自己的資財大方地施予乞丐、提供他們物資並讓他們不再煩憂，這些人被稱為是慷慨的慈善者。他們當然值得讚美，其行為會讓他們投生在欲界中成為國王與王后。假如情況如此，那麼為何還須去談那些為了利他而不斷發願要成就佛果的人呢？事實上，僅是生起剎那的願菩提心，三惡趣的門就會被遮止且必然會投生在人天善趣、長壽且無病，在那兒殊勝的功德、等流果的果報會快速萌芽。

行菩提心的功德甚至比願菩提心的功德還大。誠如《入菩薩行論》中所言：

> 願菩提心雖亦能，於生死中與大果；
> 然不如行菩提心，出生福德恆無盡。
> （第一品，第17偈）

當行者以利他而願成佛的願心，受持行菩提心戒並發誓要修持六度，他們以不退轉心要帶領眾生臻至解脫佛果。從那一刻起，他們決心的力量是如此之大，以致於他們的內心恆常具備無量的福德之源，即使在散亂的時刻與睡眠中，或甚至在無記的時刻，依然如是。這就是《入菩薩行論》中所提到的：

普為無邊有情界，悉皆解脫安隱故；
發心堅固無退轉，何時真發如是心。
即當從於彼時起，從令倚臥行放逸；
福德勢力流無盡，量等虛空遍出生。
此有經文可為證，出於《妙臂請問經》；
為利小心有情敵，如來歡喜親宣說。
（第一品，第18偈至第20偈）

依修道進速所分菩提心

那些具有殊勝方便與智慧的人，每一種菩薩行的修學，在短時間內，都會產生無量的福德資糧。然而，對那些缺乏這種優點的人來說，同樣的成就得需要修學善行長達數劫之久。因此菩提心可依照菩薩在趨向殊勝目標的速度來加以分類。在《入定不定印經》（*Niyataniyatagatimudravatara-sutra*）中，以五種譬喻來闡述此分類：牛車行、象車行、日月神力行、聲聞神力行、如來神力行*。

同樣也以速度來分的是以五道十地的進展而定，可將菩提心依每個人生起的決心強度（下、中、上）來區分。這點在適當的時候會再解說**。有大決心的菩薩，具備了圓滿善巧、精進，與甚深敏銳的智慧而能克服深陷其中的二障，歷經三大阿僧祇劫之後證得佛果。

如何培養菩提心

要有成熟的果報，得先要有種子。除此之外，成熟的主要因緣不單只是種子要被種在土裡，而是在於其他同時發生之事、助緣***。同樣地，首要之務在於激發、確實造作菩提心。這個造作的菩提心自然比真正、自發的菩提心較不重要。

* 前兩喻指的是不決定的凡夫（即想要離開六道輪迴但最終卻落回輪迴且無法達成目標的人）；第三喻指的是決定的凡夫；第四喻指住於七不清淨地者（譯注：指初地至七地菩薩）；而第五喻指住於三清淨地者（譯注：即八地至十地菩薩）。後面三類，必然會獲得證悟且永不退轉。（《功德海》卷二，69頁）（譯注：此處在《入定不定印經》原經文是：「當知菩薩有五種行。何等為五？所謂羊車行、象車行、日月神力行、聲聞神力行、如來神力行。妙吉祥，是為菩薩五種行。妙吉祥，初二菩薩於無上正等正覺，是不決定。後三菩薩於無上正等正覺，是得決定。」）

** 見第九章；與參見《功德海》卷二，194頁。

*** 即水、溫度、肥料等等。

菩提心之因

菩提心透過三種力而在圓滿清淨的內心中生起。第一力是菩提心之根本、悲心的禪修增上；第二力是如法的福德資糧，譬如，由修持七支淨供所致的福德資糧*；最後，透過皈依三寶，負面的習氣被克服且產生了菩提心的強大所依。因此這三力是發心力（悲心）、修持力（福德資糧）、因力（皈依）。

何人能發菩提心？

關於能夠發起菩提心之人，有兩種傳承，與大乘佛教的唯識派和中觀派相關。根據唯識派的說法，願菩提心沒有任何限制，而行菩提心戒只能由已經受持了七種別解脫戒（譯注：藏傳佛教的七種別解脫戒是：比丘戒、比丘尼戒、式叉摩那戒、沙彌戒、沙彌尼戒、優婆塞戒、優婆夷戒；漢傳佛教則多了近住戒，合稱八種別解脫戒）任一種的人受持（自然地，這七種戒並不包括一天的近住戒，因為近住戒是暫時的誓言）。另一方面，中觀傳承則認為發起菩提心的主因是願心。如同《大方廣總持寶光明經》（*Ratnolka-sutra*）中所云：

---

* 參見第八章。據說如果心缺乏福德，便不是適合的法器，將無從生起菩提心——就像國王會拒絕住進乞丐的茅棚中。

於佛具信、於法具信、於無上證悟具信、於佛子諸行具信之故，此真慧得生菩提心。

此外，如《華嚴經・入法界品》（*Gandayyuha*）、《賢劫經》（*Bhadrakalpita*）、《虛空藏菩薩經》（*Akashagarbha*）等，都特別舉出適合生起菩提心的不同身相*。這點被中觀應成派所承許，中觀應成派比唯識派更為廣納百川，表明若能圓滿菩提心的發願，任何身相都行[11]。但是，這兩種傳承都同意，圓滿生起菩提心的前提是福德資糧[12]。

受持菩提心戒的儀式

諄勉正確之發心

菩提心生起的「不共因緣」**是光明的心性。一切眾生都具有此光明心性，為此俱足了善逝的一切廣大功德，這些功德在本性上是會趨向成熟的，這就像是一顆具有發芽潛力的種子。如同《月燈三昧經》（*Chandrapradipa-sutra*）（譯注：或稱《三摩地王經》）中所言：

---

* 在《寶積經》（*Ratnakuta-sutra*）中提到，無數眾生、天人、龍族、阿修羅、大鵬金翅鳥、其他非人等，皆轉心向無上正等正覺。

** 參見註7。

一切眾生皆俱佛種子，
若能圓滿生起菩提心，
眾生無餘悉皆能成佛。

菩提心生起的「增上緣」是圓滿承事一位具德的善知識。身為誓戒的持有者與大乘的專家，上師必須是擁有一切殊勝功德的典範，就像是如意寶，必須能實現其弟子的願望。這樣的上師，內心充滿了菩提心，是向其領受誓戒的對象。在《菩薩律儀二十頌》（*Samvaravimshaka*）中提到：

信守誓戒之上師，
具有智慧與能力，
須向此師領誓戒。

向此等上師領受法教，在起初是殊勝的，因為他們會激發對輪迴的疲憊感與厭離感；在中間是殊勝的，因為他們會遮止對涅槃的貪執——這也是另一種邊見；最終，在最後也是殊勝的，因為他們啟發對菩提心的熱切之心，菩提心是具備大悲核心的空性，既不住輪迴也不住於涅槃。這樣的上師能夠宣說菩提心的無盡功德，如同《大乘莊嚴經論》

（*Sutralankara*）、《華嚴經・入法界品》、《佛說阿闍世王經》（*Ajatashatru-parivarta*）、《大寶積經・迦葉品》（*Kashapa-parivarta*）、《寶蘊經》（*Ratnarashi*）等佛經上所述。

累積福德

準備場地

傳授菩提心戒的場地，必須精心布置並以各種香水、香氣來加以淨化。此處必須好好打掃過，並以藏紅花水與牛淨物（bajung）[13]來灑淨並薰香等等。之後，為了表示尊重而非虛榮之意，吾人必須沐浴淨身並穿上乾淨的衣著，以強烈的虔誠心與信心，沒有任何的偽裝或自誇，一心繫念三寶，吾人必須準備每一樣供品：吊掛的流蘇、寶傘、旗幡、華蓋等等，每種供品都讓感官覺得愉悅：七政寶[14]、八吉祥[15]、八瑞物[16]等等。每一樣都必須以真誠的隨喜心來優雅地擺放。

迎請資糧田

為了宣揚三寶的真理——換言之，即悲心的力量——吾人必須觀想自己的房子（或是儀式舉行之處）是個廣大的宮殿。這座宮殿位於廣大淨土的中央，比三千大千世界還要大。整座宮殿由珍寶所造且美侖美奐。在宮殿的中央，有許多莊嚴的寶座，全由寶石鑲嵌而成並鋪上了絲布，在每個寶座上是蓮花、日輪，與月輪。之後吾人應迎請三寶，請求三寶進入已開光之證悟身、語、意的所依物中，如諸佛菩薩的形象、大乘經典的函冊等。依照軌範，吾人可使用《月燈三昧經》中的經文來迎請：「請起、請起，具十力諸佛……」等，或是再次念誦密續《妙明續》（*rig pa mchog gi rgyud*）開頭的祈請文：「一切眾生之怙主……」等。為此，以悠揚的音韻，吾人迎請究竟實相法界中的智慧尊，請求祂們蒞臨並無別地安住在開光的所依物中。根據根本頌中提到的形象，當一被召請，諸佛就會立即離開十方一切佛國而蒞臨——比一位衝向她失而復得獨子的母親還要快速，也比一位跑著趕赴與其摯愛約會的戀人還快。如《寶積經》（*Ratnakuta*）所云：

於具信憶念者前
諸佛常在
普照加持
且遣除過患。

在根本頌中，此處接下來有幾個祈求的偈頌。

首先，召請殊勝怙主、住於輪迴中一切眾生之守護者、讓眾生免於痛苦之崇高善友。召請祂們做為福德資糧田與皈依的對象，弟子呼喚十方的一切諸佛菩薩、摧毀魔軍的證悟者，祂們離於煩惱與所知二障的遮蔽，因此了知與感知一切現象的多元與究竟本性而毫無貪執或障礙。

供養淨水、衣物

之後，為了表示尊敬，接著是淨水的供養。觀想諸佛來到一處沐浴的處所，不是由這世界住民共業所產生的平常物質所造，而是由充滿虛空的香氣熏製的珍貴材料所造的；地面是由水晶與珠寶所成、光滑且平整、格紋的鑲嵌裝飾有如棋盤般；屋頂由華麗的柱子支撐著、閃耀且光亮；廳內裝飾著各種飾物，松耳石、珊瑚、珍珠所成的耀眼寶蓋。諸佛和眾多的法嗣、眾菩薩，出現並坐下。為了要執行儀式，弟子觀想出從聖眾化現出供養天女，從青金石的罐子與雙耳罐中倒出三十二種香水替這些聖眾灌沐。供養天女爭相而出，伴隨著無數的讚頌歌曲、曼妙舞蹈、悠揚旋律來進行洗淨的儀式。她們擅長溫和的按摩、輕柔地擦乾、著衣，與裝飾。她們為諸佛穿上錦繡的絲衣、噴灑香物，並以各種油膏尊敬地、專心致志地按摩諸佛的身體。她們獻上衣物和各類飾品。而且，袍服的材質並非單一的顏色，而是閃耀著各種色彩；也不是以凡夫的方式來織成，而是天衣，似乎是「以福德力而得（或不如說是自顯）」。換言之，這是五彩的潘加利布（panjali cloth，譯注：指印度中部潘加利村的衣服）、不費力地由滿願樹供給而成。至於這些袍服的樣式，其材質是五種衣裳而成，那些持有清淨出家戒的聖眾則是穿著三衣。這些衣服一點都不笨重，精緻且輕透，因此底下的身形隱約可見；而且，有著舒服與極為輕柔的觸感。北俱盧洲的衣服只有一兩重*；四天王天的衣服只有一兩的一半重，按照天道的層級越高而越輕。化樂天的袍服只有一兩的六十四分之一重，而淨居天的袍服是如此精細到難以秤重。這是諸佛所穿的衣著種類。祂們散發著諸多芳香，且各式各樣的香氣，適合於報身與化身的示現。供養天女也獻上八種裝飾，全都是無價之寶，「是如此的昂貴，以致讓吾人不好意思說出價錢。」這些裝飾包括了手環、臂釧、寶冠等等，難以計數。這一切東西都是獻給諸佛、最崇高的聖眾，因為祂們已經捨棄了對五塵最微細的貪著習氣，並獲得斷、證的每項圓滿功德。

弟子接著應以這些文句來祈請：「多生累世以來，我沒有得到任何福德，所以我需要並渴求福德。雖然我身無分文，雖然您一點都不需要禮物，但請接受我這些觀想出來的供品，

---

* 藏文的srang，梵文稱pala，這是古印度的秤重單位，相當於約四十克。

好讓我能累積一些福德。」因此弟子應觀想整個虛空充滿了供品，並祈求為了自己和他人之故，已得到了圓滿的福德資糧；弟子應祈請願一切眾生皆穿上慚愧之衣，因而得以避免惡行果報的折磨；他們也應祈請自、他都能獲得無誤記憶力、聰慧、專心，與佛果三十二相八十隨行好的圓滿莊嚴。

同樣地，也應向觀世音菩薩與其他七位佛陀的近侍心子獻供，並向賢劫的十六位大菩薩：除蓋障、彌勒、不空見、除憂暗、香象、勇猛、虛空藏、智幢、無量光、月光、賢護、網明、金剛藏、無盡意、文殊、普賢等獻供，也應向居士菩薩：曇無竭（Dharmodgata）、常啼菩薩、維摩詰等獻供。

一千個世界，在每個世界裡都有須彌山、四大部洲、諸天，稱做一小千世界。一千個小千世界組成一個中千世界，一千個中千世界成為一個大千三千世界。吾人觀想這個廣大的三千大千世界，億萬之多，遍滿了檀香木與各種香氣、隨風飄散著。吾人也應以此香為證悟者塗香，其色身的光輝，使精煉黃金的光澤相形見絀，證悟者具有三十二相與八十隨行好，其身是無量、不斷倍增福德的根源。

請求安坐

淨土的任運顯現，純粹是透過佛的願力加上諸菩薩的福德所致。因此，對於一個透過四無量心的修學而圓滿資糧的人，且與佛以智慧感知而圓滿持有的這些四無量心相同時，就會顯現出一個廣大的水晶地基、即佛對眾生大平等捨（對於親疏毫無分別）的表達。在此地基之上，有一個完全綻放的千瓣蓮花，其蕊心是被利益所浸潤的慈愛表徵。其上方，有一個莊嚴的法座，由閃亮的日輪與月輪所組成；清涼的月光象徵撫慰了眾生痛苦的悲心，而燦爛的陽光則驅散了無明的晦暗。弟子於是請求諸佛與其菩薩眷眾、其本性是離於一切不淨貪執的喜心，坐上法座並恆常久住，且願意接納他們成為弟子。

表示敬意

身的姿勢自然地表達了心的內在性格。因此，撇開一切的輕忽，弟子應合掌於胸前——代表信心與虔誠心、敬畏、專注、謙遜，且考慮到別人感受的手勢。合起的雙掌應該是綻開蓮花的形狀或是含苞待放的小盒狀。

諸佛的智慧就像是能看到一切現象究竟實相的眼睛；諸佛的悲心就像是能往前助眾生一臂之力的腳。祂們在大樂之道、菩薩道上喜樂前進，並臻至其果、大樂的佛果。佛的一切功德，事實上是聖法與聖僧的一切功德，凡夫是無法感知的，除非吾人已證得了殊勝十地的任一地。為此三寶似乎是很遙遠的，但是，當諸佛受邀為賓客而蒞臨吾人虔誠心的花園時，吾人立刻就會被三寶的功德所襲捲，身上會冒出雞皮疙瘩——並非恐懼或悲傷所生，而是信心與渴仰所致。

七支淨供

一旦諸佛菩薩被虔敬地召請時，就念誦七支淨供的祈請文。

一、**頂禮**。持明吉美・林巴畫了一幅清澈池水的圖，其潔淨的水面完美地映照出一輪無雲晴空的秋月，月亮看起來彷彿真的沉浸在水中。而在池水的岸邊，有隻令人神迷的孔雀在跳舞；水面清楚地投射出這隻孔雀的樣貌，讓人難辨真假。以同樣的清晰程度，吾人化現出成千上萬個孺童身，有如全世界的砂塵那麼多——每一個都如此清晰以致於吾人若要試著分辨化身與自身，就會產生錯亂。為此吾人以念頭、語言、行為的圓滿結合，全體一起頂禮。

二、**供養**。菩薩把擁有的一切物質財富布施出去，透過去除七種貪執[17]與抱持四不共功德[18]，菩薩圓滿了從布施起始的六度。在此處，做為一位初學者，藉由施行物質的供養來修持布施是很重要的，在做物質的供養時，必須以四不共功德與三清淨[19]的方式來完成；修行者也同樣觀想無量、無盡的供養雲，不可思議且超越任何存在於物質層面的事物，如《大方廣總持寶光明經》的偈頌所云：

種種嚴飾摩尼網，懸繒幡蓋妙花鬘，
垂珠瓔珞演佛音，持蓋常在如來上。
假使供養一如來，手自供給不可數，
如是盡諸一切佛，此仙變化三摩地。

如同根本頌的譬喻，向一切諸佛獻供時，修行者應效法聖普賢菩薩不可思議的供品化現。

三、**懺悔**。之所以造作不善的行為，是因為語言能力令人驚訝的「寡廉鮮恥」*——事實上，語言和行為的七種惡業，以及往昔所造的一切罪惡和惡習尚未產生果報——暫時被此生在人道所顯現的善業果報給控制住了。這彷彿是這些惡業被「震懾與驅趕」——從當前的角度來說，這些惡業無法逃脫的果報、亦即三惡趣的痛苦，被暫時擱置了。但是，這並不表示這些惡業的果報被消除了。相反地，其業習仍隱藏在阿賴耶、即覆蓋住法性的厚重無明外

* 「嘴巴是一切惡行的門戶與根源。」（《功德海》卷二，4、105頁）

殼與輪迴根源裡*。即便如此，透過以四力之燦爛陽光的強烈懺悔，潛伏在阿賴耶的任何事物都可被揭露與清淨。四力是：對往昔惡業的懊悔力、在未來摒除惡業的堅定決斷力、對治力（努力行善）、依止力——在現世皈依三寶與發起菩提心[20]。

四、**隨喜**。隨喜是吾人能瞬間挪用諸佛、菩薩、聲聞、緣覺、凡夫之一切善德與善行的唯一法門——「如強盜般盜取」。隨喜是靠一個圓滿的念頭來完成，而毋須讓自己辛勞地累積福德資糧[21]。

五、**請轉法輪**。在輪迴中——修辭上稱做無盡的輪迴——眾生放任自己從事惡行，且沒有以對治法來遮止邪惡。眾生的本性並不是傾向和睦，而是墮落與欺瞞。當為了佛法而須修行布施時，眾生就像銅牆鐵壁般無動於衷。藉由習氣，他們容易造惡，而且對惡行的偏好就猶如堅石般強硬。缺乏想要從輪迴中解脫的願望，眾生的心彷彿是焦枯與乾癟的。他們的心地是一片荒蕪，無法產生善的收穫。除了神聖的佛法之外，沒有任何事物足以調伏眾生。心想如是，弟子向諸佛菩薩祈請，請以適合眾生不同習氣的方式來轉動法輪。事實上，法輪有三個層次[22]，是經、律、論三藏依了義與不了義的法教所闡述的三學，用以治療三毒。此外，法輪銳利的輪輻能斬斷「我」與「我的」的概念（這是二障與其相應的串習），並將修

*換言之，正準備好當適合時機出現時便會結出果實。

行者安置於高階投生與證悟之決定勝的「邊緣」——這樣他們就不會下墮！

六、**請佛住世、勿入涅槃**。假如住於十方無盡世界的諸佛與其菩薩佛子入於涅槃，我們就會失去解脫的法門。我們會無法分辨善與不善，也無法認出真正的修道。我們會沉溺在悲苦中、自身惡行的果報裡，永遠無法脫身。有了這種了知，懇請諸佛常住於世，請其蓮足停留在劫海的金剛座上，不要進入涅槃。為了讓此祈請有所依，要以吾人擁有的任何東西獻供而祈請，任何東西包括了吾人所有的福德和甚至是吾人的身體。

七、**福德迴向**。受限於主事者相信人我和法我的實存，以輪迴福報為目的的行為只會產生福德。但由於不具備不共法門與智慧，這些善行的果報是不穩定的，可能會被嗔心等等的果報所耗掉。即使不是被這樣毀掉，也只會帶來投生於人道或天道的一世輪迴果報而已，在那裡會因為已受用過而耗盡這些福報，因此在下一世吾人不可避免地會墮入難逃的痛苦與悲哀之中。牢記這點於心，我們應想到一切現象如幻，應該把我們在過去、現在、未來所累積的所有善行、福德之根，為了一切眾生證悟之故，以離於二元的方式而迴向。做這樣的迴向，就像是煉金術的過程，把生鐵變成了黃金。以這般的願心，我們的福德會把我們帶往證悟。這是不共的法教，是證悟者所說的善巧法門，佛門之外無人知曉[23]。

在《海慧菩薩請問經》（*Sagaramati-paripriccha-sutra*，譯注：此經漢譯本為《佛說海意菩薩所問淨印法門經》）中提到：

猶如滴水落海中，海水未竭彼無盡，
如是迴向菩提善，未獲菩提亦無窮。

承事為供

對自己擁有的東西感到知足，就像是喝下了消除貪婪之渴的靈藥。倘若你能知足，那麼即使你不夠富有而沒法做廣大供養，你依然能運用僅有的微薄供品做為所依，並獻出旁人所沒有的那些東西*；你也可以用觀想的物品來獻供，以這種方式你會累積福德，猶如你供養了自身的財富般。另一方面，假如你不滿足於貧乏的生活所需，且不斷努力地想增加資產，

---

* 參見《入菩薩行論》第二品第2偈至第7偈。（譯注：
盡其所有妙花並嘉果，盡其所有良藥百味俱，盡其所有希世諸珍奇，盡其所有悅意妙香水。
如是乃至妙寶七金山，園林寂靜景物宜人地，嘉樹奇花絢爛色莊嚴，繁柯美實茂密枝葉垂。
天龍世間俱生和合香，如意寶樹七珍飾林苑，自然香稻不由耕稼生，種種莊嚴堪為供養具。
明湖清沼灼灼發芙渠，鳧雁和鳴妙音極哀雅，遍虛空界廣博無邊際，所有一切無主執持物。
慧心攝取善巧而獻陳，殊勝士夫能仁諸佛子，清淨功德生處大悲心，願祈愍念於我垂納受。
今我福德不具極困貧，別餘供具資財悉非有，依怙惟為他義作殷勤，饒益我故神力祈受享。）

或是手頭緊絀而無法用自身所有來供養的話，那麼不管你對觀想供品的言詞說得多麼天花亂墜（「未見於諸天、龍族、人間的一切」），也無非是空話，你的供養沒有實質意義且等於是說謊。意識到你自己很容易這麼做，你甚至應該向獻供的對象獻出你的身體做為「法座」或以身體承事。不斷且精勤地向諸佛菩薩以身體為供是很重要的，理由是那些真正發誓承事三寶的人，會被三寶悲心的涼蔭所庇佑，猶如在一棵開滿花朵、枝繁葉茂的大樹下被遮蔽了豔陽般。把自己託付給三寶的人，會免受痛苦且發達興盛。臨終時會被引領至諸佛菩薩的淨土。倘若因為惡業和犯戒之故，他們必須面對閻王的酷吏，憶念三寶也會讓他們免於恐懼且怖畏的景象會消褪。這顯示如此的信奉是多麼有意義。

總結

不知法性與業力法則、因果業報，會導致對惡行的強力偏好與心的障蔽。然而，心是可以被清淨且達成利他的。福德可被累積並去除心的蓋障。當水晶被拭淨，其表面就會變得光亮並能折射出事物。同樣地，心，雖然現在因為缺乏福德而厚重陰暗，但可以被清淨。清澈明透，心就能守住無比的菩提心戒形象——這是透過儀式的象徵性手勢而從外面取得的。

除了被我們自身的惡行所操控之外，我們也暴露在欲望惡魔與其蓮花鬘妃的影響之下，她的頭上戴著一頂五種花朵裝飾的花冠。當他們把花朵擲往在致力於解脫道上的人們，這些花就像是柔軟但具殺傷力的飛鏢，成為每個障礙的根源。第一道箭是傲慢的提供者：在修道與暫時事務上的傲慢心；第二道種下了對何者當取、何者當捨的迷惑；第三道讓吾人因邪見而誤入歧途；第四道引來疏忽並削弱了覺性的力量；且第五道透過世間八風帶來了散亂。這些邪魔把他們的箭射向修道上的修行者，瞄準了最厲害的煩惱處，使其惡化而迅速變本加厲。道上的修行者就此被襲捲而落入了無數過失的深淵，難以脫逃。他們待在淵藪中，切斷了與解脫和三善趣的聯繫。這種人就像是長期病患，被各種疾病、六毒與二十種隨行煩惱[24]所折磨。無論世俗的藥物多麼有效，也只能治療身體上的病痛，並無法治癒這類的疫病。物質的藥物只能治療因四大不調所產生的四百零四種肉體疾病*。但是，物質藥物無法消除四大不調的因，這只能由聖醫本身、佛陀、薄伽梵（譯注：出有壞之意）來加以治療。皈依佛能通往遠離痛苦的解脫境界。當以猛烈虔誠心向佛祈請時，佛陀就會來到傳授菩提心戒的地方。事實上，佛陀、天人師，以其無礙慧眼恆常照看著無盡眾生，並以毫無罣礙、即離於煩惱障與所知障的慈悲與智慧垂顧著眾生。佛掌管勝界，周遭是菩薩海會、已證得大乘不還果[25]的聖者。佛就像是被眾星環抱的月亮，或像是被較小山脈環繞的須彌山。光輝燦亮，其身、

* 這是根據四部醫續所說，對疾病的一種分類法。

語、意是全然地莊嚴，佛身上沒有任何不快或不和諧的事物。以猛烈的虔誠心，受持此戒的發願者應向佛祈請並以佛為證。

授菩薩戒

一般來說，根據無著的廣行派傳承，願、行菩提心戒是分別在兩個不同儀式中傳授的。在龍樹的深見派傳承中，如黑行者（Krishnapa，另譯那波巴）大師在他註解《入菩薩行論》難處釋論中的解說，也可以（雖然不需要）依每個人的根器考量而分成兩個儀式來受戒。假如吾人只接受了願菩提心戒，吾人應念誦《入菩薩行論》第三品第23偈、第24偈的前兩句三遍。至於接受行菩提心戒，則須念誦此二偈頌的第三、四句。

在這兩種情況下，如《皈依七十頌》（*Seventy Stanzas on Refuge*）中所指出的，在受任何戒之前一定要先皈依。所有戒律，從別解脫戒起始，都必須先從皈依開始，以皈依做為基礎。事實上，在接受菩提心戒之前，依照不共大乘的方式，吾人必須先皈依三遍，為此奠定此誓言的如法基礎。

根據《功德藏》的說法，願、行菩提心戒是一起傳授的。假如是在上師的跟前受戒，上師通常會以上述的方式讓弟子準備好發心。那些沒有從上師處受戒的人，必須自行如法準備好。發願者必須頂禮並供曼達。然後，跪膝並雙手合掌，迎請住於十方的一切諸佛、所有聖者、十地菩薩，與一切偉大持明上師三遍，請祂們為證。這個祈請文的力量喚起了祂們悲心，如幻般地感知到一切眾生，祂們的悲心超越了一切的分別念，因為此悲心是從法界大空的平等定境中生起的。之後發願者念誦軌範的誦詞，表示一如諸佛菩薩為了利他而生起菩提心並持續從事六度的修學（這些都涵攝在三學與四攝之中），弟子也將以同樣方式進入並受持之。以上是共通的誓言；不共誓句的部分如下。

聲聞、緣覺、阿羅漢透過了悟人無我，能夠止息因煩惱障所產生的痛苦，這障蔽了解脫。但他們仍保有遮蔽了遍知的所知障，所以他們的了悟是不徹底的，也尚未達到法無我的境界。這是為何他們被說是仍「攀緣於五塵味」；換句話說，他們仍對輪迴與涅槃有所分別、捨此取他，還不能對治與滅除此種攀緣。所以道上的菩薩思惟，也應解脫仍陷於所知障中的阿羅漢、聲聞、緣覺；道上的菩薩也認為應解脫一切眾生，從那些最世俗、徹底沉淪在二障之類的人開始，直到住於修道之殊勝十地的聖者為止，祂們也尚未免除一切的遮障。這就包括了那些外道（甚至是梵天本人）、即那些依附邪見之人或那些根本不信任何教義者。最後，道上的菩薩思惟到要解脫在三惡趣中飽受無盡、難忍痛苦折磨的一切眾生。道上的菩薩將完全解脫這些眾生——從暫時的觀點來說，是將眾生安置在輪迴的三善趣；究竟來說是達到殊勝解脫的境界。總之，發願的菩薩發自內心地承諾要帶領一切眾生臻至涅槃的大堡壘、即超越了存在與寂靜兩端的本初智慧。在此，「一切眾生」意指具有鮮活生命的一切事物，這包含了被業力困在十二因緣不斷碾磨之磨坊轉輪中的凡夫、有著痛苦的直接體驗，甚至還有十地的菩薩，雖然祂們不再因業果而流轉於輪迴中，但尚未將二顯概念*消融於究竟法界之中，二顯概念是與現象相關而透過緣起所現起的習氣果報。

至於結合了願、行菩提心戒的儀式法本，吉美．林巴曾說必須是取自龍樹菩薩與其心子聖天（譯注：另譯提婆）傳承的法本。在這種情況下，他說這法本必須以任何授戒的軌範為本，無論簡軌或廣軌，必須如大乘中觀傳承經典中所錄。也可以使用《功德藏》中的法本，來念誦三次。

從接受了願、行菩提心戒的那一刻起，並在吾人持守菩提心戒的期間內，應不斷重新受持誓言（用選自《入菩薩行論》的軌範[26]），白天三次、夜晚三次。然而，重受誓言不應以一種出於義務、如同繳稅的方式來進行。應以真正培養菩提心發心與真誠修學的方式來為之。

* 二顯概念，藏文的gnyis snang，是指一種不執取外在現象與感知心念為實存，但卻仍有持續的習氣去經驗這兩者為二、有一方在察覺著另一方。

如同佛經上所說：「萬法皆因緣，尤其依於汝意之真切。」一切事物皆從因、緣而起，尤其是吾人的內在發願，使念頭、語言、善行或其他行為產生。在此不共因緣下，當兩種菩提心的誓言一起念誦三遍，在第一次念誦時，便確定受持了願菩提心戒；在第二次念誦時，受持了行菩提心戒；而在第三次念誦，則同時受持了兩種菩提心戒。此說法反映了海雲論師（Sagaramegha）的無上法教。

儀式之結行：提振自心與他心

在我們的前世中，當我們為人父母時，當我們貴為聖者或甚至是梵天時，我們不能思及自身的真正利益，遑論身為其他眾生時更無法顧及*。即使在夢中我們也無法想到如此正向、崇高的想法，比最精緻的寶石還要珍貴與有價值。是這個想法賦予了我們人身特殊的意義，讓此人身成為不可思議地珍貴。這是王子喻的意義所在，王子丟失了尊貴的身分，混跡在社

*參見《入菩薩行論》第一品，第23、24偈。（譯注：
縱令若父或若母，孰有如斯饒益心，
諸天仙人梵行者，寧有何人心似此。
彼諸有情於往昔，為自利故如是心，
夢中尚未暫夢見，此利他心從何生。）

會最低下、最卑微的底層，和那些人一樣行事。之後，當他被認出是位王子時，馬上就在其父親的王宮裡恢復了尊貴的地位。正是如此，在認出了吾人自心本性是法身法脈——換言之，是如來的種子*——並已從事通往佛果事業的修行後，吾人即刻變成諸佛之子。吾人被加冕並取得菩薩的稱號，且適合掌管大乘的王國。

那些喜愛三域（天上、地上、與地下）統治權的人——他化自在天王、梵天等天道諸王與其他諸神，其他所有的天界主神、龍族、人世間的強大領導者——全都喜歡自認自己是世界中的至高無上者。即使是富貴權傾的王公、大臣，在他們自滿的無知裡，也自視甚高。但在輪迴裡，沒有任何事物與任何人是生來就高尚或低下的。在輪迴中的偉大也無非是個巧合、暫時的悅夢而已，但卻足以讓人們高度重視且得意忘形。無論有多常經歷到這般地位，都是毫無實質意義的。但是在受持菩薩的那一天，吾人便有了名號並得到大乘道的統治權。吾人成為眾生的怙主，因此吾人能邀請每位眾生來參加快樂的盛宴並徹底滿足他們。如此便是吾人的利他、永遠不會忘失或無法為眾生帶來利益。以這種精神吾人能振奮他人的內心，

---

* de bzhin gshegs pa'i rigs，心的光明本性、如來藏，是三轉法輪所傳下的經教。

能呼喚他人、甚至是天神和其他非人，前來分享此快樂的「花鬘」*。

真正的菩薩具有這般巨大的福德，在暫時的層面上，他們能免於非時死的災殃。當他們證得了殊勝的果地時，能超越生死，同時在世俗意義上與在究竟上成就不住於涅槃，徹底超越了有、寂的二邊。他們擁有不死的甘露能讓閻王死神無力以對。透過福慧二資糧的寶藏善德，他們能使用物質財富的無竭資源，因此他們是能遣除一切飢渴與貧窮的如意寶。他們是殊勝的靈藥，能紓解煩惱與其果報的病痛。他們是眾生利樂的所在，是那些在存有小徑上疲累地徘徊、被痛苦耗盡且渴求快樂之人的休息處所。以這種精神，弟子下定決心：「從現在起直至輪迴盡空，我將成為眾生依賴的基石。」

* 參見《入菩薩行論》第三品第34偈。

（譯注：

我今現對一切依怙前，唱言願為一切眾生侶，

乃至成佛中間不少離，天及非天聞者皆歡喜。）

註釋

9 直到也包括第七地，染污的煩惱心（nyon yid）會持續在菩薩的座下中以念頭的形式顯現。然而，它無力製造出業，且像是被砍半的蛇、持續扭動卻無法攻擊。在第八地，煩惱心已被遏止。在第九地，五識被徹底遏止，但意識只被部分遏止，其結果，是證得了四圓滿智；同時，整個現象界的顯相現起為淨土。在第十地，意識徹底轉成某種智慧，能任運地涉入六塵。但是，只有在十地的終了，才能圓滿證悟佛果，那時超越了二元的最後痕跡。

10「與深切發願成佛相關的菩提心猶如**大地**，因為它是一切功德的基礎；與願為了利他而修持六度相關的菩提心，不變猶如**黃金**；伴隨著心的殊勝特質，猶如漸圓的**月亮**，因為它增長了有益的功德；與積極投入六度相關，猶如**火**，因為它如星火燎原；與布施度相關，猶如**寶藏**，因為它無竭地滿足一切希求；與持戒度相關，猶如**寶源**，是珍貴功德的來源；與安忍度相關，猶如**大海**，不受火與刀劍攻擊的影響；與精進度相關，它不壞猶如**金剛**；與禪定度相關，猶如**山**，不被念頭的強風所撼動；與般若度相關，猶如**藥**，能治癒煩惱的疾病；與方便度相關的菩提心，猶如**善知識**，是利益眾生的持續根源；與願度相關，猶如**如意寶**，能滿一切願；與力度相關，猶如**日**，能帶來增上的收穫；與智度相關，猶如**歌**，傳授與每一眾生根器相應的法教；與神通力相關的菩提心，猶如**國王**，依其麾下行持一切事業；與二資糧相關，猶如**寶庫**，存放無數的福德與智慧；與三十七菩提分相關的菩提心，猶如**大路**，是過去、現在、未來諸佛所步上的道路；與止觀相關，猶如圓滿的**車乘**，因為它維持了修道的中心且不會轉入兩邊見；與陀羅尼和慧相關的菩提心，猶如**泉水**，不斷湧出法教的話語與義理，並向他人揭顯；與法筵相關，猶如**雅聲**，鼓舞了眾生；與唯一的修道相關，猶如**河流**，川流不息自然流向遍知的大海；與法身相關，猶如**雲**，顯示了佛陀的十二相成道，始於佛住於兜率天。以上所述的深切發願功德等等，都是菩提心——在道上的不同時刻所強調——的所依，是為了利他而願成佛的發心。」（《功德海》卷二，59頁）佛陀的十二相成道記載於《寶性論》（*Uttaratantra-shastra*）：世間解、大悲尊者照看世界，於法身如如不動，顯現無數化身。每一殊勝化身皆示現了十二相成道，直至輪迴盡：一、兜率降生；二、進入母胎；三、出生於世；四、遍習技藝；五、喜伴群妃；六、出離俗世；七、修習苦行；八、往行金剛座（Vajrasana）；九、降伏群魔；十、證圓滿覺；十一、廣轉法輪；與十二、進入涅槃。

11「這是共通的法門。然而，較為特殊地，是有的眾生其共通發心與菩提心的修學相牴觸（舉例來說，有人無法受持戒殺的戒），菩提心便無法生起。即使他們歷經受戒的動作，累積的也無非是過墮而已。」（《功德海》卷二，77頁）

12這說明了在受戒時獻供的重要性。當阿底峽尊者在西藏的某地時，他曾兩度拒絕傳授菩薩戒，因為供品稀少且不足之故。他說因為供品（如同文中所述準備場地等觀點而言）過於貧乏之故，難以讓菩提心增長。在第三次請法時，這一次有了豐盛的準備，他便宣布供品剛好足夠而同意授戒。

13ba 'byung，字面意思是「母牛所生物」，此詞指的是根據古印度傳承、從母牛所取得的各種原料來準備好的一種物質。這很不容易製成，因為這些原料只能在滿月時母牛第一次生下牛犢後的那一刻取得。而且，找來的這隻牛必須是紅色、身上沒有絲毫白點才行。

14rgyal srid sna bdun，「七政寶，亦即，轉輪聖王的七種資財：金輪寶、如意寶、后寶、臣寶、象寶、馬寶、將軍寶。這象徵了七種法財。馬鳴菩薩曾說：『輪寶，日夜在良善之道上轉動著，代表信；后寶，戴著美麗的飾物與寶鬘，代表戒；臣寶代表布施，帶來廣大的福與慧；將軍寶代表學，滅除了邪念之敵；馬寶代表慚，在無我中將煩惱埋葬；象寶代表利他，摒棄一切錯誤行為；如意寶代表為了自他的發願。這些構成了無量殊勝的法財，其他所有的財富只會帶來痛苦。』」（《功德海》卷二，149頁。）

15bkras shis rtags brgyad，八吉祥指的是佛身、語、意的八瑞相，分別是：吉祥結、蓮花、寶傘、法螺、法輪、寶幢、寶瓶、金魚。

16rdzas brgyad，在佛陀證悟之後向其敬獻的八種物品，分別是：白芥子、奶酪、鏡子、右旋海螺、牛黃、黃丹、長壽茅草（鐵線草）、吉祥草。

17「布施與其他度必須以遠離下述過失——即七種貪執——的方式來修持，七種貪執是：一、貪著對境，從對物質資財至邪見等的貪著；二、延擱；三、自滿；四、期望回報；五、期望業報；六、潛藏的相違因素（從貪恪到扭曲的見解）；和七、對小乘感興趣的散亂與相信主體、客體、行為的實存。」（《功德海》卷二，218頁）

18 界定六度的四種不共功德是：一、六度滅除了所有相關違因的事實；二、六度與智慧結合，故能看穿與行為、主事者、對象相關的錯誤概念；三、六度圓滿他人的所求與願望；和四、六度引領眾生依其根器臻至三種證悟（即聲聞、緣覺、菩薩的證果）之一。（《功德海》卷二，185頁）

19「這三清淨指的是：意樂清淨，因為做此修行是為了要培養菩提心；供品清淨，因為供品沒有被惡行，如殺、非法交易、或其他種不法營生的惡行所染污；與福田清淨，因為供養的對象是三寶。」（頂果欽哲仁波切）

20 四力，stobs bzhi: sun 'byin pa'i stobs, kun tu spyod pa'i stobs, sor chud pa'i stobs, rten kyi stobs.（參見巴楚仁波切著，《普賢上師言教》英文版，265、266頁）（譯注：即懺悔力、對治力、還淨力（另稱防護力）、依止力。）

21「隨喜是嫉妒的對治，嫉妒是一種對他人美好特質與行為展望的不悅感覺，也是一種當看到他人犯錯或破戒時的滿意感。這種念頭，除了毫無益處外，更應被極力撻伐。善妒之人讓聖者蒙羞，且是良善力不屑一顧的對象。無論是多好的修行者，只要看起來是嫉妒的人，那麼這個人就難逃落入三惡道。」（《功德海》卷二，110頁）

22「法輪的象徵涵義有多種解釋。有部認為法輪代表見道；其他人認為法輪象徵了八正道。根據後者的觀點，正語、正命、正業，屬於戒學，是法輪的中心。正見與正思惟，屬於慧學，是法輪銳利的輪輻。其他三項（正精進、正念、正定），屬於定學，是法輪的邊。在大乘中，法輪象徵了教法與證法，因為從佛陀在世直到目前的佛弟子時期，一直『以心印心』代代相傳至今。」（《功德海》卷二，114頁）

23「關於迴向的重點是，迴向必須以已證得殊勝果地（如見道或登地以上）者的話語表達出來，好讓此軌範由真實語所構成。也必須注意迴向文與願文之間的差別。迴向文著重在福德，而願文表達了某種願望。迴向必然包含了發願，但願文未必有迴向。」（《功德海》卷二，119頁）

24參見《功德藏釋：三道甘露精華》（經部上冊）〈附錄四：五蘊〉。

25大乘的不還果不應與聲聞乘的不還果混淆，屬於後者的眾生不會回到欲界。在大乘的脈絡中，不還果被理解為住於登地以上的菩薩願意返回以引領道上的眾生。菩薩之所以被稱為不還，是因為其心永遠不會落回輪迴、具有所有負面與限制的狀態。

26參見《入菩薩行論》第三品，第23、24偈：

如其往昔諸如來，從於生起菩提心，
菩提薩埵諸學處，如其次第善安住。
如是為利有情故，願我亦發菩提心，
如其所學諸學處，亦如次第能修學。

第九章：願、行菩提心戒

第九章：願、行菩提心戒

菩薩戒

當人們對某些世俗任務有熱忱時，常會貿然投身其中而不考慮有何困難，或甚至不管這些事情的是非對錯。但當結果變成難以達成目標時，最糟的是他們會放棄決心並對他人感到失望。若是這種情況出現在我們對大乘法教的誓言時，會更形嚴重。因為當我們捨棄了要奉行甚深與完全可靠的戒律，且這些是諸佛菩薩以其智慧經過無數劫聞、思、修的戒律時，我們實際上就是離棄了一切眾生並且背叛了眾生。為此，我們將在來世於惡趣中永無止盡地流轉著。如《入菩薩行論》所云：

> 今於無上菩提果，志心思惟作施助，
> 欺誑一切諸眾生，欲生善趣何可得？
> （第四品，第6偈）

不消說這是極大的過失。總之，若去除了任一眾生的快樂，無論是以殺或偷盜，都會導致從快樂的狀態墮入三惡趣中，這說明了我們不應該傷害任一眾生，即使是以最微細的方式。

當然，或許有人會說菩提心戒不同於別解脫戒，永遠可以還淨。即使如此，一個搖擺在堅決菩提心與重大過墮之間的人，會有很長一段時間受阻於勝解行*的上品位，遑論極喜地**與其他菩薩的果位***。行的戒律必須本能地持守，猶如保護吾人的眼睛般。一個有意捨棄戒律的人就像是個自毀的瘋子。

退失菩提心的原因很多[27]，其中，根本因是煩惱，因此煩惱對我們來說應是強烈嫌惡的對象。

在這種連結中，細想如下：凡夫對最細微的傷害，像是有人做了一些事讓他們的影響力或財產減少時，會報以強烈的傲慢心與憤慨之情。且在真正的衝突中，這些人會堅定抗拒敵人的攻擊，拒絕退讓直到他們得到所想要的。我們在道上的修學亦然。在與我們一大堆的煩惱——從無始以來的敵人——對抗時，我們的敵人從未對我們做過任何好事、甚至不曾對我

---

* 勝解行（mos spyod kyi sa），指資糧道與加行道。

** 極喜地（rab dga'），初地菩薩果位，與見道相關。

*** 參見《入菩薩行論》第四品第2偈。（譯注：若率爾作本無心，或雖觀察未詳辨，是事雖已誓願為，容當再思慎作止。）

們有過中性的對待，我們也必須以對治來回敬之。就三學而言，可以說戒諄諄教誨了對煩惱的厭惡感，定壓制了煩惱，而慧完全滅除了煩惱。我們應該要對自身的煩惱抱持極大的憎惡，且從不輕忽任何摧毀煩惱的法門。有誰會在證得殊勝果位之前就真的想要捨棄對戒律的持守[28]？《入菩薩行論》有云：

> 諸欲守護學處者，首須謹畏護其心，
> 若於自心不防護，必不能護其學處。
> （第五品，第一偈）

在我們目前的處境中，習氣的染污概念極為頑強。我們被我執緊緊綑綁著，因而被鎖在煩惱的監牢之中。對於捨棄自身煩惱的大工程渾然不知，我們又怎能貿然承諾要讓眾生從他們的煩惱與惡習中解脫，並將之安置於佛果的果位？這強烈凸顯了要讓他人從其煩惱中解脫，我們必須得先擁有去除自身煩惱法門的事實。這些前提的第一步是**不放逸**[*]：認真且謹慎地實踐關乎何種行為當取或當捨的行為準則；之後是**正念**[**]，這是永不忘失的修學要點；最後，是**正知**[***]，這是對我們的每個業行仔細地照看，無論是念頭、語言、行為。假如心有

---

* bag yod。

** dran pa。

*** shes bzhin。

這三種特質，就像是一塊犁好的田地，不僅可以將菩提心的種子播下，而且普世責任不共發心的苗芽也會容易長出。因此了知這三要素的重大意義是很重要的。

然而，僅是持守菩提心與相關學處以讓其不衰損，仍是不夠的。吉美・林巴尊者要我們以大誠心依止一位善知識，並聽聞與思惟其教授；他勸誡我們要行持大乘的所有法教、累積福慧資糧、淨除罪障、增長菩提心和隨行法，並增長一切善緣。

應遮止律儀

在顯教的經典中，提到共有菩薩戒二十墮。在《虛空藏菩薩經》中提及十八種，在《佛說大方廣善巧方便經》（*Mahaguhyaupayakaushalya-sutra*）中又加了一種，在《寶積經》[29]中也加了另一種。

把敬奉三寶的資財納為己有……等五種行為，是國王五墮[30]；毀壞國邑城池……等五種行為，是大臣五墮[31]；除了這十種，再加上凡夫八墮[32]，如傳授空性法教予心性未適者等。

如前所述，在這十八墮[33]之外，再加上兩種，分別是持聲聞緣覺發心而捨棄了願菩提心（《佛說大方廣善巧方便經》中所提），與令布施等戒衰損而捨棄了行菩提心（見《寶積經》）。這樣總共是必須徹底遮止的二十墮[34]。

還淨過失[35]

一般來說，任何惡業，包括夢中所犯（於醒時所生習氣之果），應透過修行《大乘三聚懺悔經》（*Triskandhanama-mahayana-sutra*），以禮拜、懺悔、迴向所組成，來加以懺悔而不可拖延。更不消說，醒時所犯過、墮也應以同樣方式懺悔。

違逆菩提心的過失可分成三類：第一類是背棄任一眾生，其果報是完全喪失願菩提心——所有菩薩學處與功德的基礎；第二類涉及犯下與學處相違的任一特定根本墮；第三類是以有意捨戒而完全喪失了菩提心[36]。

過墮應懺悔如下：日與夜各分為三時，舉例來說，若是有一過失於第一時（晨時）所犯，最晚應於第二時內懺悔，諸如此類。倘若過失超過了既定時限而未行懺悔，就被視為「逾時」而無法於其後僅是藉由懺悔而還淨。在這種情況下，這個過失就必須以強烈的悔罪心與堅定的修補來懺悔之。屆時必須依照儀軌重新受戒。

下根器者必須在十位（或至少一位）大乘戒持戒者面前懺悔。中根器者，其軌理如下：在黎明前起，應沐浴並謹慎持淨；之後應朝東膝跪，於面前迎請虛空藏菩薩或其自身本尊蒞臨，並持誦不共七支淨供，應行懺悔，以此方式，能還淨其墮。上根器[37]者應如《聖大解脫經》（*Mahamoksha-sutra*）（譯注：漢譯《大通方廣懺悔滅罪莊嚴成佛經》）所述來懺悔其過：

> 行懺過者，可清淨之，應坐直並觀「圓淨」。
> 以圓淨觀圓淨，見此，即得自在——故為勝懺與最勝淨治[38]。

應作持律儀

願菩提心四戒

第一戒：受苦施樂

以殊勝和有勇氣的自他交換*修行為根基是很重要的。運用你呼吸的節奏，呼氣時，觀想你所有的快樂、智慧、良善施予他人，讓他們得以圓滿並俱足這些。之後，鼓起你的所有力量，生起此念、即你自己、獨自耐心地承受起他們的悲苦，觀想著他人遠離傷痛與過患，並觀想這些痛苦與過失加諸於你、由你吸氣而納入。不斷地祈請眾生能永遠離於傷痛且永遠不

* gtong len。

失去快樂，直至獲得證悟。

第二戒：引發菩提心之七因果

訓練你的心能圓熟四無量心，並能圓熟自他平等與自他交換[39]。這表示能憶念起一切眾生對待你的美善，從無始以來他們就一再成為你的父母且對你呵護備至，為了回報他們恩德的願心，會生起慈心，從慈心會湧現悲心，而悲心會轉而生起菩提心，這就是大乘經藏正法的教授，由孟加拉大師阿底峽尊者在他的七要訣中所宣說的因果順序。這個順序是：首先，認知一切眾生皆曾為自己的母親；二、憶念其恩德；三、感激並想要回報其恩德；四、對眾生慈愛的溫暖覺受；五、對眾生的溫柔悲心；六、普世責任感的增上意樂；和七、無上果、即菩提心。

一、認知一切眾生皆曾為母：沒有一個眾生不曾在某段時期或其他時間內，與我們有過母子關係。如同龍樹菩薩所言：

若我以泥塑漿丸，
給予曾生我母者，
大地之土尚不足。

二、思惟一切如母眾生的恩德：當嬰孩誕生時，其母親毫不遲疑地將之抱到膝上——這個髒兮兮的小傢伙、這個醜八怪的小鬼頭——也就是說，她用自己的膝蓋做成了一個澡盆，並用她的雙手輕柔地拭去嬰孩的髒汙，還擔心衣物會太粗硬。嬰孩沒辦法攝取固體食物，所以她就用自身的奶水來餵食，為她的孩子保暖，盡一切所能來讓孩子舒服快樂。她最大的擔憂是孩子夭折、其次是孩子生病。所以她不斷焦慮著孩子可能會挨餓、口渴、或受凍了。她盡力保護孩子免受傷害、寧可自己死去也不讓孩子生病。為了孩子，她變得易怒地防衛，忍受一切的困難，受盡冷熱之苦與各種羞辱。為此不顧母親的恩德是可想見最糟、最令人震驚，且最墮落的行為。所以說，將整個宇宙扛在背上、背負著須彌山與大海圍繞的鐵圍山，都不能與無法回報自己母親恩德的痛苦相比，這種痛苦被認為是無盡且無窮的，彷彿是吾人全身都被劇毒所侵噬般。如《律分別》（*Vinayavibhanga*）所云：

大地諸海與群山，
其重於我皆為輕，
不能回報母親恩，
此乃我之重負矣。

因此我們應當思惟一切眾生在累世中無一不曾是我們的母親，她們以別人做不到的強大慈愛照護著我們。一再地思惟這點，我們應該認知到我們遇見的每個眾生都曾慈愛對待我們的事實。

三、報恩之感：所以我們應該盡己所能地努力幫助他人，常常想著我們能如何服務他人，以便報答他們曾經給予我們的大恩德。

四、生起溫暖慈心：讓自已習慣於這種思惟方式，當我們遇到不舒服與有敵意的人時，會停止怒氣以對；相對地，我們會對他們產生真誠的慈心，希望他們能快樂並有著母親對她子女的那種慈愛之情。

五、具有溫柔的悲心：從這種慈愛心會自然生起無盡的悲心，當看到我們慈愛的對象做出錯誤行徑將導致痛苦時，我們會有一種難忍的渴望想要解救他們；在這同時，當我們看到別人享通快樂時，我們也會有一種比自已擁有這些更為歡喜的喜悅；我們會覺察到眾生本俱的特質並以平等心接近他們，泯除了親疏之別，也根除了好惡分別，為此增長且強化了四無量心。

六、增上意樂：以這種方式，當我們的心充滿了四無量心時，會發現別人變得可親且成為我們悲心的重點所在，我們也會感受到一種深切的意義、即我們對於把他人安置在恆常的快樂與解脫狀態負有責任。

七、無上果：有如此發心並如法行持的人，且思惟一切眾生如母並深深感念的人，自然會具有七法財等善德。他們會獲得無比的果報、即為了他人之故而證悟的願心。

第三戒：四種黑因與四種白因

願獲得證悟之心，有著不排斥任何人之殊勝發心的特點。這種發心無偏私地照亮了所有人，猶如秋天的明月。但是，有四種黑因妨礙了這種發心，比羅睺[40]的臉更加遮蔽發心。必須運用對治法將這四種黑因遠遠驅離。這四種黑因如下：

一、誤導、欺騙值得禮敬的對象——如上師、善知識、住持與僧人、所有真正具德之人等。

二、使累積福德的「福德同分」者或已進入三乘佛法任一乘而累積「解脫同分」者，心生疑慮。舉例來說，當對他們說他們沒有如實受戒、或說他們正在修持的法教是假的或偽造的，就是使他們心生疑慮。

三、公開批評聖者且詆毀那些已真正生起菩提心之人，在其背後散播謠言。

四、隱藏自身過失而欺騙他人，自稱擁有不具備的功德，或是透過各種機巧來欺騙他人。

這四種黑因的任何一種都會導致願菩提心喪失。倘若吾人不能以強烈的悔恨心來懺悔此過，倘若在過失出現的初始、中間、最終都沒有運用對治法，或超過了懺悔的時限，就會失去菩提心。

這四黑因的最好對治法就是四白因。分別是：

一、絕不撒謊或想要欺騙任何人，即使以生命為代價。

二、尊敬並讚嘆一切菩薩，視其為佛。

三、以全然的真誠心，致力在念頭與行為上利益眾生。

四、對能夠影響者灌輸其願菩提心，並全心全意引領他們踏上圓滿的證悟修道次第。

第四戒：增上菩提心的四種發心

有四種發心能強化菩提心並使菩提心免於衰損。這四種發心見於《三摩地王經》如下：

一、將大乘上師視為真佛，吾人從其領受修道上的無誤法教。
二、將甚深與廣大的法教視為道。
三、將修持大乘修道且其見、行與自己契合的其他一切菩薩視為友伴。
四、將無數眾生的每一位都視為吾人獨子。

這所有的修學，從自他交換——施受法——開始到這四種發心為止，形成了願菩提心的真實戒律，是大乘經典法教的精華所在。

行菩提心戒

簡介六度

已經受持行菩提心[41]戒者所行持的戒律，由六度、六般若波羅蜜多[42]所組成。前五度——布施、持戒、安忍、精進、禪定——與殊勝的福德資糧有關，而第六度與偉大的智慧資糧相關[43]。除了福慧二資糧的雙運，沒有其他任何法門可以證得佛果。在一般的六度之外，還可加上其他四度[44]，分別是：七、方便度，這是將布施等迴向予一切眾生圓滿證悟（為此產生的福德將永無竭盡）；八、力度，這是透過克服一切的違緣而將福德轉為證悟；九、願度，藉此修行者永遠熱切地投入善行，因而布施與其他度的功德將永遠於來生中顯現；與十、智度，以這所有度的修行，帶領他人達到精神層面的圓滿。因此這十度是一切真正菩薩所具備的。

依心力所分的菩薩類別

依照英勇決心的標準，在菩薩道上有三種修行者。第一種，是那些下根器者，圓滿二資糧是為了自身先證得佛果，以便往後有能力解脫他人，他們的發心被稱為「國王般的大願菩提心」，這是彌勒菩薩最初生起菩提心的方式；第二種，是中根器者所生起的菩提心，他們願同時解脫自身與一切眾生，這被稱為「船夫般的聖慧菩提心」；最後一種，是上根器者所生起的菩提心，他們願將他人先安置於佛果而自己仍住於十地果位，唯有其他全部人都被解救了，他們才會進入寂靜的涅槃，這是無上生起「牧羊人般菩提心」的方式，這是文殊菩薩與觀世音菩薩的菩提心。《寶積經》有云，下根器的菩薩將在三十三阿僧祇劫後臻至修道的目標並獲得證悟，他們需要歷經三阿僧祇劫的資糧道與加行道，與每一地三阿僧祇劫的修行；中根器的菩薩需要經過四阿僧祇劫的資糧道與加行道、一阿僧祇劫的見道、一阿僧祇劫的七不淨地、一阿僧祇劫的三清淨地，所以他們在七阿僧祇劫後會證得佛果；上根器的菩薩需要一阿僧祇劫的資糧道與加行道、一阿僧祇劫的七不淨地、一阿僧祇劫的三清淨地，其結果，他們會在三阿僧祇劫後證得涅槃。

布施度

布施的本質是對任何物質財富沒有貪執，且對他人有一種施予、伸出援手的態度[45]。

有三種布施：財施、無畏施、法施。

財施

有三種程度的財施，第一種是「普通布施」，此階段的心力微小；之後出現的是「大布施」，此時已有了施予的串習；最後，出現的是「無上布施」，此時布施的修學已圓滿。第一種施予——普通布施——根據吾人的心量，會捐獻出食物、衣物、車乘、牛隻，或土地等；大布施與給出自己極其鍾愛與珍貴的事物有關，舉例來說，給出吾人的愛子、愛女、妻子或丈夫等[46]；無上布施是所有布施中最困難的，與給出吾人四肢與器官有關，甚至是頭顱，以此方式徹底遠離貪執，如同月光王（King Chandraprabha）所為[47]。

對那些只開始修學菩薩共法行的人來說——這點在施予的修行上更是明顯——會發現自己甚是受制於吝惜感，連要送出食物的禮物也很困難。他們必須慢慢地訓練自己，就像在故事中先把小東西從一隻手給到另一隻手的主人翁般，心裡想著正在行布施，到最後，他也能夠行大布施。同樣地，我們應從給出小東西、煮好的菜餚等來訓練自己，慢慢地，我們的佔有慾會被克服，布施的力量也會增長。而且我們的修學應持續下去直到我們能夠行持無上布施。

無畏施

無畏施表示能保護那些被囚禁者或是被懲罰與折磨者的性命，這代表著保護被獵人追捕的野生動物或被宰殺的牲畜與羊群，且幫助被疾病與邪靈威脅的人們，這也意味著訓練自己的內心以確實發願要將一切眾生從輪迴的無盡痛苦中——這是持續恐懼的根源——解脫出來，並帶領他們到達涅槃的圓滿自在。

初學者應該根據自己真正的根器來修持布施。倘若他們沒有能力給予難以給出的東西而粗率為之，那麼他們就會陷入灰心與悔恨之中，這將會是一個使聲聞與緣覺發心在他們心中落腳的大危機。因此，應該避免這種布施的不智之舉。寂天菩薩在《學處集要》（譯注：在漢傳佛教中此論譯名《大乘集菩薩學論》）中說道：

天界之樹極悅目——

其籽與根致歡欣，
故終期前勿離壞：
佛果藥樹亦如是。

因此，給出自己的身體與生命卻伴隨著惡意或嫉妒等心態為沃土的「悲心」，在《學處集要》中是禁止的，一如前述。再者，以敵意、嫉妒、誇耀的態度，或是以傷害他人的方式——給出具傷害性的物品如毒藥或武器（例如，給屠夫一把刀、或給酒鬼一瓶酒），或是把錢財給吾人極度貪戀之人等——來行布施，這一類沾染了不淨動機的布施，只會增長惡行；離菩薩的修行甚遠，這根本是菩薩不屑為之的事情。相反地，圓滿布施的徵兆是捨棄吾人心中所有的貪恪，這表示放下對資產的所有執取：包括自己的房子、自己的身體、自己的享受、自己的福德等。

法施

殊勝的法施同樣也可分為三個層次。在《聖持世所問經》（*Arya-Lokadhara-paripriccha-sutra*）中有如下的教言：「何謂法布施？施予筆、墨、書籍乃小法布施；依聞法者根器而傳授聲聞、緣覺之法與無比聖法，乃大法布施；引領眾生發菩提心與教授如虛空般不可思議之法，乃是無上法布施。」

真正的法施，是根據他人的心性根器給予教授。然而，對仍處在發願修持階段的人們，是很難以這種方式來給予法教，因為他們無論是在言詞上或義理上，都還無法清楚地宣說佛法。在此階段，吾人應該把利他之心當做主要修行並認真去做，以正念和正知，依照上師的教言來清除煩惱。帶著慈心與悲心，吾人應大聲誦讀佛陀的共通法教、尤其是大乘的佛經，聽到的人們將會清淨過去多生的惡業與染污，也會自然生起利他之心，無量功德也會隨之生起[48]。向善的天人與龍族會親臨並聆聽法音，解脫了業與煩惱，將致力於護持佛陀法教。總而言之，祈請一切眾生成為大乘法器並努力達到無上目標是很重要的。

當吾人的內心自在，不為世間八風所擾動且不被散亂與忙碌所打亂，首要之務就在利益他人而已。吾人應該依據他人的類型、根器、願心、性情來傳授佛法，從業果的法則開始直到大圓滿法。

持戒度

持戒的精髓在於決心遮止傷害他人、甚至是遮止這樣做的念頭。持戒是斷除一切與戒律相違的事物。關於持戒的法教以如下三個項目來宣說：一、遮止念頭、語言、行為的惡行；二、奉行善行，如六度；與三、利益他人，無論是直接行持四攝、或間接清淨自心以便能夠幫助他人（譯注：在《瑜伽師地論》中稱這三戒為：攝律儀戒、攝善法戒、饒益有情戒）。

攝律儀戒

小乘、大乘的戒律之別

一般來說，進入大乘或小乘之人，在致力止惡揚善上是無分軒輕的。但是，菩薩戒依四種不共特性而有別，使菩薩戒比小乘的別解脫戒更為殊勝。在別解脫戒中，吾人透過遮止惡業與遮止產生這些行為的惡念，避免傷害他人。菩薩在止惡之上，加入了積極幫助眾生的修行。如前所述，菩薩戒由止惡、行善、利益他人的三個面向所組成。此外，在別解脫戒的七戒中，要遮止七件事：身的三惡與語的四惡。所以，在別解脫戒的層面，重點是放在身和語的行為上。相對地，菩薩則致力於遮止所有十惡。

在遮止之行的脈絡中，還有一點區分了別解脫戒與菩薩戒。請牢記對於為一己之私而受戒與視現象為實存者，佛陀並不承許（在別解脫戒中）他們犯下前述七種的身、語惡業，即使有可能在此狀況下利益他人，既定的戒律也不可違犯。然而，倘若是為了利益他人，菩薩卻可無視這些；在此情況下，要檢視是否俱足了三個條件：首先，這位菩薩必須知道這個惡業（換言之，是身或語的七惡業之一）能直接利益他人；其次，這個利他會在未來出現；最後，這位菩薩必須確定這般行為不會障礙了福德資糧而會增長福德。當這三個條件俱足時，菩薩便被開許去做表面上是惡業之事。這可用**善心船長**的故事來說明，他殺了**黑矛士**以免讓他的惡業全然成熟，於是圓滿了八萬劫的福德資糧*。還有婆羅門之子塔拉惹瑪納（Tararamana），在森林中修持禁慾達四萬兩千年之久，有一天，他走進一處村莊化緣，被一位商人之女瞧見，瘋狂地愛上了他，她痴戀他到準備要自殺，為了避免這樁慘事，苦行者捨棄了他的禁慾戒律，為此累積了八萬劫的福德資糧。其他的故事也有偷盜的類似例子等等。在語的四個惡業中，假如這些惡業具有實義，菩薩也被開許去做。表象上看起來似乎有過失，實際上卻是善行。但是，成為善行是因為意樂使行為產生了強有力的結果，這也說明了意的三惡業，在任何情況下任何人都不許造犯的理由[49]。

因此，在大乘的脈絡中，身和語的七惡業（在某些情況下）是被開許的。然而，在法教中提到，對於剛受菩薩戒還陷在自身考量與欲求快樂的人，以及那些因為難以持守而捨戒之人，無法貫徹對直接或間接利益他人的意樂，犯下這些行為就是一種過墮。

* 參見《普賢上師言教》。

大乘的攝律儀戒

為此，對菩提道上的初學者來說，第一要務就是要規範自心。最重要的事就是要鍛鍊自身到這種程度，使出離心與信心等特質能持續增上。初學者應要修學使自心能受控制，日復一日、月復一月穩定地進步。的確，倘若在一開始，心尚未被遮止惡業的戒律所淨化，而過於強調菩薩戒的其他兩個面向（即從事善業與利益他人），會產生許多障礙而妨礙了佛果之道上三學（譯注：戒、定、慧）的進展。

奉持出家生活的菩薩，會比身為居士的菩薩更為殊勝[50]。《大乘莊嚴經論》中有云：

> 應知出家分，無量功德具；
> 欲比在家分，最勝彼無等。
> （譯注：見〈行住品第二十三〉）

然而，大乘經典並不是說**所有**菩薩都應奉行別解脫戒的戒律無它。經上所云是說不共的菩薩戒也同樣適用於天、龍、其他非人等。

對於先前已修學二資糧、具有強大決心能融攝深廣法教的人來說，無論他們出家或在家都無妨。最重要的要素是意樂，這可由鄔底雅納國王因札菩提（Indrabodhi）的故事來闡明，他透過接受了一個灌頂，而在同一時間內受持了全部三種戒[51]。

在家修行者受持任一**近事戒**（在下文中解說）（譯注：另譯優婆塞戒與優婆夷戒）或二十四小時的**近住戒**（譯注：八關齋戒），無論是暫時或終生持守，此外並持續保任願、行菩提心的二種菩提心，便被稱為近事菩薩。出家者，持守比丘戒或比丘尼戒、沙彌戒或沙彌尼戒、或式叉摩那戒*（沙彌尼在受具足戒前的修學）（譯注：學法女戒），並具有願、行二菩提心，便被視為持守了攝律儀戒的菩薩戒。

受戒的等級

居士戒

有兩種居士近事戒：有所謂的圓滿近事戒，與淨行近事戒。若吾人捨離了四種惡行之一（如，殺生），便被稱為是「持一戒」；之後若吾人發誓不偷盜，便被稱為是「持分戒」或具（出家的）「分戒」；除此，若吾人發誓不誑語，便是「持主戒」；若是再正式

* 在藏文中，這些剃度被稱為dge slong（比丘）、dge slong ma（比丘尼）、dge tsul（沙彌）、dge tsul ma（沙彌尼）、dge slob ma（式叉摩那）。

捨棄邪淫，便被稱為是持守「三分半」戒，以「三分半」來表達是因為若單是捨棄邪淫，只圓滿了一半的戒律，有別於完全持戒、徹底地禁慾；最後，在前述的三分半戒之餘，若吾人戒酒，便被稱為「圓滿近事戒」*，因為若未遮止飲酒，是不可能圓滿持守其他誓戒的。淨行近事戒**是吾人捨離了所有四種根本墮，即殺、盜、淫、妄，並戒除了飲酒。

修行二十四小時近住戒的在家人，必須持守沙彌十戒中的九項律儀，他們捨離了這十項，但被開許使用金銀器物以維持家計。但是，其戒律通常被稱為八關齋戒，是因為各類歌舞與穿戴嚴飾都被列為同一種，屬於較小的過失（譯注：八關齋戒的八條戒律為：一、不殺生；二、不偷盜；三、不邪淫；四、不妄語；五、不飲酒；六、不著香花鬘、不香油塗身、不歌舞倡伎不往觀聽；七、不坐臥高廣大床；與八、不非時食）。這些都在無著菩薩《瑜伽師地論》（*Yogacharabhumi-shastra*）中加以解說。換言之，那些每天***持守戒律的人，終其一生而無時限，就被稱為是「追隨月官」的近事居士。

---

* yongs rdzogs dge bsnyen。

** 淨行近事戒（tshangs spyod dge bsnyen）包括了所有持守二十四小時近住戒者，近住戒是給很難徹底捨離性事之在家人所傳授的戒，為此在家人可以每次持守一天的淨行，在此情況下他們持守沙彌戒的戒律。（《功德海》卷二，241頁）

*** 亦即每天早晨重新受戒。

出家戒[52]

沙彌戒[53]

那些接受了沙彌剃度的人，必得戒除四種根本墮（重罪）：他們發誓不可犯下殺害眾生或胎兒之罪；他們發誓不偷取他人的財物；他們發誓不陷入以三通口的任一處進行性事；最後，他們發誓不對任何通曉語言之人、明白所言為何之人、任何處於正常意識之人、任何非陰陽人或無性別差異之人[54]撒謊。若犯了這四種根本墮之一，使立基、動機、行為、結果（譯注：舊譯事、意樂、加行、究竟）*全都俱現，那麼便破毀了沙彌戒。其所受之戒還淨與否，取決於是否有意隱匿此行為。同樣情況也適用於具足戒的比丘。

此外，還有六種其他過墮，如果犯下就必須懺悔，分別是：一、飲酒或服用其他任何毒物，因為會有損正知；二、耽溺在所有標榜或貪戀輪迴事物的成因上，諸如藝術、舞蹈、歌唱、彈奏音樂等；三、穿戴飾物、花鬘、塗抹香水與化妝品等；四、使用珍貴物件所裝飾的貴重傢俱、座椅、大床等（這些裝備都應為木製，且在任何情況下不得超過一腕尺高）；五、非時食，如過午之後用餐（所有餐食必須限定在日出與中午之間食用）；與六、收受貴

*參見《功德藏釋：三道甘露精華》（經部上冊）第三章中「十惡業」的內容。

重禮物，如金、銀等，並將之當作個人資財來使用。

沙彌戒被認為比近事戒殊勝。但是為了讓沙彌戒免於過多的規條，其戒律精簡為十條，一如前述。這是律藏中記載毘舍離城（Bridzi）長者之子的事件發生後所制定。然而，關於更細部的戒儀，沙彌律儀特別禁止三十三種違犯。首先，是殺、盜、淫、妄的四根本墮，與此四根本墮相關的三種殺業：宰殺動物、淹浸有住蟲作物、飲水中有蟲；之後是十二種虛妄：一、無緣由的說謊；二、誣指他人破戒；三、在僧團中散播謠言而引起爭端，或是四、附和兩舌之人；五、令在家人誹謗僧人，例如，指責其飲酒；六、刻意造假；七、非議上師；八、汙衊寺院執事；九、為得到供養而貶損別人的法教；十、指責別人犯下僧殘（見下文）；十一、輕蔑律儀；與十二、藏匿自己的食份而想得到更多。這些總共是十九種違犯。此外，還有飲酒的過墮、三種歌舞、穿戴三種飾物、睡臥高廣大床、睡臥昂貴大床、過午而食、收受金銀等。最後，是無法捨離在家舉止*、無法顯現出家威儀**、違逆住持等。這全部加起來就是三十三種違犯。

* 舉例來說，不剃髮。
** 意指著法衣與不持武器。

沙彌尼戒

除了上述的十種主要違犯，為了受具足戒的沙彌尼戒學處，必須捨離十二件事：她們必須遮止碰觸男人等六種根本墮[55]，也必須遮止六隨法，如持有貴重金屬與寶石等[56]。再者，教云為強化其心志，沙彌尼須經兩年期間試驗，以證明其堪能持戒（譯注：這兩年所受即式叉摩那戒）。之後方能領受具足戒。

具足戒[57]

止持戒

具足戒僧人或比丘必須持守兩百五十三條戒律。他必須摒棄：

一、四波羅夷[58]（譯注：另譯四重禁），亦即，殺人、偷盜、行淫、妄語。

二、十三僧殘[59]，如手淫等。

三、三十捨墮[60]，如與法衣有關（見下文）「取與分」的過墮，以此加上九十種「單墮」[61]，如故意混淆視聽、訾毀受具足戒者、誹謗比丘、挑起過往爭議等。

四、四悔過法[62]，須特別懺悔的四事。

五、一百一十二惡作[63]（譯注：惡作梵文音譯為突吉羅，在漢傳佛教中將惡作分為眾學與滅諍二類）。

加起來，這五類戒律（譯注：合稱五篇）總共是兩百五十三條應遮止的行為。

受具足戒的尼師或比丘尼必須奉行三百六十四條捨離的戒律。除了四波羅夷是僧、尼共同遵守的，比丘尼還必須遮止四不共波羅夷：不得碰觸男人、不得在男人面前躺臥、不得隱匿其他尼師過失、不得在身體或言語上試圖阻止其他尼師在如法懺悔後恢復僧籍。因此佛教尼師必須遮止八波羅夷。之後，是二十僧殘、三十三捨墮、一百八十單墮、十一悔過法，與一百一十二惡作，這些總共是三百六十四項必須遮止之事。除了這些，還有許多各式各樣與之相關的惡作與粗罪[64]，是受具足戒的比丘與比丘尼所共通的，但在造犯時業行的諸因並未具足。

四或八波羅夷關乎僧籍的俱失，隨後能否還淨，取決於是否有意隱匿此過墮，這在律藏中明文規定。結果是令人難堪地碰到宣稱如實持戒的沙彌、甚至是受具足戒的僧、尼，卻對這五類過墮的名相渾然不知。也許有人會持反對意見，說他們既然已經不持戒了，那麼自然不知道自己身在何處。是這樣沒錯，但無知永遠不能被合理化！唯有覺察到是何種過墮且了解要如何補救，才有可能淨罪。且無著菩薩曾說在違犯的四門當中，無知是最嚴重的那一道門[65]。

作持戒

根據經教，須作持三種根本儀軌[66]：懺悔法[67]、結夏安居儀軌[68]、解夏安居儀軌[69]。從各方面來說，有十七條戒律形成了三學的基礎，在《毘奈耶事》（*Vinayavastu*）中以記誦的方式闡明（譯注：此為根本說一切有部的律藏，唐義淨法師漢譯的《毘奈耶事》，現只存殘本，其中敘明作持戒十七事，與其他律部的犍度類似，犍度為律的章、品，與「事」同。《毘奈耶事》另譯名為《律本事》）：

出家事，

布薩事，

安居事，

隨意事（譯注：解夏日自恣法），

皮革事，

衣事、藥事，

羯恥那衣事，

拘睒彌事（Kaushambi）（譯注：佛世時期拘睒彌僧團破諍之事），

羯磨事、黃赤事，

補特伽羅事（譯注：個人過失）、別住事，

遮布薩事、臥具事，

諍事、破僧事[70]。

這些律儀的學處，構成了應作持的戒律。

倘若在持戒的過程中，出現吾人被吩咐去做通常不被允許（此事必不屬於性罪，如殺生等十七種主要違犯，亦即，四波羅夷與十三僧殘）之事時，必須經過「開緣」才行。舉例來說，當吾人得在一天的非食時進食，吾人便觀想自己身處在北俱盧洲，因其子民天生持戒[71]。假如僧人能如此做，他便可進食。傳說有一次當佛陀在憍薩羅（Koshala）時，有一大群商人供養佛和僧眾一餐，餐食已備好且僧團也已應供，但正要用餐時，商人們的店鋪突然失火，每個人都跑去滅火，使正午用餐的時間被耽擱了。當僧眾向佛陀詢問該怎麼辦時，佛陀回答道：「僧人啊，切莫遲疑，如是用餐，唯汝進食時，須緣觀此刻身處北俱盧洲。」

同理，若吾人得在一個月中沐浴兩次以上時（譯注：戒律中有僧人每半月沐浴一次的規定），應視自身生病而沐浴乃是治病的藥石。同樣地，假如吾人需使用過多衣物，或穿著不當顏色衣服、如白色，或使用不當材質、如毛皮等，應格外留意，因別無選擇，若不用這些則會全然短缺，那麼就可以開許使用這類衣物，以保護性命並延續善業的修行。再者，若發生吾人被迫碰觸或持有珍貴物品時，應視這乃是開許向三寶獻供與使他人維持生計的方式。

至於其他不清楚是屬於應作或應止範疇的事，是否可開許的問題，則根據其與戒律精神的相近或相違程度來決定。

在佛陀涅槃後，出現了聲聞十八部派。其中七部屬於羅睺羅（Rahula）所傳下之貴冑傳承的說一切有部（Sarvastivada），五部屬於大迦葉（Mahakashyapa）傳下之尊者傳承的大眾部（Mahasanghika），有三部是造弓匠迦旃延（Katyayana）傳承的上座部（Sthavira），與三部是理髮師優婆離（Upali）傳承的正量部（Sammitiya）。在這四個主要部派中[72]，在西藏主要流傳的是說一切有部的戒律[73]。這四個傳承的戒律有些微的差異，但如同訖栗積王[74]（King Krikin）的夢境所示，每一部派都是佛陀的法教且涵攝了五種出家制度（譯注：即上述沙彌、沙彌尼、式叉摩那、比丘、比丘尼），其結果是這四種傳承的每個傳承都以正行具現了佛陀之教。因此，吾人奉行任一部派的戒律，自然便是一切戒律的持有者。故如法持守一切戒律是極為重要的。

如何同時持三種戒[75]

藏文對涅槃一詞的翻譯，字面上的意思是「離苦而去」。在此，「苦」指的是輪迴的悲苦，即業與煩惱之因；而「離去」如此諸因斬除了苦的相續，是寂靜或涅槃的殊勝境界。這種證悟的狀態是所有真正別解脫戒的目標，因此這是遠勝過遵守任何道德規範的戒律，後者的目的只是在三善趣的福報而已。持守別解脫戒之外，倘若吾人能在廣大範圍為了利他之故而發願證得圓滿證悟，且吾人依照廣行派或深見派的傳承，正式地領受願、行菩提心戒，那麼吾人就成為菩提心戒的持守者。進而，以利他的崇高發心，吾人還可依密咒乘的儀軌領受灌頂，其中解說了密續各部的圓滿之見，為此吾人接受了真正的持明密乘戒，這也是生起與圓滿次第甚深修持的基礎。領受了這全部三種戒的人，且持守這三戒應作持與應遮止之行的種種戒律，依照各次第所宣說的去做，將會獲得一切道、果的功德。

由於這三種戒彼此轉化，它們共享同一本性，且被認為不是各自獨立的。然而，從別相*

---

* ldog pa，為了方便之故，在此僅翻譯為「別相」（譯注：回遮、反體之意）。事實上，這是因明學裡專有的一個名相。參見裴度（D. E. Perdue）所著《藏傳佛教的辯經》（*Debate in Tibetan Buddhism*）一書，44頁起。

看來，卻又有所區別，因此它們維持著在每個人心中不相融會的狀態，直到被破犯為止。這種戒的別相是其關鍵，因為每一種戒必須依其等級而持守、不能混雜。如此一來，或許會有異議認為不同的戒會互相牴觸。舉例來說，殺生的行為，在別解脫戒中是被禁止的，但在菩薩戒中被開許，而在無上密咒乘的處境中，則是吾人應樂於施行之舉，是金剛部的三昧耶。對此吾人該怎麼辦？

在往昔博學與成就上師的傳承中（這些上師被認為是善於以詩偈描寫不共的利他發心，且具信並專精生起次第與圓滿次第的修行者），提到應把最主要的重心擺在菩提心與咒語的修持上。其主要意義解說如下：殺生顯然違犯了別解脫戒的根本戒律，即不傷害他人，故需遮止殺生。但一位菩薩，譬如，殺掉了一個邪惡且危險之人，阻斷了這個人的業流，因而減輕了他的苦。這個行為的目的，顯現出與別解脫戒不傷害而安置快樂且種下解脫種子的目標是一致的[76]。

但是，三戒是佛陀的善巧方便，依不同根器與眾生的信願所制定，假如這個行為真的牴觸三戒，那就絕不能通融。相反地，假如某些表面上的不善行為是被開許的，其原因在於這些行為並非徹底違犯了戒律。對遍知佛陀的一切法教而言，無論是不了義或了義，全都融貫在一個主要意樂之中，這點尤其見於密咒乘的不共見、修體系。酒，根據聲聞的別解脫戒，飲酒是個過墮，在菩薩戒中也是一種過失，在密咒乘中卻把酒當做三昧耶誓物而必須一直都具備著。在《祕密藏續》（*Guhyagarbha-tantra*）中有云：

> 酒肉必不可缺
> 因其乃成就物，
> 飲、食，精華與水果，
> 皆為五根之悅物。

且云：

> 尤其，不具酒、肉為不宜。

教導說這類物質是瑜伽士受用之物，他們透過生起次第與圓滿次第的修持，能夠克服念頭之力——念頭在一開始顯得如此固實，但假以時日念頭就顯現成為其本尊。一般來說，這指的是**勝解行本尊**（aspirational diety），這是資糧道上的本尊；**心氣本尊**（deity of energy-mind）是加行道上的本尊；**明光本尊**是見道的本尊；**有學總攝本尊**[77]，是修道上的本尊；**法身與色身總攝本尊**，是無學道的本尊[78]。

密咒乘內續修行者的行止沒有二元執取，以這種方式支持其對現象的大清淨平等見。透過生起次第的方便，這些修行者的五蘊與五大，世界與住於其中的一切眾生，現起為本尊、咒語、手印的化現。這般行者加持薈供的物品、薈供品，將其轉為甘露。當他們享用時，酒再也不是一般的酒，他們的心態也絕非如凡俗的上癮。在這種大清淨平等的境界中，他們的感知被轉化且覺受到自身是本尊、酒是甘露。在此情況下，瑜伽士與瑜伽女是可以飲酒的。出於自利，他們不執取與何者當取或當捨相關的道德戒律，不視其為實存與顛撲不破，也不貪戀自身為比丘或比丘尼的形象。他們亦不執取世俗諦、物質性的利他布施概念，不執著於身為菩薩的想法。瑜伽士與瑜伽女為此得以開許飲酒，不似聲聞必須斷開欲望，因為他們沒有法門，故煩惱與感官的愉悅在精神修道上必須加以遏止。這類行者也非凡夫，凡夫被惡行所擺佈，累積著將他們推向輪迴的業行。藉由甚深的生起與圓滿瑜伽，所有感知都被轉化，一切顯相成為本尊的無盡壇城，酒與其他的三昧耶誓物，被當成甘露享用，以此緣故而得以飲用。不僅不會犯下任何過失，且會增長福德，對享用如此三昧耶誓物的瑜伽士與瑜伽女來說，事實上他們是在向三寶與本尊獻供。為此他們累積的福德資糧與功德的增長，遠比向僧團獻供更為強大——此處的僧團，指的是由持別解脫戒的僧、尼所組成，或致力於利他卻缺乏大清淨平等見的出家菩薩們。

寧瑪派傳承所授之持三種戒

當遏止煩惱與對六塵的欲望，持見在精神修道上進展時，瑜伽士必須知道如何運用相同道理來面對其他所有戒律，包括大戒與小戒。但是，初學者在三戒的修持上，必須努力盡量持守三戒的所有戒律。為此目的，了解我們傳承對此問題的教授是很重要的，分六點歸納如下：

一、自反勿混*。三戒的別相不可混雜。吾人從其領受三戒的大德、吾人受戒的發心、吾人受戒的儀式——這三項都具有其各自的特質，截然不同。即使戒的受持期限也明顯不同。戒在各等級的特性都是獨有的，不會重複。由於戒以這種方式有所區別，必須依其各自特質來持守。若有違犯，也必須依每種戒所制定的規條來還淨。

二、破、旨皆俱**。三戒的每個戒都實現了兩個作用：每個戒都是惡業的對治（破），且每個戒都實現了讓心自由的目的（旨）。要闡明此點，試想一座長出有毒植物的花園，沒有經驗的無知園丁會把這株植物挖起扔掉；相對地，一位醫生有可能把這株植物做成藥物，可以用來治療疾病；最後，一個精通咒語的人，透過持咒的力量，能讓這個毒物發揮更具利

---

* rang ldog ma 'dres。

** dgag dgos tshang ba。

益的力量。這每一種做法都是要抵銷毒性的方式，遞級而上，從容易、有效的角度看來，每種方法都勝過前一種。類似於這個意象，聲聞把煩惱視為實有，不僅在世俗上如此，甚至在勝義層面亦然，用別解脫戒來「拴住」他們的心。藉由把根門綁住，他們遏止其作為，主要在語言和行為上。這就是聲聞面對煩惱的法門，如《別解脫經》(*Pratimoksha-sutra*)所云：

> 奮力、不安之心——
> 猶難馴野馬！
> 別解脫戒鞍具
> 以勒制此心！

對菩薩來說，視煩惱，雖無實義，卻能將其禁錮在世俗諦之中。因此他們努力將煩惱遣除於法性的空界中*。在《菩薩別解脫經》(*Bodhisattvapratimoksha-sutra*)中，佛陀曾詳細提及此點：「舍利子，若有菩薩細察其欲，視欲所生之基（現象），遍經尋覓，別無一物。若此，欲從何生？何人所生？如何而生？此菩薩見無所生，無所受者，亦無所從而生。無欲可覓，故此菩薩不因欲生邪行，反得良善。故菩薩不呵責欲而稱讚之。」

---

* 亦即，對空性的了悟。

在金剛乘的共通脈絡中，即使在世俗諦中，煩惱也不被視為是瑕疵。猶如冰融化成水，煩惱被帶入道上，成為本尊（五方佛）的本質與智慧。以這種方式，迅速獲得果報。如密續《海會續》（*rgya mtsho'i rgyud*）所云：

> 煩惱乃清淨善巧道，
> 欲之對境殊勝莊嚴，
> 以嚐之，每一煩惱，
> 汝速成聖飲血尊。

的確，對於真正了悟實相的人來說，煩惱是智慧的殊勝莊嚴。《普作王》（*kun byed rgyal po*）續中有云：

> 愛取、瞋怒、無明等
> 於大證悟道上生，
> 五塵普皆受用之：
> 乃大空之妙莊嚴。

猶如孔雀任意餵以有毒之花，卻變得更生氣勃勃與毛羽豐美。

潔身禁淫的僧人，雖有能力為之，卻不被慾念所沾染。以第三灌之道為修持、耽於行淫的瑜伽士，也同樣不被慾念所染。僧人與瑜伽士同樣實踐了對治的要點與目的，因而圓滿持守了其關於煩惱的戒律。有毒植物所生長的大地，並沒有任何意圖要幫助或傷害植物。以此喻，瑜伽士與瑜伽女保任於大圓滿本然之見而不被煩惱所觸及。他們不排拒煩惱、不轉化煩惱，也不以煩惱為道。他們只是全然離於任何這樣的作意。如《普作王》續所云：

諸顯真如中一體：
任何所作不施予。
如王無造之功德，
乃離念法身本然。

三、轉化本性*。龍欽巴尊者在《禪定休息論》（*Absorption's Easeful Rest*）的自釋中引《祕密冠續》（*gsang ba cod pan*）所云：

故吾等觀銅自石出、金自銅出。

* ngo bo gnas 'gyur。

銅溶出時，石不復存。
轉化為金，銅不復見。
佛陀未曾宣說
別解脫戒與菩薩戒
尚存「內僧」、持明者心中。

龍欽巴尊者對此釋義，言當證得密乘持明位時，別解脫戒與菩薩戒並不獨立存在於心中，而是被轉化成為密咒乘的誓句。他說道：「在密咒乘的等級，下面兩種戒律被轉化成單一戒。然而，三戒的別相並不會融合成一體。從戒被受持的那一刻起，直到被犯墮為止，這些別相都一直獨立、有所區別。」

關於戒之轉化的論理，有些大德的詮釋，對「內僧、持明者」的表達與本頌*稍後出現「轉化由智慧所生」的陳述，暗示除非不共的「譬喻」或「究竟」智慧顯現，否則不會產生所謂的（戒）轉化。我們傳承的上師曾說這個主張言之成理。然而，其他人認為轉化的發生只出現在接受灌頂時。我自己的看法（譯注：是本釋論作者甘珠爾仁波切的觀點）是即使各相皆無所緣的不共智慧[79]尚未出現，提到轉化的發生仍是有可能的。但是，我不相信僅藉著

---

* 指吉美．林巴尊者的根本頌。

坐在集會裡接受一個灌頂，以灌頂所依物碰觸吾人三門*並嚐下，轉化就會發生。別解脫戒的精髓在於決心從輪迴中解脫出來；菩薩戒的精髓在於承諾利他；而密乘戒的精髓在於淨觀。然而，戒律或出家不會單靠一個模糊的解脫欲望、一個希望他人安好的模糊願望、或是一個淨觀的模糊概念，就能成為真正的、實義的。戒律必須以清楚、明確的發心來持守，唯有如此，吾人才能說轉化發生了。

別解脫戒的定義，是遮止惡行的戒律加上要將吾人從輪迴解脫出來的決心，這存在於欲界的處境中。德光論師（Gunaprabha）在他的《律經》（*Vinayamula-sutra*）**中，提出「戒律與要將吾人從輪迴解脫出來的決心相關」。阿毘達磨就此繼而界定有資格受戒者的類型：「除了中性人、陰陽人、北俱盧洲的居民外，所有人皆能受『善戒』與『惡戒』***。」薩迦班智達在他所著的《善辨三律儀論》（*The Three Vows Distinguished*）中沿用了這個看法，提到：「除居住於三部洲之人，其他眾生不得出家。」[80]

菩提心戒被定義為六度的不共修行、加上為了利他而願證得無上證悟。此戒是在有意識

---

* 身、語、意的三門。

** mdo rtsa，是律的根本典籍，由此產生許多律部的釋論。

*** sdom與sdom min，字面的意思是戒與非戒，參見《功德藏釋：三道甘露精華》（經部上冊）〈附錄四：五蘊〉。

的狀態下*，伴隨如此意樂的心所：堅定的決心要摒除一切違逆六度之心念、語言、行為的過墮。在《現觀莊嚴論》中有云：

> 菩提心就是為了他人之故而獲得圓滿、清淨證悟的願心。

在《入菩薩行論》中云：

> 由其成就斷離心，說名持戒波羅密。
>
> （第五品，第11偈）

密乘戒被定義為有意識的狀態、伴隨如此心所：有意（透過悲智雙運的本智）遏止理解並執取現象為實存的心識作用——加上因而滋生的負面念頭、語言、行為。如《光鬘》（*Garland of Light*）**中所云：

> 借徵兆以示俱生智，
> 遏止一切妄念[81]：

---

* 亦即心王（gtso sems）。參見《功德藏釋：三道甘露精華》（經部上冊）〈附錄四：五蘊〉。

** 此為噶舉派修學之三戒論典，由福月（Bhutichandra）所著。

乃即言明，如虛空般常住，

持明之密乘戒。

在密續《後續》（*rgyud phyi ma*）中有云，戒律即是承諾持守三昧耶而不破犯，即使在夢中亦然。

三戒必須依照各自的儀式來受持，但是，即使居士戒或出家戒符合別解脫戒的清淨儀式所授，在底層的意樂是把持戒當成只為了離苦並得到暫時安樂的方法，那麼這戒只是有名無實而已。猶如難陀的故事所示*，當要離開輪迴的決心真正在心中誕生時，所受之戒便會轉化成真正的別解脫戒。然而，即使意樂變得更廣大且有了發心的轉變，原先要止惡的誓言並未被撤銷。為此，當吾人接受了三種接續的別解脫律儀（譯注：指式叉摩那戒、比丘戒、比丘尼戒），下層的別解脫戒一點也沒有被取代。相反地，遮止惡行的誓言被強化與增上。這表示在律部的法教中，倘若之後較高的戒律被捨戒，此人就回到了較低的出家戒，如之前所受的沙彌戒。不過，當接受了最高的出家戒後，下面兩種戒就不再是分開成立的戒了。若是這種情況（即下面的兩種戒有可能獨立存在的話），就會變成一個受了近事戒、之後再受出家戒的人，會同時是僧人與居士，因為近事戒是屬於在家戒。

---

* 參見《普賢上師言教》。

同理，假如吾人受了別解脫戒後，又受了目的在利他的菩提心戒，當不共的別解脫戒與菩薩戒連結時，從輪迴中「只解脫自身」的決心便被轉化了，菩提心發心的二利目標變得密不可分。當銅礦融化時，淬鍊出的銅在物質上與原先的礦物並無不同。但若是其原先狀態的特質持續存在於銅中，其結果就得是銅礦與精銅俱在，這是不可能的。同樣地，當要將自身從輪迴解脫出來的決心（藉由菩提心）進展了，發心的果相在實質上（與先前）並無不同*。但若是未失去先前低劣的特質，其結果的心態就會是同時既自私又無私，這是不可能的。

確是如此，當除了菩提心戒吾人又接受了密乘戒時，利他的發心被提昇至更高的力量。之所以這樣，是因為僅是稍微了知大清淨平等的狀態而生起了信心，遑論當灌頂的本智真正出現——據稱這會發生在生圓次第基礎之第四灌的傳授與修持。為此利他的發心增強與轉化成密乘戒，所以，雖然密乘發心在實質上與菩薩發心並無不同，但密乘戒的不同之處在於無分別，即使在世俗諦的層面上，輪迴與涅槃之間、取和捨之間也無分別。當我們初學者思惟同時持守三戒的方法時，我們所能說的是，當從聞、思法教而增長且強化了淨觀與淨觀之見——密乘的精髓，我們的確經歷了發心的轉變，雖然這種轉變不同於透過禪修之力而生起智慧那樣。當透過禪修，證得了「喻智」或「不共本智」，這暗示凡夫心已被轉化成了本

* 吾人仍保有要將自身從輪迴解脫出來的決心，但此時是為了要能夠解脫他人。

初智，且獲得了對法界的掌控。現證法性便能控制所有的根、塵，因此，無論瑜伽士與瑜伽女所做為何，從凡俗的字義而言都不會被過墮所染污。雖然可能從外界的觀察者看來，這些修行者的行止合乎戒律，對他們來說卻沒有對下層戒律為外在別戒的執取，為此他們超越了任何意樂上的取捨[82]。在此，三戒歷經一個徹底的轉變，無消說三戒已無分立。到了這個階段，瑜伽士與瑜伽女乃是最真正、最任運的比丘與比丘尼。《祕密藏續》有云：

律部所生之律儀
諸戒不可思議之排序
清淨無餘，悉皆涵攝於殊勝、無上之三昧耶。

往後成為龍樹菩薩授戒師的薩惹哈（Saraha），曾說：

直至昨日，我仍是一位婆羅門，
直至昨日，我仍不是位僧，
自從我有了造箭匠之女
即是真正的僧人，
一位聖僧與聖飲血尊。

因此，總之，與三戒相關的有兩種轉變：第一種是發心的改變（在每個人心中所體驗到的）；第二種是徹底將凡夫心轉成智慧[83]，從不圓滿轉成圓滿。（由已經接受了別解脫戒的某人）假如儀式性地接受了密乘戒或菩薩戒，沒有出現發心的轉變，或許會有人質疑新的戒律事實上並沒有被接受到，因為我們已經知道戒本身並非獨存*。但是，在如來藏之中、即心全然清淨的本性中，道和果的一切功德已然俱在，等著被啟動。當這些功德被情境**所喚醒與賦予力量時，道上的每一種功德就會顯現。這是緣起的不可思議力量所致，且其運作的美妙不是任何理性化所能予以解釋的。既是緣起的事物就無法以異、同來劃分***。再者，善、不善的習氣範圍與運作通常也是不可思議的，尤其是道上修持者的內心可能藏著既有垢且無垢的福德。若說這些不同串習的本性是相同的，就表示善與不善是相同的。另一方面，若說其本性肯定是差異的，那就等於是說心是多重的——或是說善與不善必須是與心分開獨存，這說法同樣不成立。如所云：

> 相信學院派的理論將導致無所適從，
> 其排他性、可憐、令議題混淆不清，

---

* 換言之，發心的改變是唯一能辨別受戒的方式。

** 加持或灌頂等。

*** 同理，戒也不能被指定為是同或異。

相信它就是仰仗孩童！

對我們傳承的信徒來說，仔細思惟這些事情並獲致深刻的確信是很重要的。

四、功德增上*。在別解脫道上時，智慧和方便是不圓滿的，遮止惡行的誓言只是為了要將自身從輪迴中解脫出來，因此其果報的功德是有限的。然而，若是這個誓言變成菩提心戒的一部分，別解脫戒便被保留在無限的智慧與方便體系中，成為無上證悟之因，隨後的利益也遠比保持在菩提心戒之外廣大許多。而且，倘若別解脫戒與菩薩戒被當成密乘戒的一部分來持守，無上證悟的證得會迅速且容易，因為密乘是甚深、廣大、結合了善巧方便與智慧的速道。從這般持戒所生起的功德會廣大增長。

五、要點不相違**。初學者真的無法在廣大層面利他，也無法示現強大的瑜伽行。倘若在語言和行為的層次，他們的修行主要在持守別解脫戒，但同時他們也儘可能採取菩薩戒和密乘戒的發心、見、修，若他們沒有真正修學菩薩或密咒士的不共行，或許看起來他們是不一致的，但他們並沒有過失。只有在更後面的階段，當自私自利完全消失或大幅減少時，修行者才能主要專注在利他的發心上。當他們密咒乘的見與修成熟，且凡俗的執取淨化時，他們

---

* yon tan yar ldan。

** gnad kyi mi 'gal ba。

才能夠施行「雙運」與「解脫」的事業，以便為了利益眾生而圓滿二成就。屆時，或許他們的行止似乎與先前所受持的下層、更基礎戒律牴觸，但從別解脫戒的層面來看，並沒有任何過墮的成份[84]出現，因為別解脫戒涉及了對現象實存的執取。這樣的修行者就像是能夠攝取毒物的孔雀，不僅沒有過失產生，而且智慧相隨並提昇，所以從最為重要的觀點來說，與下層的戒並不相違。如同聖天所言：「那些想要徹底去除煩惱之人必須進入最根本要義。」

六、行持切合時宜*。一般來說，從初學者的層次到成就瑜伽士，修行者的行為應該要合乎其根器，並適合他們所置身的處境。在一大群人之中，他們的行動應該要中規中矩，謹慎且考慮到旁人。他們的舉止要合乎普賢菩薩的五規：首先是要住於僻靜、合宜之處或關房。其次是要有清淨的營生方式，合乎佛法且不被邪行生計所染污**。第三是要清淨持戒，初學者應主要專注在別解脫戒上，之後，當他們的根器因利他的大悲心與善巧方便而增長，且對現象的究竟、無始本性與非實存的了解增長時，就應該逐漸持守更高的戒；以這種方式，三戒就會被無誤地持守。普賢菩薩的第四規是要結交善友，時常與那些清淨持戒的人往來。最後，第五規是修持悲心與空性的圓滿佛法。如《密集金剛續》（*Guhyasamaja-tantra*）所云：

---

* dus skabs gang gtsor spyad pa。

** 參見《功德藏釋：三道甘露精華》（經部上冊）第五章中「正業」的部分。

外相如聲聞
內相受用精義。

圓滿佛——蓮花生上師——也曾作如是言。

當一位瑜伽士從事密修時，在所有等級戒被視為是過墮的行為，必須全部捨去。但是，當這些行為在不同等級戒有不同評估的情況下，或是吾人正在修學「無畏且非常規」的瑜伽行的情況下，應優先考慮密乘的見解，雖然無論如何都不應該貶低下層的戒。既然在此的修行者是依更上層戒律的智慧與方便來行止，就不會犯下任何過失。不過，倘若他們的行為易於讓世人蜚言流語，並讓世人失去信心，那麼他們就應該奉行下層戒的律儀。一如《入菩薩行論》所云：

能令世人不信事，知就防止勿令見。
（第五品，第93偈）

且在《善辨三律儀論》中有云：

行如聲聞，且防護自身

免於造罪與諸不善。

若汝超越一切私心，

行如菩薩，遮止諸惡。

行如兩者，勤於防護自身，勿造世人非議之行。

《時輪金剛續》廣釋提到，吾人應依照修行的層級來如法行止，依照情況作持或止持。重要的是不混淆不同修行階段的適當行持：道上的初學者之行與瑜伽士之行、成就者之行與遍知佛之行。

其他傳承所授之三戒

如來海會法教的一切修行，都表達於三戒的持守之中。合在一起，不同傳承的法教有六種方式描述個人應如何總持與修行三戒。這六種方式落入了兩大相對陣營中：即主張戒有相同本質的一派，與反對此主張的另一派。

一、密續中云：「當擁有無上乘的智慧時，一切對別人而言顯現為染污的行為，雖造作卻不會儲存*。這些行為會引致福德資糧，這是殊勝的戒律。」一個達到此了悟層級的修行

* 參見《功德藏釋：三道甘露精華》（經部上冊）第三章中「異熟果」等業報部分。

者，如印度與西藏的大部分聖者，對戒的概念與不持戒沒有任何執取，他們已經克服了所有認為現象實存的信念。對他們來說，所有妄念都被轉化成智慧，所以就戒律而言，他們完全超越了所有對戒的本質或各相的討論。然而，過去在西藏，瑪波阿闍黎（Atsara Marpo）[85]曾說若吾人接受了灌頂，單是持守密乘戒就夠了。有些人追隨他的看法，相信戒的各相與本質會有所轉變，在接受了更高層戒之後，沒有必要再持守底下的戒，因為這些全都涵攝在較高的密乘戒本質中。這點看起來與我們之前所述相符，但這只適用於瑜伽士的情況，因為其內心透過對現象平等性的了悟已然徹底解脫。但是，假如初學者以這種方式行止而漠視下層戒，他們只會成就自身的過墮。

二、在我們的傳承教導說當別解脫戒與菩薩戒轉變成密乘戒時，前者的別相仍在密乘戒中保有不同（即運作著）。這是印度和西藏所有大師的教授，清楚地在舊譯派密續、如《幻化網》（*sgyu 'phrul dra ba*）中所提出。再者，在《光鬘》中也清楚說明：「有些人認為三戒彼此的關係如同地、水、船隻[86]，這是錯誤的。馬鳴和遊戲金剛（Lilavajra）等大師曾說，三戒只依其別相而有異。」這也是西藏博學與成就上師的無誤之見，包括舊譯派的榮宗．卻吉．桑波（Rongdzom Chökyi Zangpo）（譯注：即榮宗班智達）、素傳承的大部分上師、尤其是第二佛龍欽．止美．偉瑟（譯注：即龍欽巴尊者）、大伏藏師局美．多傑（Gyurme

Dorje，迭達・林巴 Terdag Lingpa），以及新譯派的大譯師仁欽・桑波（Rinchen Zangpo）、薩迦班智達（他是文殊菩薩的化身）和其追隨者等。轉化發生的情況已經解說過了。那些抱持相反見解的人辯說假如三戒具有相同本質，若是如此，那麼別解脫戒、菩薩戒、密乘戒就必須在死亡時終止，要不然就是別解脫戒會一直持續到涅槃狀態為止（如同菩薩戒與密乘戒一般）[87]。

三、根據另一派的見[88]，三戒的存在是由以下的譬喻來說明。假如一顆藍寶石被放在一個裝滿淨水的透明水晶容器之中，液體和容器會映照出藍寶石的顏色而不會保有其獨自色彩。別解脫戒、菩薩戒、密乘戒亦然，它們都並存於吾人心中，如獨立個體、互不相融。但是，當三戒各自的功德逐漸增長時，別解脫戒和菩薩戒便被視為是密乘戒的附屬，這表示三戒互相的關係是以所依與能依的狀態呈現[89]。這個見能成立，是在從殊勝的智慧與方便角度看來，一個人的心無法超越下層戒的情況之下。對這種人來說，戒的確有不同與獨立的面向，且不會牴觸。然而，倘若吾人主張三戒的關係全都同樣是所依與能依的狀態，那就會出現當別解脫戒終止時，以別解脫戒為基礎的菩薩戒和密乘戒，也都會終止。這是不成立的。

四、從受持與終止之時間、狀況的角度來說，戒或許是有差異的。也許，可以這麼說，這是噶舉派共通的見。他們承許每一種戒具有其特定本質，因為每個授戒儀式都與其他戒不同，而且每種戒也有各自終止的時間和原因。但是，其他大德將這點詮釋為當接受了上層戒，下層戒就終止了。不過，他們說，這種區別不能從字面意義上來看，這麼做是有其特殊用意的，是為了讓根器不足的人能留在解脫道上。在早期，有人被迫這麼說，是為了投日車（Suryaratha）仙人這類人的所好，他基於純粹的狹隘心胸而排斥甚深義理。這就像是說這種人在後來要進入密咒乘會比較好[90]。

還有另一個以此方式來呈現戒律的好理由。請牢記於心，那些持守出家戒薄弱的人、即缺乏不共方便與智慧[91]的人，因而容易捨棄出家戒，阿底峽尊者在其《菩提道燈論》（*Lamp for the Path*）中提到：「修持清淨道*之人不應該接受祕密灌頂與智慧灌頂。」在這種脈絡下，當前（第四種）見是可接受的。但假如這點被主張是各種情況下都應遵守的通則，便會有錯誤的結論出現，那就是不可能有金剛持、即持有三種戒之人這種事；也會與事實相反，因為不可能不接受第四灌頂而證得佛果。

五、根據第五種見，由無畏作論師（Abhayakara）在其《牟尼密意莊嚴論》（*Munimatalankara*）中所宣說，黃金飾品都是由相同物質所造，但這些金飾依照各自用途卻有著不同的形式，無論是用做頭飾、足飾、手鐲等等。無畏作解說雖然三戒的本質相同——

* 亦即出家生活。

亦即，遮止惡行的強烈決心——但戒本身卻有著不同的形式；這等於是說三戒在個人心中獨立存在且不相混合。它們就像是三枚硬幣，一個疊著另一個，不會混合。從戒的別相觀點看來，這麼說是正確的，因為在這個層面戒的確是不同；但在戒的本質層面，這般理解卻是錯誤的，因為這等於是說有三種心所（舉例來說，三種要遮止殺生的強烈決心）可以同時並存於單一心續之中。

六、第六種觀點是福月的傳承，他是釋迦．師利的弟子，在《光鬘》中解說了此觀點。

日、月、星辰的光芒可依照其光度來分類。當月亮升起時，就蓋過了星星的光芒。雖然星光隱而不見，但其本身並未減弱，未被消滅且仍保有其不同的光芒。同樣的情況也發生在接受了更高層戒時：底下的戒被蓋過光芒，且就像這樣，因為其力量的差別而隱蔽。

這種講法，只有在人們離於所知對境與能知之心的二元分別、且其持守兩種較高戒的能力大幅由善巧方便與智慧所增進的情況下，方可成立。對這些人來說，下層戒並未終止而是維持潛藏著，持續存在於戒律的本質之中，不斷諄諄教誨著他們。下層戒一直俱在，雖然其別相隱而不彰。誠如大師無垢友所言：「應該要了知到，任何能抓到心、行為主導者乃是毫無實質的人，或任何禪修現象是無自性真相的人，都擁有圓滿的清淨戒。」關於這個三戒不同但潛藏特質之見的其他詮釋，都是不成立的。因為假如吾人仍需要防護自身而避免違犯*，下層戒就不會隱蔽不彰；而且假如吾人沒有這種需求，其結果就會是戒不能保持獨特的存在。

總結

造作念頭是凡夫心的本性；語言和表達更會加油添醋。因此，任何對一個人能一起持守三戒之方式的檢視，自然會產生無止盡的論斷。然而，這些全都可以根據四依（the four reliances）的法教而濃縮成以下的原則。不受戒律規範的人們或許不易犯下過墮，但他們也無法產生不共的福德。他的善行會產生所謂的暫時福德而不會導致出離輪迴。那些致力於解脫的人必須先要受戒，且就像擔心乾旱與冰雹的農夫，他們必須如法持戒並小心地不要破犯。前文中，在描述受戒儀式的部分，曾解說，在其假立**的層面，戒擁有其別相且必須相應地持守。當特別強調三戒體系中的某一戒或其他戒時，戒之間並無扞格，能讓吾人以這般方式繼續下去，即必須摒棄的事物會適時捨去，且仍尊重不共的（解脫）目的。對善與不善來說本身非實存——它們只是念頭的投射而已；而戒律，是有所緣的現象，也仍落在念頭的範疇之

* 亦即在所有戒的層面，都要避免違犯。

** btags yod。

中，要將其轉成無所緣律儀[92]，唯有透過離於戒與無戒的不共智慧力才能發生，無所緣律儀的現起，是當八識的妄念銷融於法性且證得非實存時。這全都在佛經中詳述了。

與我們傳承相關的這六點（關於三戒的別相等等）是共通的考量。較為不共的，應該說除非生起了特殊發心，如要將吾人從輪迴中解脫出來的決心，否則戒是欠缺實義的。因為實義並不會只靠受戒便自動到來。因此，修行者必須善巧地努力增強自己內在的發心，從決心要脫離輪迴開始。即使當他們的發心已然轉變，仍然必須持守不同戒的別相；但是，當不共智慧、究竟明光，徹底出現時，別相之間的差別消失了，任何所做都會是無誤的。要能夠分辨這兩種不同情況是很重要的。如同《寶行王正論》（*Ratnavali*）釋論中所云：「在論藏中，最好要知道於通教中會有特例。」

當河水流入大海時，全都匯聚成同一鹹味的海水，但在各自的路徑流動時，卻不相混雜。同樣地，三戒是以不同的方式來擁抱快樂與弭除痛苦，其果報，各自依各種善與不善的心地、所有行為的根源，而有異。為此在各種戒的脈絡中，有關何者當為與何者不當為的討論基礎，必然是其別相的相關問題。主張下層戒各相在吾人接受了上層戒後便立即轉變的傳承，沒有方法能修補當下層戒被破毀後的損害。舉例來說，這種傳承不可能運用符合別解脫見的加持儀式，來還淨無法永遠只留一件百納衣的過失，因為別解脫戒的別相早已被轉變了，什麼也沒留下，事實上會變得沒有任何過墮可還淨。從菩薩戒或密乘戒的觀點看來，對治過失變得不可能了，因為在其層面上，沒有出現任何過墮。任何還淨的概念都無用武之地，也沒有任何規條可以派上用場。

概括來說，有部（Vaibhashikas）主張戒是難以覺察的有形物，是身與語之感知行為的產物；經部（Sautrantikas）宣稱戒代表心理轉變的階段；唯識認定戒由遮止惡行的持續決心與相關習氣所組成；這三部都視戒為實存[93]。

進入大乘、接受灌頂、修持相應的修道，並不代表吾人自動獲得了空性與悲心的圓滿智慧，因而具有能把染污做為修行的助益；也不代表吾人擁有了密咒乘的不共法門，能把煩惱做為道用。換言之，這不表示吾人立即證得了三戒持有者的持明果位，產生了使有所緣之心轉成無所緣智慧的不共轉變。吾人仍然易受煩惱擺佈，就像吾人容易被毒物所傷害般，直到毒性被咒語的加持力中和為止。

吾人的發心讓戒律成為清淨、實義的。當要讓吾人從輪迴中解脫出來的決心出現時，別解脫戒變成有實義的；當為了他人之故而願成就圓滿證悟出現時，菩提心戒同樣變成有實義的；但即使具有這兩種發心的人，仍然視現象、五蘊等是不淨的，要相應地取、捨。為了克服這種分別心，需要視三座[94]是本尊壇城並專精生起次第的瑜伽。在生起次第的過程中，藉由視本尊是殊勝、奧妙的，任何可能現起對本尊的執取，都會於圓滿次第消融，圓滿次第的精髓即是無念智慧的培養。當徹底圓滿了此智慧的了悟時，這位瑜伽士變得猶如虛空般，不為煩惱所動。對這位瑜伽士來說，再也沒有戒律的違犯，或先前凡俗所經驗到煩惱所產生的那種過墮，而凡俗是世俗諦層面的現象、受制於生與滅。為何會如此是因為這種個人、凡俗所經驗的染污與行為已不再出現。善念不能利益這樣的人，使他們道上的功德更為增益；惡念不能傷害他們，也無法藉由用不上對治而使他們下墮。

為了替不斷追求修道次第的人們著想，佛陀制定了持守三戒的特定時期。首先，佛陀教導初學者應該要修行別解脫戒，以便消除煩惱和念頭、語言、行為上的惡業，這些是解脫的障礙；之後，做為遏止自私心態和隨之而起的身、語、意業行妨礙了他人福祉的法門，佛陀提出了菩薩戒；為了那些已經嫻熟菩薩戒的人，和為了那些發心、行為都已是真正以他人為主的人，佛陀宣說了持明的密乘戒，做為止息身、語、意三門凡俗概念的法門，且止息對輪迴的染污執取，這阻礙了快速、不費力的利他成就。三戒猶如在病情的前、中、後階段提供給病人的藥物，無論如何都不會互相牴觸。在本質上，三戒是相對、互倚的現象，具有意樂的心所狀態。在短期內，持戒會影響發心的轉變，使其變得日益精細，在勝義的層面上，會帶來使有所緣之心的概念成為無所緣智慧的轉化。

現今大多數的人欠缺對聞、思、修的嫻熟。所以，對這些人來說，沒有任何事情[95]可以轉化成為本尊或甘露。他們渴求與欲望的念頭停留在凡俗的層面，視禁忌與允許為真實的。他們受持三戒，並從事勝解行的學處以結合方便與智慧，奉行分立的每個戒，直到破犯或過墮的時刻到來。當這種人奉行三戒時，三戒的別相維持著分開行使。從持戒的觀點來說，他們必須以相應的取、捨來結合戒的一切不同要點。假如他們以這種方式來維持戒律，他們的持戒將會沒有過失。與其讓下層的持守僅停留在其層面，他們會透過配合、藉上層戒增強的方式來持守下層戒。但假如有需要還淨戒時，就必須依照戒所違犯的層面來分開處理，以這種方式，戒被徹底還淨。

假如因渴求的驅使而喝酒，或出自嫉妒而教導佛法，吾人的行為就是錯誤的，這種行為是被嚴令禁止的[96]、即使表面上看起來是好的。另一方面，假如吾人的行為有益且有了好的結果，任何為了利益他人的行為都是開許的，無論是布施的行為或表面上看來是錯誤行徑的某件事情，像是痛打某人一頓。總之，這一切根據眾生本性或發願的所謂開許或禁止，都不是以狹隘、字面的意義來理解的，而必須永遠以關乎當事人的發心來視之；唯有如此，才是戒如法的應用。

攝善法戒

獲得證悟的完整與無誤法門是六度——相同的說法是積聚二資糧。運用了特定對境與發心的度之修行，產生了福德資糧，而無分別狀態的度之修行，在此狀態中三輪（主體、客體、行為）被視為非實存的，產生了智慧資糧。利用每個順緣與善巧方便，以增長殊勝功德是重要的，這不見於聲聞和緣覺，他們的心續中尚未生起殊勝的功德。這點必須逐步做起，吾人按部就班地訓練自己，來奉行菩提心戒的誓言。這一切，加上持續培養已具的功德，構成了「攝善法戒」。在三學之中，這個修行屬於心的較高學處，換句話說，是禪定的功夫，因為專一善心事實上就是布施等六度的精髓。

六度可說是在每個善行中內含了慈愛與悲心（比方給予或法教的研習與思惟）。假如是為了他人之故而完成，這個行為就是一種布施，因為沒有任何為了自己而得到結果的欲求；免除了自私自利，這就是持戒；假如毫無疲累、毫無煩躁地去做，這就是安忍；假如帶著產生功德之見，以喜心為之，這就是精進；假如有意樂且不動搖地為了利他去做，不因其他事物而放逸，這就是禪定；假如這個行為以三輪非實存的方式去執行，這就是般若，因為這表示緣起所生的現象不被輕忽，從取、捨的角度來說也不被執取。因此，既然六度可在單一善行中全都俱足，透過善巧方便與智慧的持續運用，一切善行，身體的、語言的、心理的，兼攝了六度，且不會有任何障礙去證得佛果。

甚且，即使在執行吃、睡、行、坐等四種（中性的）日常活動時，菩薩也永遠處在正念與正知的狀態中。且能夠不斷地累積全然清淨的福德，透過與所作每個行為相應的祈願[97]，菩薩在六度的修道上不費力地前進。他們所做的任何行為都是這樣，即使是在走路亦然——只是舉起與放下他們的腳步。具備了這樣的善巧方便，他們快速地完成了資糧的累積。

據稱菩薩戒有四相，在寂天菩薩的《學處集要》中提及如下：

吾身與吾之世財，
今、昔、將至*之吾善，
全部**布施**予眾生，
防護、**清淨**、**增長**之[98]。

至於在攝善法戒中所強調的學處，據稱初學者應該主要專注在**防護**上；勝解行階段的弟子應運用**清淨**；不淨地（亦即初地至七地）的菩薩應強調**布施**；而清淨地（八地至十地）的菩薩應專注在**增長**上。

* 換言之，是各種執取的基礎。

饒益有情戒（譯注：另譯攝眾生戒）

菩薩尋求其善巧方便三相的極致：圓滿二資糧、帶領他人臻至精神上的成熟、有能力感知並顯現淨土*。為此他們認真地為了他人的短暫與究竟福祉而努力。直接地，他們施捨給有需要者；間接地，他們給予法施、鼓勵眾生從事善行。他們也擅長四攝法，四攝法是：物質的布施、精通於佛法教授而能使聽聞者心生歡喜並適合其根器、能啟發人們從事修行的能力、徹底依其宣揚的內容修行（譯注：漢譯為布施、愛語、利行、同事）。專精攝善法戒的菩薩，自然能滋養上述的四種能力，為此他們敞開布施的大門，且其利他的根器是廣大無邊的。

據說利他包含了六思：自己、他人、物質上的貧與富、精神上的貧與富。自己與他人的範疇包括了貧、富（精神上與物質上的），因為自己與他人自然地形成了貧、富產生的脈絡。而自私與利他取決於吾人佛法修行的強弱。那些真正擁有教法與證法功德的人，與那些永遠不會因為散亂與日常生活壓力而偏離法教的人，必須主要投身於利他。然而，假如利他的行為只是徒具表象，他人並未真正受益，吾人從三學得來的功德將會衰減。戒律會變得扭

---

* rdzogs smin sbyangs gsum。（譯注：藏文字義為「圓熟淨三」，指這圓滿、成熟、淨治的三面向。）

曲，禪定消散，而智慧模糊不清。因此對修行中的初學者——容易落入這種結果的人——來說，以正念和正知來自我檢視是很重要的。他們必須認出自己的妄念與染污，並運用善巧方便的學處，加強會消除他們過失的對治法。這麼做的話，他們將會真正地利他。唯有當吾人能夠真正廣大利益法教與眾生時，方能開許將較小的規條擺在一旁、如以自身究竟利益與他人短暫福祉為主的下層戒律儀。為了拯救一座城市，吾人或許可犧牲一個村莊；為了拯救吾人的性命，捨棄吾人的房子是合理的。為了在廣大層面弘揚教法與證法之故，吾人也可犧牲自己。

安忍度

當修行者從事戒律的修學時，無畏的安忍是其重要的根源與支柱。安忍本質上是能夠忍受痛苦的堅持力。安忍是佛法的花朵（換言之，三律儀）能成長並散放美好功德芳香的沃土。猶如保護的圍籬般環繞著這些花朵的，是三種安忍。第一種安忍是忍受致力於二利——為了自身之故證得佛果、成就他人的福祉——所出現的種種痛苦與困難；第二種安忍是能夠忍受他人施加的傷害；而第三種安忍是能夠面對空性的法教與其他甚深法教、毫無恐懼或憂慮。（譯注：《瑜伽師地論》中稱為：安受眾苦忍、耐他怨害忍、法思勝解忍。另譯為安受苦忍、耐怨害忍、諦察法忍。）

沉溺在瞋心與所有瞋心的可怕顯現，就像是給每個喜悅和快樂蓋上罩布的黑暗，使心硬化而變得無情、冷酷。每一種邪惡的攀爬藤蔓從此蔓延開來：殺生、重擊、傷害——引得造作者進入某層地獄而無從逃脫的業行。害怕可能墮入地獄的人，要小心不要給瞋念過於鬆弛的韁繩。如《入菩薩行論》中所云：

> 重罪無如瞋恚罪，難行無如忍辱行；
> 是故於此應般勤，以多方便修忍辱。（第六品，第2偈）

隨瞋心溢流的危害是無止盡的。就像不可能把野薔薇從荊棘叢中移開（所以唯一能避免傷害的方法就是不要去那兒），要停止逆境的突襲是不可能的。逆境經常降臨且無法暫緩。因為不想要的事情而煩躁與沮喪，我們經驗到難以控制的瞋心衝動與憤慨。每個人的內心都被這種方式影響。首先出現的是，對一個在某種程度不想要對境的感知，之後是生起不悅的感覺。但是，假如我們能在衝動僵化與變得穩固之前，控制住衝動，安忍的艱辛修行將會成為善友。如諺語所云：「打中豬鼻子；趁熱清油燈。[99]」

當我們被某人批評時，我們的聽覺與意識互相作用著，使得那些評語激發了不悅的強烈感覺。我們體驗到一種尖銳的劇痛感，猶如一支箭刺穿了我們的心臟、使其迸裂般。不過，倘若如理地檢視這個情況，我們可以見到話語本身具有迴音般的特質*。即使看起來話語是要擊中標的，但話語（本身）並不能造成真正的傷害。可是這種情況通常會怎樣？我們慣性的思考方式，將話語與事情畫上等號**，認為這些話語是真正的傷害，攻擊者與被攻擊者的互動於焉展開。我們為此心神不寧與受苦。

在我們目前的處境中，一切身體上與心理上痛苦的因——挨打、打架、搶劫、誹謗之類的——似乎都來自他人。但這一切的因是我們自己，它們就像是轟隆作響的迴音返回其根源而已。的確，假如我們沒有任何我執，就不會有任何讓敵人攻擊的人，所以我們應當思惟，衝突的情況是如何被我們自己過往的行為所喚起的。甚且，假如我們思考一下，就會知道安忍只有在逆境中才會生起，所以逆境並非壞的而是極為有利的！多虧仇敵的敵意，我們能搭上安忍之船並航行於大乘的汪洋上，為我們自己去得到珍貴的菩提心寶——自己和他人短暫與究竟利益的根源。因此仇敵應被視為是安忍的對象與來源。仇敵如同神聖的佛法般值得獻供！

---

* 話語只是聲音，而且，純粹是聲音，不從任何人而來、也不指向任何人。

** sgra don 'dres 'dzin gyi rtog pa。（譯注：藏文字義為「聲義混執之念頭」，指念頭對聲音與意義混淆的執取。）

至於與法性相關的安忍，重要的是思惟以下的要點。假如吾人仔細探察去看傷害位於何處——在侵害者、在行動本身、或是在受害者——吾人會發現任何地方都找不到。如前所述，當不同的情況同時發生時，是心，以其傾向去建構近取*，造作出當時現場的問題。假如吾人檢視自心，就會發現其不具有任何持續與不變的特性。當吾人試著去追溯水上的圖案，那個圖像在畫下的當刻便消融了。同樣地，當敵對念頭的暴力一旦平息下來時（因為它無法自行維持，不由其他因素支撐著），馬上就會有一種清淨、廣闊的心境出現——即離於概念的本初大空。要保任這種開闊的狀態、這種單純的臨在感，這不是可失去或得到、取或捨的某種東西——保任這個狀態不被其他事物所干擾，在中觀的甚深道上，便被稱做「在法性中染污的清淨。**」

總之，安忍的艱辛修行有三階段：認真擁抱艱困、耐心忍受別人的錯誤行為、無懼地相信法性的安忍。假如缺乏最後一種安忍，其他兩種不可能超出世俗的道路。另一方面，倘若這兩種安忍欠缺或薄弱，那麼無論吾人多麼想要獲得道、果的功德，透過布施與其他五度的修行，仍會很難達到吾人發願的目標。這好比是要前往某處所遭遇到的困難一般，一路上獨

---

* nyer len。

** 這也被稱為決定法忍（chos la nges sems kyi bzod pa），確定事物法性的安忍。（《功德海》卷二，362頁）

行而沒有夥伴，沿途充斥著敵人、強盜、野獸。因此，我們應該鼓起勇氣並修學安忍，培養心的力量。

精進度*

永遠不把聽聞、思惟法教的努力擺在一旁，且永遠不放棄三學的修行是極為重要的。以圓熟的精進感，我們應投身於良善而不拖延，不捨棄良善並將之遺忘於三種懈怠的深壑中。反而我們應該要像天鵝一樣，天鵝在灌木叢中孵蛋，但當幼雛夠強壯時馬上就帶牠們到水裡去。

三種懈怠**

一、人們無法逃脫世間事物的糾纏，他們深陷其中，被世俗活動與社會的嘈雜所壓垮。他們執取親近者、排拒敵人；沉浸在累積、保存、增長財富上。因為在意這一切，人們便不得自由，就像蠶蛹被困在自已造出的繭裡。二、此外，他們還被喪氣的懈怠所壓制，告訴

* 本質上，這是樂於修行善德的專一心境。

** 三種懈怠，如下面段落所解說的，分別是：一、對有害方法的偏好；二、喪氣；與三、自輕。參見寂天菩薩《入菩薩行論》第七品第2偈。（譯注：精進云何善法勇？彼相違品應當說，懈怠貪著不善法，怯弱卑下自輕蔑。）

自己沒辦法完成即使是只有稍稍困難的佛法成就。極度缺乏修持善行的力氣，便持續地拖延著。三、他們還看輕自己，這麼想著：「喔，我怎麼可能辦得到這種事？」在這種沮喪裡打滾，只會讓自己阻斷了佛法。像這樣的人沒有機會獲得自由，而在三種懈怠的大海中載浮載沉。他們就像待在一艘漏水的船上：沒有抵達彼岸的指望。

三種精進

四魔[100]的軍隊，阻礙了大乘的修道，可用三件事來克服。第一件事是**勇猛的披甲精進**，不被任何逆境所滲透。

第二種四魔的對治是**攝善精進**，這是有學四道中三律儀的逐步實踐[101]，藉此——永不失去吾人勇猛的誓約——吾人臻至五道與十地的圓滿。第三種且是最後一種對四魔的防護，是永遠不違犯吾人利他的誓約，也永不讓自己的精進衰微，無論是在意樂上或行動上；無論道上的功德能否現起，這點應該在任何情況下都不可退轉，這被稱做**利樂精進**。具備這三種精進的人，毫無疑問地必會成就其立即與究竟的發願。

人生就像是一個燦爛的艷陽天。某一刻，我們可能擁有一切：好友、財富、各種享受。但一刻接著一刻，人生慢慢耗盡，猶如日漸西山。死亡的闃黑就像山巒的陰影匍匐接近，當死亡到來時，我們會間歇地感知到親朋好友瓜分了我們的所有一切，他們告訴彼此要準備怎麼做[102]。這就是我們世間俗務的最後結局。雖然世間事比夜晚的繁星還多，但全都會走到這點。假如我們在死亡來臨前沒有修善，就不能暫緩中陰狀態的怖畏與危險，儘管陽上親友做了供養與善行。如《入菩薩行論》所云：

墮落死王使者手，親知何補友何能？

（第二品，第41偈）

精進是能淨化懈怠混濁、泥濘之水的朋友。拜精進之賜，道上的進展變得穩定與持續，猶如流入大海的四河[103]般，永遠不會淤塞或像小河川般枯竭。同樣地，直到抵達遍智的大海前，不懈怠與可敬修行的強大精進力，離於緊繃與鬆垮的極端，將會帶著我們頭也不回地往圓滿果位邁進。

禪定度

禪定的必備

常住山林讚

在森林中，井然有序、多采多姿，猶如孔雀喉部的虹彩，地面滿佈綠草和各種花朵。樹木枝幹上點綴著樹葉與各式繁花。這是一個令人歡喜的地方，充滿了有用的植物，清風徐拂、花香陣陣。清涼的小溪在湖間潺潺流動著，水塘邊綠草如茵，到處是一大群的天鵝、野鴨、其他水禽，甜美鳴叫而無害。山坡上是錯落於平緩、閃亮如油之美妙懸崖間的天然洞穴，上下側是各種顏色的石牆。靠近山頂，山上滿是岩梯、群鳥築巢之地。底下的坡地有小鹿棲息，迷人地嬉戲，十分賞心悅目。森林是喜悅和心情自在的天然來源，可愛猶如仙女般，腰間環繞著由新鮮青苔編織而成的腰帶。杜鵑鳥不懼傷害，以甜美的嗓音啼叫著，唱出令人想逃離俗世的疲憊。想要培養禪定力的人，應該要去這種令人歡喜的僻靜處，如此充滿了愉悅的如法之處。

捨財

為何需要尋找僻靜處？世間飛逝的愉悅，就像是籠罩著的雲層，頃刻出現在天空中，下一刻就消失不見。沉浸在這些享樂中的人們，宣稱這些是他們營生所需、是存活下去不可或缺的東西。但人類的生命無非是閃現的閃電——一段快速過場的插曲，絕不可能延長時間，而且這段期間充滿了三苦，猖獗地像是一幫盜匪：由壞苦、苦苦、行苦所構成。尤其，財富與享受在此生是敗壞的機緣，在來生亦然。眾生的處境就像是勢不可擋地衝向大海的滔滔江水，他們不斷地被累積、保存、擴增資產的苦差事折磨，疲憊不堪。內心被這樣拉扯且被欲望左右，永不滿足。當他們有了一些錢，就變得自我膨脹而輕視他人。害怕失去他們所擁有的，變得小氣與吝嗇。他們是如此捨不得，甚至連自己的食物也不吃或自己的華服也不穿。結果，在死後流轉於三惡趣的無盡大海之中。

由不當手段取得的財富與珍貴資產，從錯誤與欺瞞心態產生的惡念與惡業，是黑暗的，猶如夏季帶來暴雨的烏雲，它們是今生與來世無限痛苦的根源。相反地，那些擁有很少東西的人，能免於敵人與盜匪。那些知足之人，才是已抵達了財富的頂峰。

捨損友

總體來說，凡夫是愚蠢的，行為像被寵壞的孩子。他們的心續塞滿了錯誤念頭、舉動是不善的。他們自讚自誇、卻對別人說三道四；他們充滿了染污的毒液。他們的發心與行為就像是毒蛇之舌般歹毒，環伺著衝突的惡劣氣氛。對這樣的人來說，負面狀態不斷增長著。他們認為飛逝的、空洞的世間繁華會永遠持續下去，而且當善知識做了幫助他們的事情，也不會心存感激。他們見到努力行善與如法行持的人就被激怒。與其感到高興，他們老是皺眉與陰沉。任何時候當他們感到一絲絲的氣惱時，就會像烈火焚燒般讓他們火冒三丈，挑起爭端並攪亂一池春水。他們像猴子般情緒不穩、不可預料；行為與佛法相違，是個大麻煩。他們的內心是危害的中心——猶如海怪的大肚子、大口吞噬了各種魚類。猶如散發致命氣息的毒蛇，他們毀掉遇見的每個人，並且以其瞋恨的怒火，他們瞬間就烤焦、摧毀了自身和他人心中有益的果樹。吾人必須儘可能地遠離這種幼稚、破壞性的同伴。

捨六塵

六根不斷逸離至欲望的對象、色相等等。六塵被草率地享受時，會比強大、快速作用的五毒更加危險。尋常的毒素若未經藥物或咒語的力量中和，只會導致此生的毀滅。相對地，錯誤享受六塵的全然成熟果報卻是極端危險的，會導致未來累世投生於三惡趣中。再說一遍，假如人們吞下了毒物，嚐起來可能是甜的，但他們將會痛苦不堪；不過，他們可以透過藥物和咒語來治癒。可是錯誤地享受欲望的對象，眾生卻得面對累世的痛苦，非僅有一生而已[104]。藥物治療對這種困境是無力迴天的，因為藥物的目的只有治療四百零四種身體疾病而已。

直到吾人能透過毗婆奢那（觀）的修行，來調伏吾人內心被欲望對象欺騙毒素所毒害與變得狂野的狂象，吾人將永遠無法真正感知到後者的過患，因為後者總是看起來是正面的。

再也沒有比六塵更虛有其表與容易欺騙人們的東西了。所以，直到這個肉身有所緣五蘊崩解的時刻到來前——換言之，當死亡發生且身體被放在屍架上由四個人抬走，或是放在牛車上被載往墳場——吉美．林巴尊者鼓勵我們要住在寂靜的山林間或其他僻靜處，遠離忙碌與世俗的散亂。

僻靜讚

「偏僻處」與「山林僻靜處」事實上是專門用語。偏僻處指的是距離村莊一公里遠的地方，位於被認為是村莊地界的邊陲之地。相對地，「山林僻靜處」則是距離村莊兩公里以上的地方，這種地方沒有干擾或有害的環境，是精神愜意之處。在此處對輪迴的疲累感會隨之增長。在那兒吾人會避免與心態錯誤的人們往來，他們從事經商、務農等世俗職業。同樣地，吾人也不會被繳稅的義務、或強制服務的任務與責任交付所騷擾。吾人將不再煩惱是否有足夠的生活所需；也將遠離賺取工資與需要倚賴助手、隨從、或其他人的麻煩。遠居山林，有的只是無憂無慮的鳥兒和野獸，牠們的叫聲並不會刺耳難耐。待在這樣的地方，聖者會發現有他們所需悅意、豐盛的一切：淨水和各種水果與可食用植物。岩石間可發現天然的洞穴、草與樹葉所成的遮蔽處，容得下四種活動*的足夠空間。假如我們能找到這種愉悅的住

* 即吃、睡、行、坐。

所多好，欣喜在林木的涼蔭之中！

住在這種地方的人，猶如不斷抵達異地的旅行者。在外觀上，森林轉化自身以揭顯四季的變遷，改變了風貌，由夏入秋。但在這些變化中，沒有任何東西會引發煩惱的現起。為此吉美・林巴尊者讚美僻靜處，並教導我們要進入佛陀全然可信的話語之中，舉例來說，他表示朝向這種地方行走七步將帶來無量福德的譬喻性說法！《三摩地王經》有云：「以厭離輪迴之心向僻靜方位行七步，遠勝於向諸佛敬獻花、燃香、食物、任何悅意物達一劫之久，此舉之福德不可思量。」

摒息命、肢之諸慮，
僻處禪修甚寂靜，
精進用功於心性，
住於孤獨如鹿般。

禪定本身

禪定的精髓

修行者應待在僻靜處並安住於禪定中，縱使片刻也不讓自己被散亂帶走，這形成了心的最高層修學。由於身、心互相關聯，假如吾人採取正確的身體姿勢，微細的脈與其中的氣就會是挺直的，這會促發心中開悟的誕生。所以坐在一個舒適坐墊上，並採取毗盧七支坐姿是很重要的：一、雙腳須交疊以金剛跏趺坐或半金剛跏趺坐[105]；二、眼瞼朝下、雙眼凝視鼻心；三、身體挺直，不傾向任何一邊；四、雙肩平放；五、下巴稍微內縮，使鼻與肚臍成一直線；六、舌尖頂住上顎；七、呼吸的進出應和緩、自然。毗盧七支坐被稱為是心的命樹或中柱*，因為它能避免心迷失在散亂中，就像使一株脆弱樹苗有了堅實的支撐般。吾人必須致力於禪定，讓心在靜定與專注禪修特定對境之間保持平衡，不讓心逸離至別處，即使是善的對境（遑論惡的對境了）；也不讓心落入某種無形色的空洞之中。心必須一心專注的對境可以是有相或無相的[106]，有時候，透過有意地檢視禪定的對境，心應該緊繫在正向的目標上。因此吾人輪流地做分析式禪修與「安住」禪修的修行。舉例來說，初學者可以專注在一個（佛陀的）形象上[107]。

---

* srog shing。

禪修的時間應該逐漸加長。假以時日，一切顯現於心的事物，由念頭所造作或固著的，都會消失於空性、法性之中。這不是甚麼都沒有、感知不到任何東西的狀態。一切的現象、形相等等，無礙地顯現，但沒有任何實質，缺乏所有具體的特性，其結果就是事實上沒有任何真實的東西可觀見。這是因為將事物視為實存的分別念*，已徹底消失的緣故。心已與事物的本性[108]合而為一。當心保任在這種狀態中，沒有昏沉或掉舉，一心安住在其對境上，不被念頭所干擾，這就是「入定」，亦即，**止**（**奢摩他**）。完全認出心的本初智慧本性或對禪定對境沒有執取，就是「後得」，亦即，**觀**（**毗婆奢那**）。止和觀分屬同一本性**。在《寶雲經》（*Ratnamegha*）（譯注：另稱《佛說除蓋障菩薩所問經》）中給出如下的定義：「止乃心之專一定境；觀為圓滿諦察。」

禪定的類別

禪定有三種：第一種，是凡夫的「孩童」禪定，這是尚未進入任何三乘***之人所受用的禪定。第二種是世俗之心清楚辨察的禪定，這是那些已進入三乘任一乘者的禪定，也是了悟見

---

* bcos ma'i 'du shes。（譯注：字義為虛妄分別）

** 換言之，止和觀是心同一境界的兩種面向。這種從入定（mnyam bzhag）與後得（rjes thob）的角度所做的區分，在本章後面會有更多篇幅的討論。

*** 在此三乘指的是聲聞乘、緣覺乘、菩薩乘。

道的因。第三種是如來的殊勝禪定，這是住於聖道*者所保持的禪定。

孩童定

色界有四種層級的禪定，依四種標準來區分，亦即四種有或無：一、尋；二、伺；三、喜；與四、樂。除此之外，有四種與無色界相關的定（空無邊處定等）。這八種定合起來構成了第一種禪定，稱為**孩童受用定**[109]，之所以如此稱呼是因為它們與尚未進入三道任一道的凡夫相應，我們現在來仔細看一下這些禪定：

一、**色界四禪**：初禪是由未至**定與三摩地（譯注：舊譯三昧，等持之意，亦稱禪定、靜慮）所組成。有各種禪修都可做為未至定，但是，修行者只是在世俗修道上，禪修欲界的粗重特性與更高境界的寂靜而已。一開始，欲界的心被認為是某種粗重的、焦慮的、低劣的東西，從這個觀點看來，初禪的狀態便被視為是平和的、快樂的、極有利益的。因此吾人持續地全神貫注於其中，修學並思惟之。等到修學與思惟被超越的時候到來時，就會

* 亦即，在見道位以上。

** nyer bsdogs。（譯注：字義為未至，指三摩地的預備。）

在禪修中體驗到三摩地。直到欲界的六種染污*（最大與中等強度）被摒棄為止，禪修者仍處在未至定的階段。之後，當與欲界相關之輕微程度的煩惱被摒棄時，就體驗到三摩地。

初禪有五相：尋、伺、喜、樂、定。關於前二相，尋與伺的標準依阿毘達磨而論。事實上，「尋」指的是一種關於心是否處在正確禪定的粗估；「伺」則是對同一件事更為深細的探查；當心安住在禪定中時，意識瀰漫著快樂，這就是所謂的喜；而樂的身體感受來自於輕安[110]；最後，「定」指的是心保任在心一境的事實。

二禪有四相：清明（譯注：內等淨）、喜、樂、定。清明通常代表著正念、正知、心理的行捨，但此處清明指的是吾人永不離於喜之續流（the flow）的事實。其餘三相與初禪相同。

三禪有五相：樂、行捨、正念、正知、定。樂的意思與之前相同；行捨指的是心（不費力地）安住在自然續流中，遠離一切的昏沉或掉舉；正念代表不忘失禪定；正知是持續地確知沒有處在昏沉或掉舉之中；最後，定與先前的描述一樣。

---

* 參見《功德藏釋：三道甘露精華》（經部上冊）第六章，這六種染污是：貪、瞋、癡、慢、疑、邪見。

四禪有四相：正念、非苦非樂受、行捨、定。正念與定一如前述；非苦非樂受指的是一種無分別的狀態；而行捨和三禪所述相同。

具有尋、伺等五相是屬於初禪根本位*。當消除了尋，但伺仍存在，達到了不共初禪。當尋與伺都消除時，即是二禪。當尋、伺、喜皆不復見時，就達到了三禪。而這三者與身體的樂都不復見時，就是四禪的特性。

無論禪修者達到真正的三摩地與否，初禪真正、清淨的預備階段構成了毗婆奢那的基礎，為此初禪的預備階段也被稱做「近分未至定」**。初禪的預備階段、根本位、不共位有時是分開成立，所以，三者合在一起加上其他三禪，就成為所謂的**六禪**。

二、**無色界**。無色界的定並不依別相來區分，主要是以所涉與相屬心念而有別。

當達到了四禪，遏止了三種想：形想（方、圓等）、色想（白、黃、紅、綠等）、最後的對境堅實想，如房子或山巒等。禪修一切現象如虛空般的本性，修行者超越了一切與色相有關的想，並安住在如同虛空的狀態中，這種入定稱為**空無邊處定**；當對虛空的察覺消失時，禪修者僅是保任在意識狀態中，即感知到虛空之想的意識中，這種入定稱為**識無邊處**

---

* bsam gtan dang po'i dngos gzhi tsam po pa。

** nyer bsdogs mi lcogs med。

定；當對這種僅有意識的察覺消失時，顯現出一種空無一物的想，所以這種入定被稱為**無所有處定**；甚至是這種察覺也被摒棄而覺受到無一物可分析時，一切想的粗重活動止息了，而住在一種極微細的狀態中，這便是**非想非非想處定**，這種入定也稱為**非有想非無想定**。

善抉擇定

已經進入三乘之一的人，住於資糧道或加行道，藉由與毗婆奢那相關的禪定而證得見道（亦即解脫），這種心的狀態便稱做**善抉擇定**，在此其果的名相從其因。

如來殊勝定

歡喜地——聖菩薩道的初地——是聖者禪定的起始。在本性上，歡喜地是無垢、圓滿智慧*之後，在無學道時，諸佛的智慧即止觀的圓滿雙運、究竟的無垢善。這種殊勝禪定是禪定本身的圓滿度。

在所有禪定中，心專一內持且不會有逸離至任何外境的散亂，是一個根本特點。這是透過一種不間斷正念所達成與圓滿的，這種正念永不失去其所指與發心，並伴隨著熱切的精

---

*「『無垢』（zag med）一詞在此處係指此智慧是對有我信念的對治。」（《功德海》卷二，404頁）

進。這些便是禪定所依的要素。倘若吾人失去了專注的正念且因外緣而分心，吾人應該立刻警覺地收回並精進地禪修，以此修正或「修補」吾人的禪定。共通的三摩地修學構成了樂的基礎，從身、心善於調御的收放而生起樂，也能發起各種威神力。三摩地成就所產生的功德，同於聲聞的神通（譬如，宿命通）與「八勝處」[111]。

在初禪預備階段出現的六種作意[112]，每一種都有尋與伺。但是，在初禪本身，雖然伺尚存，尋已消失。接下來的三種禪定中，都沒有尋、伺。每一禪定依序漸進，為下一個禪定做好準備；初禪為二禪奠定根基，以此類推。同樣地，四禪是（無色界）空無邊處定的預備，空無邊處定又成為識無邊處定的預備，諸如此類。為此，九次第定[113]被認為是三聖者（聲聞、緣覺、菩薩）見道與修道的基礎。

禪定所生功德

止與觀[114]產生了三乘道、果的一切功德。

尤其，產生大乘道、果一切功德的禪定，與對其他眾生的悲心相關，且與遠離概念的殊勝智慧相連結。當修行者獲得相應的悲心與智慧時，便會得到與本性相等*的不同層級禪

---

* rang dang ngo bo gcig pa。（譯注：字義是與自身同一性質）

定[115]。因此，禪修者會成就不共大乘五道、十地的一切功德，並會摒棄所有的蓋障。

有兩種區分入定（等持）與後得的方式。第一種方式預設了兩者具有同一本性*，依照這個觀點，當心專一安住在禪定中，心與心所的一切粗重活動都消失，出現了一種無念的狀態，這便是「入定」。藉由這種覺受，六識並未止息而是繼續運作著；現象依然顯現，但沒有任何對現象的執取，這種明相便被視為是「後得」。分享心的同一性質，入定與後得逐漸消除了主體、客體的分別念。

有時在「主、客二元」與「主、客分別念」的用語之間，會有所區別。當顯現的客體（缺乏自性）是被感知的物體時，察覺、或想，被視為是感知者，這是「主、客二元」；相對地，對八識（眼識等）客體的察覺是「認知之念」，而八識「思」的察覺造作了感知是「感知者之念」[116]。二元的去除與分別念的去除並無不同。當分別念（亦即主體與客體的分別）被摒棄時，二元也同時被摒棄。聰慧之人應自行檢視這是否為真。

第二種區分入定與後得的方式，預設了這兩者在本性上有異。一方面，當心專一住於等持時，這是入定。當禪修者從這種狀態起身而從事日常活動，如吃、睡時，卻從未失去對一切如幻的覺知，這便是後得。當在這些活動的過程中，如行、坐時，六識被外在的客體所帶

* 亦即，入定與後得同時發生。

走，修行者便是放逸了*。據說直到證得七地之前，即使是聖者有時也會落入這種放逸之中。

般若度

接著是智慧（般若）的解說，三學的第三，包括了般若的本性與其各種類別。基本上，智慧是清淨的才智，能如實了知現象與其究竟本性。

智慧的類別

禪定果報的智慧，以三種方式自然生起。一開始，智慧是三摩地前行修學的結果；之後，智慧源自三摩地正行的修持，在心變得柔軟、正向時現起，透澈且遠離一切的蓋障與渾濁；過了一段時日後由此產生感知（甚至在後得的狀態）現象非實存的智慧。

總而言之，有三種智慧：聞慧、思慧、修慧。對這三者的共通修學能產生毗婆奢那、本初無分別智的圓滿成就，這種智慧能摧破妨礙證得解脫的染污，並去除妨礙遍知的所知障。首先，它是法性、事物甚深本性的無誤智；其次，它是從染污概念界中現起一切現象的無誤智。具備了這樣的智慧，吾人能夠迅速地通過存在之城，業力與染污使其難以穿越。因此，吾人超越了痛苦而自在地抵達涅槃。

* rgya yan pa。換言之，不再處於後得的狀態中。

布施等六度，在因上彼此相關連，且從微細與提昇的角度來說是漸進的。六度被稱為度，是因為全都與智慧結合。

聞慧

踏上修道的凡夫，但沒有好好奠基於聞慧，會產生對自己思惟、禪修功德變得虛矯與自滿的危險。為此，他們會有落入錯誤的風險。《三摩地王經》有云：

以清淨戒律自持者，
自傲而不聽聞多法——
其善生果報將枉費，
怖畏之苦成其命數。

的確，據說聞法所生之智慧將會是思慧與修慧之因。如馬鳴菩薩所言：

少聞者如天生盲，
如何禪修、思惟何？
故須精進聞、思、修；
依此將生廣大智。

開啟佛法寶篋之鑰

十二分教，闡述了二諦的教法，以聽聞法教所生之智慧來加以評斷。這種評斷牽涉到兩種區分：一、了義與不了義的分辨；與二、四意趣*與四祕密**的分辨。這些只能運用四依[117]的原則來論斷。

了義與不了義

輪迴、涅槃、修道一切現象的基本狀態，是究竟實相的本然清淨界——心本身的光明本性。超越了生、住、滅，這個狀態以圓滿的三解脫門來表述：空、無相、無願。這就是了義。

以現象在染污之心的顯現為參照——換言之，在世俗諦層面萬物的顯現——並為了引領眾生踏上修道，佛陀提到事物的實相乃非實存。為此，與基相關，他談及五蘊、界、處；與道相關，他傳授了三乘法教；與果相關，他詳述了三種涅槃，這一切法教構成不了義法。佛經上稱這些是「不了義藏」[118]。那些明瞭不了義經與了義經差別的人，會知道應該要信任

* dgongs pa can。（譯注：佛陀說法時具特別用意而說）

** ldem dgongs。（譯注：字義為隱含意）

哪一個。先前提到的四依對此有清楚的解說。這一切都是開啟法教寶藏的第一把鑰匙，讓我們能夠吸取其豐盛與多樣的內涵。

意趣與祕密

一旦我們明瞭了義與不了義之間的區別，就可以繼續探索後者，亦即，那些對真正義理未清楚陳述的法教。為了同時評述佛陀的教誨與用意*，這是不了義佛經的起因，且為了建立在究竟上有用的意義，區分四種「意趣」與四種「祕密」是有益的。

我們先從四種意趣開始。在此，佛陀僅是表達這些將是開放詮解的經典。祕密經典的情況則有所不同，佛陀運用了應機逗教的方式、適合其處境來教導聽聞者；這是為了引領聽眾能對其真正義涵有所了解。要注意的是在意趣的情況下，雖然底層的義理是最重要的，但事實上卻可能使聽聞者難以理解，即使說法的當下目的已達成。

意趣：一、**平等意趣**。以最一般的術語來說，根據其根本性，現象超越了好、壞的類別。現象超越了任何好、壞的區分。在這個意義上，諸佛在本質上都是平等的——在法身的空界中是一樣的。記住這點，佛陀曾言：「那時，吾乃圓滿毗婆尸佛（Vipashyin）。」為

* dgongs gzhi。

此佛陀教導了現象有時顯現為獨立或相反——輪迴與涅槃、好與壞、取或捨等——但全是一體。此外，佛陀也讓那些詆毀他世壽短暫與身形大小的人感到困惑。

二、**別義意趣***。記住另一個意義（換言之，與**遍計所執**、**依他起**、**圓成實**相關的無自性[119]），佛陀曾說在分析現象時——從色到遍知——找不到任何東西；因此，藉由對分析等方式的呼籲，抵制了緊抓現象為實[120]的習氣。

三、**別時意趣**。記住這個事實，一旦種下了種子，在未來的某個時刻中就會得到證悟，佛陀曾說僅持誦某個陀羅尼或咒語、或僅是唸出無垢月光佛（Buddha Nirmala Chandraprabha）的名號，「將無辛勤證得」證悟。佛陀如此宣說，乃是為了誘導那些遲緩且怠惰於修持善行的人們[121]。

四、**補特伽羅意樂意趣**。見到人們在修行布施時的傲慢而障礙了解脫，佛陀貶低傲慢，說此乃魔事（雖然並非如此）而稱讚持戒；念及人們因持戒而變得自滿，佛陀批評此舉而頌揚布施，藉此摧破了自滿與其底層的虛偽。

祕密：在所謂祕密的法教中，佛陀以不能依字面意義的方式來宣說。他這麼做，是因為

---

* ngo bo nyid med。（譯注：字義為無自性）

倘若他直接、不經修飾地對下根器的人們，解說如二諦無分別、諸佛菩薩不共功德等主題，這些人的內心會無法接受，也會充滿懷疑。對於這種人、不能被直指這類法教的人，佛陀巧妙地、圓通地宣說，使用讓其聽眾能投入且容易留下印象的語詞和論點。為了指引他們能明瞭其密意，佛陀以聽眾同層次的語言來教導，即使他的真正涵義並非如此。

在《大乘莊嚴經論》中區分了四類祕密法教：一、令入祕密；二、相祕密；三、對治祕密；與四、轉變祕密。

一、**令入祕密***。假如一開始佛陀教導下根器與低願心者，如《般若經》（*Prajnaparamita-sutra*）的法教，在這類經典裡公開陳述了現象的無我（或無自性），他的聽眾會錯失了重點，即現象出現的緣起。他們會把這類法教視為是空無一物的斷見。對語詞與義理都感到挫敗，他們會拒絕大乘的修道與法教。在某部佛經裡，佛陀於焉說道：「須菩提，色有徵，聲有徵，聲有徵。」所以佛陀的說法暗示了色、聲等的存在。聽聞此說的人不會因而感到驚嚇，相信現象實存，他們進入了修道。這便是佛陀為何這麼說的用意。但佛陀自己深知，對染污之心萬法如夢般現起[122]。

* zhugs pa ldem dgongs。

二、**相祕密***。談到現象的根本性[123]無自性，並不是說現象徹底不存在，而是表示現象以圓滿三解脫門來界定其特質——換言之，有三種本性或現實：第一、**遍計所執性**，或凡夫所理解的現實；第二、**依他起性**，透過緣起所現起的現象狀態；第三、**圓成實性**，換言之，是真正的實相——空性、超越了一切概念的造作。

在遍計所執性或事物的假有層面上，無自性表示現象根本沒有任何實存，現象僅是錯誤的認知而沒有任何真實性，這點可用某人看到一條繩子以為是條蛇的譬喻來說明。

在依他起性的層面上，無自性表示現象是無生的。因為即使現象看起來有起源，但若加以分析，就會發現四生[124]沒有任何一種可以派上用場。在這個意義上，現象是如幻的。

在圓成實性的層面上，無自性表示即使在勝義諦也不能說實存。會這樣是因為勝義在（不淨、淨、或任何其他）概念與假立的範疇之外，如無雲晴空般。以見的這三種性，佛陀傳授了甚深的法教，不可思議。舉例來說，他說：「一切現象，從色到遍知，非實有。一切現象無生。」

以上是從中觀的觀點來闡述的，中觀認為佛陀對現象三性的法教是不了義。唯識派，以

---

* mtshan nyid ldem dgongs。

其立場，則持相反之見，聲稱反倒是佛陀的無自性法教才是不了義。在唯識的觀點中，當佛陀說遍計所執性非實有，表示在外界沒有物質與心分開獨立存在；當佛陀說依他起性非實存，表示現象的起因不在自身；當佛陀說圓成實性不存在，表示圓成實性不是與依他起性分開的某個東西，這就是為何佛說這三性缺乏自性的原因。但這種見是唯識獨有，與中觀之見不同。

三、**對治祕密***。某些粗重與心胸狹隘的人認為，在出世千佛之中，釋迦牟尼佛是較差的佛，因為如《賢劫經》（*Bhadrakalpita-sutra*）所述，釋迦牟尼佛身輕、放光僅一臂之遠、徒眾少、且壽量短。為了改正這種詆毀，佛陀教導說導師的壽量、傳承、身形是不可思議的。他認為諸佛的色身只為了利益眾生而顯現，是平等的；諸佛在無生的法身中也平等；諸佛在俱足二資糧上是平等的；諸佛在佛行事業上也平等，是無辛勤地為了他人之故而開展。

同樣地，為了對治對教法[125]的輕視態度，佛陀說道：「明瞭大乘的能力，乃是禮敬恆河沙等諸佛之果。」他念及大乘的證法，故傳下了證法。

四、**轉變祕密****。為了避免人們說出這類的話：「苦行者喬達摩未經請法便傳法。」（譯

---

* gnyen po ldem dgongs。

** bsgyur ba ldem dgongs。

注：喬達摩是釋迦牟尼佛的俗姓）佛陀曾說：「甚深、寂靜，離一切念等。」且保持靜默不語。為了避免人們說出：「假如他只在六年苦行之後就證得如此殊勝境界，其法必定是容易的！」佛陀說道，為了引導其聽眾進入甚深法教，吾人應殺父殺母（在任何情況下吾人都不應該弒父弒母）；他說解脫是由那些推翻國王與淨行二種姓（婆羅門與善苦行者）之人、那些毀壞國邑與王室之人所證得——這一切都不能被摧毀。事實上，以這些話語，佛陀所指的是愛、取[126]、阿賴耶。因此，在《法句經》（*Udanavarga*）中，佛陀說道：

父、母——斷二者，
國王、二淨行
毀國邑、王室[127]！
解脫者行此。

（譯注；在大正藏《法句經》教學品第二十有九章，近似譯文為：學先斷母，率君二臣，廢諸營從，是上道人。）

若是以字面意思來理解這些文句，顯然就是個天大的錯誤。

意趣與祕密的差別

不論意趣與祕密是以何種方式呈現，它們的意義基本是同一件事；分立只是強調之處有別而已。當佛陀的說法被解說為不是照字面語句所傳達的意義時，且注釋者強調這個底層涵義，說道：「佛陀這麼說，但實際上他的意思是那樣。」有別於注釋者所了解的、在佛陀言教的背後有特定的教化旨趣（即引領人們踏上修道），我們得到的就是所謂意趣法教。相對地，當注釋者以一種特別強調其教化旨趣的方式來詮釋佛陀法語時，說道：「佛陀沒有直接明說而用迂迴方式的原因，是為了要引導某些人踏上修道。」我們得到的就是所謂的祕密法教。當然，詮釋佛陀法語、義理、旨趣是個龐大、複雜的課題。但總之，正確辨識意趣與祕密的智慧，構成了開啟佛經與密續的第二把鑰匙。

法藏的釋義

二諦的共通闡釋

做為八萬四千種煩惱的對治，佛陀精通於法門且饒富大悲心，提出了八萬四千種法教，可分成四種藏，或四「籃子」。前三藏的每一藏，抵制了主要三毒的每一種，而第四藏是全部三毒的對治。這些法教的範疇是不可思議地廣大，但全都總攝於二諦的教授中。

世俗諦包含了輪迴或世界的一切現象，換言之，從心所顯現出的心念與現象。勝義諦指的是超越凡俗的本初智、妙覺，與法界同一本性。根據這些定義，一切可能的知識對境都可由二諦說明；不會有第三諦。

世俗諦又分成兩個面向：正世俗與倒世俗，以正確認知與錯誤認知來區分。顯現於染污之心且有效的一切現象（以月亮放出光芒、火生熱、水濕潤等的意義來說）——加上認出這些的意識——被視為是「正世俗」*。正世俗從其各自因而現起，雖然一經檢視，便可發現其空而無實。相對地，像是海市蜃樓、誤以為繩子是蛇、或見到重月而非一個月亮之類的事情（這一切可能顯現在幻覺中，但無法產生正常的作用，像潤澤、致命的一咬、或放出光芒等）——加上認出這些的意識——被指稱是「倒世俗」**。因此正世俗與倒世俗之間的差異，取決於在約定俗成的層面上產生作用的能力[128]。

「勝義諦」一詞指的是一切事物的根本狀態，它是本智，在此輪迴與涅槃被視為是同一本性***。從無始以來，輪迴的現象既不具自性，涅槃的現象也不具自性，兩者並非分開獨立的兩種事物。現象永遠超越了概念造作的範疇。既然勝義諦超越了一切念頭與語言表達，就不能說對那些已了悟者來說勝義諦存在，而對那些不了悟者來說勝義諦不存在。無

---

* yang dag pa'i kun rdzob。（譯注：藏文字義也有清淨世俗的意思）

** log pa'i kun rdzob。

*** 亦即，在佛果的層面上所見，心與對境是「一味的」。

論了悟與否，勝義諦是一切事物的不變本性。當來下生彌勒曾說：「勝義諦乃不變之究竟本性，過去與未來皆同。」

二諦不可分，不似水牛的兩隻角。從無始以來，二諦就密不可分地交融在一起：顯空不二。所以，現象藉由緣起而顯現，不似兔角那樣完全不存在，反而如清澈水塘裡月亮的倒影般。現象顯現，顯現的這個面向與世俗諦相關。但是，就在現象現起的那個當刻，是非實存的，這個面向與勝義諦相關。因此，就在區分二諦的同時，此二諦也無實質可劃分彼此。

目前，當我們處在勝解行的修道時，現象、六根被吸引的對境（色、聲等等），全都清楚地對我們的五識顯現，就像彩虹燦爛的色彩般。但僅是六塵的顯相並不是纏住我們的東西，反而是當主、客二元現起，感知者認定一個被感知的客體，是某種被受用等等的東西。心與心所的無盡妄念出現，產生了對不欲事物的排拒、對所欲事物的沉溺。但是，所有這些顯相都缺乏實存，它們超越了八迷（譯注：指生滅、常斷、來去、一異）。吾人應依照如幻八喻來思惟並分析現象：如夢中所顯，現象無生；如幻，現象不會受制於毀壞；如海市蜃樓，現象無常；如水中月影，現象非斷滅；如陽焰，現象從不知何處而生；如迴音，現象去向不知何處；如尋香城，現象沒有差異；如幻術，現象無一相同。我們必須生起對顯空不二的信心，生起此信後，一心安住於此。

僅是根據八迷（以上述所引用的八喻）來了知二諦的無別與無自性，並讓自己嫻熟於此，並不表示吾人就證得了事物的究竟本性。沒有智識所確認的對境是勝義諦，因為智識只屬於世俗諦且是障蔽了不二狀態的因素。唯有透過無念的本初智才能了悟勝義諦，在其中沒有主、客二元。超越了一切概念造作的狀態，是無法與一或多、有或無的概念相容的。本初智──究竟本性，永遠不是智識的對境，如寂天菩薩所云：「勝義非心所行境。」（《入菩薩行論》第九品，第2偈）

四部宗義

接著，這是以最一般的術語來闡釋二諦。然而，每一個宗派的宗義都以其特有的方式來詮釋佛陀二諦，因此以基、道、果來說明其特有的法教。

有部（Vaibhashikas）（另譯毘婆沙宗）

有部認為，跟六識相關，勝義諦──法性──是意識不可分的時刻，所以他們說，智識的分析無法區分過去、現在、未來。同樣地，物質的微塵，無法再加以細分，也具有法性或勝義諦的狀態。相對地，所有粗重、非心念的現象，是由這些微塵所組成，被認為是缺乏實存，必會被相對力量所毀壞[129]。

經部（Sautrantikas）

從二諦的觀點來看經部[130]解說現象的方式如下：有效的客體，如能裝水的瓶子和能支撐樑木的柱子，沒有勝義的有，即它們無非是物質性極微塵（但極微塵是勝義有）的聚合。結果，經部的立場與有部是一樣的，他們都接受兩種——在物質與意識中——無方分極微的實有（譯注：無方分是不可再分的極細）。但是，經部與有部不同之處，在於主張時間（過去、現在、未來）無實存，並且否定虛空是常與實有。而且，他們還說，譬如，瓶子或柱子的心像，在此程度無法具有確切的作用，像是盛水，屬於世俗諦。這實際上是混淆了客體本身應有的不共特性。因為僅是心像，對染污之心顯現，且無自性。勝義諦與世俗諦是以分別與不共自相*（勝義）與共自相（世俗）相關的方式來解說。經部傳承是一個透過論理所建立的體系，並以因明的應用來廣說[131]。

唯識派（Chittamatrins）

唯識派[132]說透過習氣的力量，我們把感知之心與其感知到的對象區隔開來，但事實上這兩者並非單獨存在。察覺對象的心與此心的認知，被錯誤地具體化為真正、獨立存在的個

---

* rang mtshan。

體，在此被稱為遍計所執性；這個遍計所執性是世俗諦，除了這個之外的每件事都是勝義。首先，勝義諦指的是依他起性的究竟本質，亦即，在心理顯相或認知下面的底層。這個底層本身是自明之心，沒有主、客二元；其次，勝義諦也包含了圓成實性，亦即，依他起性是遍計所執性之空的事實[133]。在勝義諦的這兩個面向之中，第一種被稱為主體勝義諦*，第二種被稱為客體勝義諦**。

中觀自續派（Svatantrika Madhyamikas）

中觀自續派說現象（色與其他六根的對境）在世俗層面有其本有，這是靠約定俗成的論理所建立的。雖然現象非實有，但在其自身的層面，可以這麼說，現象是存在的。在此脈絡下，「從本體立」、「從自性立」、「依自相立」、「以實物立」被視為是同義詞，這些表述所指的，被認為並不是透過論理建立勝義諦的適當破斥對象。因此，對自續派來說，似乎當中觀論典說現象無自性時，有必要加以說明，這是僅就勝義諦的層面來理解的[134]。根據因、緣的互倚，現象的顯現如幻；但現象「的確在那兒」，依其相而存在著。為此討論顯然不同的現象、行為、其果報等等，是有可能的。另一方面，假如這些現象的本體狀態，在

* chos can don dam。（譯注：字義是法有勝義，指唯識主張圓成實性的勝義有。）
** chos nyid don dam。（譯注：字義是法性勝義、法爾勝義）

勝義層面用分析與論理來加以檢視，會發現並無任何存在，它們是全然清淨、空，猶如虛空般。在此脈絡下，「實存」、「勝有」、「究竟有」、「勝義有」的表述都是同義詞，也都同樣是在勝義層面透過分析所破斥的對象。自續派表示破斥的對象是不共的法我與人我。這些是中觀自續派的共通宗義。

中觀應成派（Prasangika Madhyamikas）

中觀應成派承許在現象界以緣起現起的任何事物；現象的顯現猶如幻影或夢境。但是，中觀應成派避免探究這類的顯相，去看它們是否具有某種存在與否，且把這類顯相全歸於世俗諦的標題之下，把世俗諦做為邁向勝義諦的踏腳石。世俗諦的現象從究竟來說，是無自性且沒有初始的——這就是其勝義諦。然而，所有這般陳述都只是標籤，是僅從約定俗成的立足點制訂的。事實上，二諦、世俗與勝義，並非各自與顯相、空性關連著。現象的本性是無基且無根，超越了四邊（譯注：指有、無、既有且無、非有且非無）。一切現象、色聲等等，是六識的對境，且顯現出對存有的進入與離去——一切現起又消失、來又去，猶如倒影或海市蜃樓般。它們沒有任何實有。生、住、滅的過程，都僅是顯相而已，其本身沒有任何的實存。

唯識宣稱自明之心（亦即依他起性）是實存的；自續派主張現象由因、緣而定，色聲等在約定俗定的層面是存在的；相對地，應成派在其宗義中避免安立即使是世俗事物的有，更遑論事物的勝義有了。

應成派的偉大創始者——聖龍樹菩薩，他的誕生在經典中有授記，他以其天賦異稟的智力，闡明了義佛經，沒有依賴其他釋論。藉此建立了中觀學派的辯證法，流傳至今[135]。在《楞伽經》（*Lankavatara-sutra*）中有此記載：

南天竺國中，大名德比丘，
厥號為龍樹，能破有無宗，
世間中顯我，無上大乘法，
得初歡喜地，往生安樂國。

（譯注：歡喜地即初地，安樂國是西方極樂淨土）

在密續《文殊根本續》（*'jam dpal rtsa rgyud*）中有云：

於吾滅度後，四百年之時，
比丘龍出世，於教信且利，

證得歡喜地，住世六百年。
彼聖者修成，孔雀佛母[136]咒，
且通諸經論，無實甚深義。
棄身離世後，往生極樂剎。
最終決定得，正等覺果位。

龍樹菩薩的（主要）六論[137]，由聖天、佛護（Buddhapalita）、清辨（Bhavaviveka）、月稱（Chandrakirti）等大師所注釋。其中，特別是聖月稱具有無與倫比的學識與能力，貫徹了龍樹菩薩的法教，在他的釋論《入中論》（*Madhyamakavatara*）與《淨明句論》（*Prasannapada*）[138]中無誤地闡釋了《中論》（*Mulamadhyamika-karika*）的偈頌（譯注：《中論》以偈頌的方式寫成，故又稱《中觀論頌》）。月稱圓滿地說明了佛陀法教的了義法，也正是透過他的著述使應成派的宗義如日中天於世間，驅散了邪見的黑闇。

結語

下三部宗義的倡導者安立現象為有。他們的確想辨法藉由思惟無我、無生本性、空性、遠離邊見等智慧所探究的課題，來克服某些概念上的造作；但他們仍然保有對事物實存的某些執取。自續派，就其立場，承許在約定俗成層面上的有。唯有應成派質疑這些立論，根除了分別念的所有邊見。沒有任何破綻，應成派的宗義是殊勝的；他們是一切教派之頂峰且完全沒有謬誤。

在印度有許多學派，內道與外道皆如此。同樣地在西藏，根據各自的信仰也分出許多派別，有一些理解中觀與密咒乘倡導者法教的方法。從其自身的立足點，依據其自身的了知，每一派別的倡導者都宣稱自身宗義的完備。但假如吾人仔細地分析全部的派別，並透過聞慧獲得對這些法教的正確了解，那麼就有可能清楚分辨佛教思想這主要四部宗義的特色，並得以確信修行的究竟之道乃是應成派。自續派與應成派的立場一致，而有部、經部、唯識與應成派相違。對這件事的信心，遠超過僅是文字與表述上的操弄*。這是思慧，這是從圓滿聞法所生智慧所產生的。透過對所了知義理的禪修，如實明辨現象的圓滿智慧，將調伏一切煩惱與固著於（所認定）事物實有的想法，將從內心消除一切煩惱與妄念，在面對邪惡與逆境時會生起廣大的勇氣，使其變得無力作祟。

誠如偉大的應成派教法持有者所示，修行的終極目標是現象的根本狀態。這是法界，其本性超越了一切概念的造作。離言、絕思，無法言詮。寂靜、沒有一切概念的造作：究竟的

---

* 指這件事與僅是學術上的理解毫無相干。

勝義諦。其無礙的顯發力，幻化為現象的緣起，這就是心與心所去詮釋的東西，或者更應說是錯誤的詮釋，這是能被語言表達出、心念感知到、展示出來的某個東西。現象無礙地現起、根據假立而被說成是世俗諦。假如在禪修中，吾人安住在沒有念頭的廣袤智慧狀態中，且在座下的時刻吾人堅持不懈地以了知一切如幻來累積福德，吾人將不會片面地落入二諦的任何一端。即使是在座下，當顯相現起，也不可能會擾動現象的基本樣態；反過來，即使當吾人在禪修時安住在沒有概念造作的狀態中，這樣的空性也不會是頑空的狀態。在一切時中，二諦都是雙運與無別的。這就是法界的本性，超越了一切由世智辯聰所假立的二元，超越了所知對境與能知之心的分別。以知識對境的方式，任何人都不可能經驗到這種狀態。法界當然是參照性、二元之見所不可見的，根本就不像是以前沒見過而新近得到的某個東西，或是透過努力追隨修道就可以達成的。基於這個理由，即使是那些沒法成就修道或是一直停留在凡俗裡的人，也沒有失去法界。因為在究竟本性的本然狀態裡，得不是好事，不得也不是壞事，都是完全平等的。

住於空性、究竟本性中，代表著心適應了空性，且對四邊的一切執取都窮盡了。主體與客體融合成一味，就像鹽融入水中，心與究竟本性沒有分別。這就是如實所指的「了悟空性」與「證果」[139]。

思慧

經典寶藏的義理，是基、道、果的一切現象都是以緣起現起的。倘若從聽聞法教，我們獲得對此緣起的清楚了解，之後我們能把關鍵要點合在一起，並以思惟所生的智慧來加以貫徹——這一種不被固著於邊見所染污的智慧——我們將會擁有自身的財富，也可以這麼說，有了一把能開啟經典甚深義理大門的鑰匙。

關於根本性之緣起

一切現象、一切錯誤與虛妄的顯相、變動不居的有所緣人生、具業力與煩惱的輪迴、我們稱之為涅槃而實際上是離於痛苦的解脫，都是在究竟本性上所疊置的名相。關於這些事物的生，是從不知何處而生；至於其滅，則去向不知何處；在這中間，也不知何處可住（譯注：即輪迴與涅槃一切現象的本性，是離於生、住、滅的）。從一開始，現象就住於三時相同的根本平等性中。現象以緣起而現起，現象的究竟本性賦予了緣起的可能性。一如《父子合集經》（*Pitaputrasamagama-sutra*）所述：「現象於三時平等性中皆平等。」[140]

這點也可以用另一種方式來表達，說一切現象似乎是從生而現起且由滅而結束，但在其顯現的那當刻，現象是無自性的。這些顯相，其本性為空、無礙地現起；它們不觸及有、無等四邊。假如透過智慧，吾人對的確是這樣得到一種甚深的確信，吾人將了悟顯現在一般共識層面的一切事物皆是無自性的；它們僅是心的假立，且以空性為基礎。這就是中觀之道的法教，其中沒有任何邊見論點的立足之地。

真正、根本實相超越了淨與不淨的範疇。但是，雖然沒有實存，外在與內在的現象卻顯現──依心之驟起*認知活動所建立的習氣所致。但事實上甚麼都沒有。這些顯相被二元性組織起來，並被認為是實存的，有些被覺察為主體，有些則被視為客體。它們被緊抓為取、捨或趨、避的事物，我們因而無止盡地流轉著，被困在不間斷的一連串錯誤顯相與錯誤認知之中。

各宗義的提倡者，無論是佛教徒或外道，都思惟了現實的本性並不斷地加以探查。但無法理解沒有四邊見，他們採取了四邊見中的任一種邊見的立場，要不是太過就是不及。一方面，在此我們所提及的是佛教學派中認定外境實存、或內心實存、或藉否定粗重層面的個體性與破斥主、客二元，以表述究竟實相乃是無遮的空性（譯注：無遮是否定、破的論證，指破除一物的存在，並不會帶來其他結果，如桌子不存在，不表示瓶子就存在。相對地，非遮，指破除一物後會帶來他物的存在）。另一方面，也有外道宗義

---

* glo bur ba。

的提倡者，有些主張外在有不變神我（purusha）與原質（prakriti）的理論；其他抱持斷見，認為此時此刻所存在的現象純粹是隨機出現的，沒有因果，也沒有過去世與來生。

除了這些之外，假如吾人智識性地闡述一個遠離各邊見的立場，稱之為中道，且傲慢地擁護此見是殊勝的，這是吾人無法專精了義的徵兆[141]。那些被困在孜孜矻矻自身之見與宗義的人，就像作繭自縛的蠶一般。

現象是二顯概念，我們藉習氣的串習力將之假立為實有，但其根本性是無生的：一、現象無生；二、現象無滅；三、現象無住；四、現象從不知何處現起且去向不知何處，會如此是因為，五、「自」與「他」、意識與其對境，既非相同，兩者是六、也非不同；七、現象不是外在不變的個體，也不是八、從一開始便存在直到斷滅為止。這表列的前六項是無遮，而後兩項是非遮。總之，現象的本性乃離於八種概念的邊見（譯注：即龍樹菩薩中觀八不：不生不滅、不常不斷、不來不去、不一不異）。

如龍樹菩薩所云：

佛說緣起法，不生亦不滅，

不斷亦不常，不來亦不去，

不一亦不異，滅戲論寂固。

（譯注：此為《中論》第十八品的皈敬偈，有四種漢譯版本，此為法尊法師由藏文漢譯的版本）

真正明瞭此根本實相之心，了知事物的本然狀態如是，其本身便擁有了從思惟所生的無誤智慧。

輪迴之緣起

顯現於染污之心約定俗成層面的一切——於廣大虛空之中所顯現的地、水、火、風四大，一切特定客體如山巒、森林、村落、瓶罐、毛料、犛牛織品、土壤、竹子等等——所有這些有所緣的事物從其各自之因現起。在外在的世界中，現象的發生是因為十二因緣之故。舉例來說，試想一株植物，其顯現依賴於六種主要起因（根、莖、枝、葉、花、果），加上六種條件因，亦即，五大結合了以四季變遷來表達的時間因素。當這所有十二種的因素現前且完備時，只要吾人還保有感知外在顯相的業習，這個「植物」的現象就會持續地顯現。為此，外在世界是十二因緣的果相[142]。

同樣地，無明緣行，行又生起了識等等。十二因緣逐步開展，每一因緣都以前一因緣為基礎，它們無縫地相連著，沒有中斷，直到老死。這就是「生命」如何繼續下去的所在，從無始以來，直到身、心的業習窮盡為止，這說明了十二因緣在內在層面的現起。

涅槃之緣起

涅槃的緣起[143]由四個相續的有學道（譯注：指資糧道、加行道、見道、修道），加上果的階段——無學道所組成。十二因緣鏈結的根本、從無明到老死的進程與伴隨著的輪迴緣起，是無明——對二諦了義的無知。透過聽聞法教與思惟之，在資糧道上，修行者達到對治無明的全盤了解——是了悟人無我與法無我的覺智。在加行道上，藉由信、精進、正念、定、慧的五力，修行者透過心像的方式來禪修空性，其結果就是削弱了無明。到了見道，修行者現見覺智與其真正本性，其結果，再也不會無知地累積業力，故不會有後續存在的啟動。當在修道的第九地時，修行者持續修學此智慧並強化智慧力，結果是無明的習氣逐漸被止息；憑藉於此，行的習氣加上其他（十二因緣鏈結中）的因緣在逆行中止息了。到最後，當臻至十地的最後階段，透過金剛喻定，一切極細微的無明習氣、輪迴的最根本，伴隨著二顯概念[144]的感知被摒棄，其相續也被斬斷了。當這樣出現時，就證得了法身的智慧且得以顯現無緣大悲，能化現出任何的形相。這一切總計為果的緣起。

自此接著是基、道、果的緣起；其本身，基、道、果非實有。那些正確了悟這點的人，也了知真正痛苦（亦即，世界與其居住者）的顯現僅是憑藉緣起之故，且非實存。他們深知透過捨棄痛苦之因（無明、煩惱的根源——集諦），便可證得滅諦、殊勝的涅槃。因此他們禪修無我（道諦）的殊勝智且直接觀此。

修慧

一如前述，般若度從思惟所生，產生了對與輪迴、涅槃、無生之道（即空性）相關之三種現象的確信，且生起一種關於事物根本性的無誤智慧。心安頓下來，不被二元思考[145]所染污，在此究竟實相中產生了由禪修所生的智慧。這就是由大德所闡述的不共佛經與其釋論之訊息。

般若本身

猶如虛空般，無法抓住、難以指出、無色、無中心與周圍——如此這般就是心的本性。當吾人安住在本初的清淨法界時，禪修的對境（法性、究竟實相）與主體（智慧）是一味的。在此根本的心性中，無法指出「這個」或「那個」，也沒有所謂五蘊這種東西。有鑑於心的本性是無所緣的，[*]即使八識也不存在。中觀應成派教導說無生、沒有四種可能立論所描述的任何一種生。但吾人不能因此就驟下結論，認為既然存在的邊見被破斥，那麼就有「不存在」可做為某種新建立的東西可供禪修。因為「不存在」不是事物的根本性；事實上，它與了知此本性的智慧不相容。心的本性安住在解脫三門之中，不是空無一物，心的本性是諸如來一切佛身與智慧的根源，事實上就像是一座寶庫般。

當然，唯有聖者或聖眾才能如是現見法性。但即使在凡夫的層次，當不假造作地任其本然時，心也能夠見到現象的全然清淨、究竟本性。這種心的狀態就是毗婆奢那的智慧，與無感天人的入定截然不同，這既不是一種嗜睡，也不是被剝奪了視覺能力如天生眼盲的情況。當然，「見到」的表述只是一種譬喻。倘若吾人沒有從不造作的本性狀態中被擾動（指散逸至別處或有意圖的禪修），吾人事實上就是在禪修事物的本然狀態、如是，這是為何這種禪

* 無所緣的意思是無生、住、滅。

修遠勝過其他任何禪修的原因。具現在這種禪修之中的本初智，是沒有分出主體和客體的，遠離了這是「心王」、「心所」、其對境等妄念。這種智慧事實上就是妙觀察智。當心證得這種智慧時，現象被認為既非存在、也非不存在，憑藉著菩提心與布施等其他的善巧方便，解脫將會到來。另一方面，致力於善巧方便卻缺乏這種智慧，且持續地將現象理解為實存，無異於外道修行者，他們無法讓心從輪迴的枷鎖中解脫出來。

道上進展與證果

那些透過在各座上禪修空性，與在座下修持大悲心（先是透過有意地運用，之後透過漸次薰習），而積聚二資糧的人，是處在資糧道的下品、中品、上品。加行道是讓修行者快速地與見道連結，有四個階段（煖、頂、忍、世第一），在這四個階段的每一階段，在座上與座下、空性與慈悲都會自然地顯現。

當證得見道時，空性的智慧與悲心結合在一起，「座上所覺受到的空性」與「座下期間所感覺到的悲心」是沒有分別的。空性與悲心同時生起且無二無別地顯現。當安住在禪修空性時，心是充滿了大悲心的；在座下，當修學布施等菩薩行時，每件事都以三輪體空的智慧為主導。在初地——名為歡喜地，修行者獲得了圓滿、清淨、無礙法眼，且現見真正、究竟的現象本性。

之後，在殊勝的修道，也就是七不淨地，善巧方便與智慧結合在一起，仍有座上修行與座下修行的分別。但當臻至清淨地時，由於對空性的禪定勝過諸相，瑜伽士逐漸證得圓滿清淨界與如來的一切不可思議功德。藉此，且奉行無分別念之道、離於一切作意與活動，瑜伽士任運地成就了自利與自他二利。於此座上與座下已無分別。

在十地的最終，當修道已圓滿時，金剛喻定壓制了甚至是最微細的所知障，將其滅除而不留餘痕，在無學道時，便證得了正等正覺。此時，沒有任何時刻心不安住在禪定之中。實證了遍知智無垢的二十一種功德*：佛的十八不共法、十力、四無畏等。這就是佛果。

六度總結

三時一切諸佛——往昔已出世、目前出世、未來將出世——在有學道上時，聽聞闡述六度的經教，他們思惟其義理並在道上修學之。當他們的見勝過了一切分別念的邊見（在其修學的最後階段），他們的道上修行是無邊無際的，且其六度的修行是全然清淨（毫無任何自保）。以這種方式他們圓滿了二資糧，並前往密嚴淨土、以五確定為莊嚴。在那兒他們證得

* 參見《功德藏釋：三道甘露精華》（經部上冊）〈附錄七：法身智的二十一種功德〉。

了圓滿證悟且成就二身。

那麼，這就總結了我們對因乘顯教的討論，一如深見派與廣行派傳承所知。

註釋

27「根據阿底峽尊者的說法，其原因如下：沒有對大乘的自然傾向、悲心微小、不懼怕輪迴的悲苦、結交惡友、捨離佛果認為遙不可及、被邪靈宰制、成為小乘行者的信徒、以小乘發心修行、無論如何捨棄任一眾生、對菩薩心懷惡意或惡言相向、無法棄捨妨礙菩提心的事物、缺乏智識與謹慎及敬意、煩惱熾盛。」（《功德海》卷二，145頁）

28「這並不是說在殊勝果位時，俱生無明就不再現起，但是在那時，從導致輪迴的引業觀點來說，俱生無明已沒有弊害（不像一般凡夫的情況）；也毋須強力運用其對治法。」（《功德海》卷二，148頁）亦參見《功德海》卷二，149頁：「做為持守戒律的所依，重要的是倚靠『七法財』。」見註25。

29龍樹深見派傳承的信徒依止《虛空藏菩薩經》（*Akashagarbha-sutra*）、《佛說大方廣善巧方便經》、與寂天菩薩《學處集要》（*Shiksasamuccaya*）等法教；無著廣行派傳承的信徒，則依止他的《菩薩地持經》（*Bodhisattvabhumi-shastra*）與月官（Chandragomin）的《菩薩律儀二十頌》。

30 rgyal po'i ltung ba lnga。「國王根本墮被如此稱呼，是因為居高位者易造犯這些過墮。當然這些過墮是受了菩薩戒者人人會犯的，使人從高處下墮、從人天善趣墮入三惡趣，且毀壞了授權或『加冕』王室傳承之一切福德增長的根本。這些過墮分別是：

一、以惡意，取三寶財物或令他人這麼做。這包括了偷竊佛像、書籍、舍利塔中的寶物、僧團或上師的物品等。

二、排拒三乘任一乘，或使某人相信他們沒有行持解脫道。

三、搶奪、毆打、監禁、殺害穿著僧服之人（無論其受戒與否，已受戒則無論其持戒與否），或迫使僧尼還俗，或令他人這麼做。

四、造作任何五無間罪。

五、抱持邪見（如沒有業果這種事）。」（《功德海》卷二，152頁）亦見敦珠法王所著《三律儀》（*sdom gsum*）釋論，239頁。

31 blon po'i ltung ba lnga。「大臣五墮的第一種是侵犯毀壞家園、四種性村落、小鎮大城、或整個地區如Champaka（瞻巴卡：恆河三角洲地區）等。其他四墮與國王五墮的前四種相對應。」（《功德海》卷二，153頁）

32 phal pa'i ltung ba brgyad。凡夫八墮分別是：
一、教導空性法教予未能接受之人或易驚恐者，因為這些人其結果會捨棄菩提心與渴望接受小乘法教。
二、有意引導大乘之人捨棄大乘之道，並引領他們修學小乘（暗示他們未能成就圓滿證悟而應侷限其發願於只從輪迴之中解脫）。
三、不當地讚美大乘而引導小乘之人捨棄其別解脫戒，使得他們沒有任何戒律。
四、抱持、或教導他人抱持，依循小乘之道卻不斷除煩惱，並說聲聞非解脫之真實修道。
五、因嫉妒之故而公開批評其他菩薩、自讚毀他。
六、錯誤地宣稱了悟甚深見，從而希望得到餽贈與尊敬。
七、結交有權勢者，慫恿他們迫害修行者，並私下挪用供養物為己用。
八、盜用修行者的財物而使其中斷修行，並將這些財物分發給那些僅是聞法或修法之人（譯注：指虛有其表而非實修者）；強加嚴厲法規來干擾那些修止禪者。（《功德海》卷二，154頁）亦見《三律儀釋論》，241頁。
（譯注：菩薩戒十八根本墮，漢譯為：一、自讚毀他圖利敬；二、慳吝財法不惠施；三、拒他懺謝忿不忍；四、疑拒大乘菩薩藏；五、供三寶物回入己；六、背捨毀謗於正法；七、迫害僧侶使還俗；八、造作五種無間罪；九、持邪倒見毀因果；十、毀壞國邑聚落等；十一、宣深空理於淺智；十二、令人悔退無上道；十三、使人棄捨別解脫；十四、輕毀持守二乘者；十五、妄言虛誇證聖果；十六、受取盜自三寶物；十七、愛樂宣說相似法；十八、輕言捨棄菩提心。）

33「雖然列舉為十八墮，但事實上總共是十四墮，因為國王的四墮與大臣的四墮重疊了。而且，這些行為被提及屬於國王、大臣、或凡夫，是因為這些階次的人最容易犯下這些過墮。當然人人都有可能造犯這些。」（《功德海》卷二，155頁）

34 此外，《功德海》中提到在《學處集要》裡列出了八十種過失，簡言之，分別是：一、二十四種與苦、樂相關的過失（即當吾人處在能這麼做的情況時，卻未能遣除他人的痛苦或滋長他人的快樂）；二、十七種與捨棄修行相關的過失（即對他人的痛苦不能設法產生對治）。這兩大類加起來是四十種過失。進而依其為暫時過失或恆常過失，而形成八十種過。（《功德海》卷二，156頁）

35 見《功德海》卷二，158頁；《三律儀》釋論，279頁；與敦珠法王《三律儀》釋論英譯本《淨行》（*Perfect Conduct*），96頁，闡述了依龍樹傳承來還淨過墮的方法。

36 「若喪失了願菩提心，菩提心戒就立即消滅，毋須有任何時間段的考量，如同牆上的壁畫會同時隨著牆壁倒塌般；同理也可用於菩提心戒的捨戒。這與捨戒或犯戒的四種排序相違。如別解脫戒中所言，事實上是可以捨還戒律的，倘若吾人無法繼續持守的話。這四種排序是：一、不捨戒也不犯戒；二、不捨戒卻犯戒；三、不犯戒卻捨戒；四、犯戒也捨戒。相反地，菩提心戒在任何情況下都不可捨還，這會引致極為重大過失而受苦。這是因為捨還菩提心戒，等同於破毀了要幫助一切眾生直至其獲得證悟的承諾……。另一方面，若是犯下了一個根本墮，在必需的時間段內，行懺悔與否，乃是決定其學處是否破毀的要素。」（《功德海》卷二，158頁）

37 「上根器者了知過墮乃是本初非實有的。這樣的人，過墮在妄想界中現起，猶如在水面作畫般，不會留下串習或餘念。但仍處在禪定與後得覺受互相交替階段的人們，就必須依照《聖大解脫經》的指示而行。」（《功德海》卷二，162頁）

38 另一種，更正規的懺悔方式，記載於無著論師廣行派傳承中。參見《三律儀》釋論，283頁；敦珠法王《淨行》，98頁。

39 有關此主題的廣解，參見《入菩薩行論》英譯本（*The Way of the Bodhisattva*）第八品，90-98、141-154頁；以及同書中堪欽昆桑·佩滇（Khenchen Kunzang Pelden）的釋義，180頁起。

40印度神話中的魔，週期性吞噬了日、月而造成日蝕和月蝕。

41根據無著的《菩薩地持經》，有四種根本墮應遮止，分別是：一、出自對名聲與榮譽的欲求，自讚毀他；二、基於一種慳悋感而避免布施，不論是物質性或精神性的給予；三、出於瞋心而傷害他人；與四、無知地批評大乘非佛說，或捏造自身法教，宣稱其說乃真實佛法。（《三律儀》釋論，252頁）此外，有四十六種行菩提心律儀的輕犯，在月官的《菩薩律儀二十頌》中加以解說。參見《三律儀》釋論，254頁，與敦珠法王《淨行》，84頁。

42「布施度與其他度，以四差別法（khyad chos bzhi）來定義，分別是：一、這些度能消除相違者；二、這些度與三輪體空的智慧，即與主、客、行為之認知的智慧相關；三、這些度圓成了他人的願望；與四、這些度引領受制於其業力的眾生，能夠成熟三種證悟的任一種。這些度被稱為波羅蜜多（paramita，就字義上來說，param是彼岸，ita是前往），因為它們超越了對應的世俗善德與聲聞、緣覺的善德，臻至超越了輪迴。」（《功德海》卷二，185頁）

43此區別在於修行是否涉及了概念性的參照，福德資糧指的是有主體與客體的分別概念，而智慧資糧指的是沒有分別念。

44第七度至第十度並沒有太大的差別，不似前六度的功德各異。

45「倘若一個人能夠消除對資財的貪執，這就被認為是勝施。因為布施係由心中沒有對資財的愛取所構成。」（《功德海》卷二，200頁）

46「至於大布施，我們應該要思惟如下，並立下決心：『此刻，我深深地貪愛家人與親眷，我想要永遠和他們在一起，為此緣故我變得憤怒與佔有慾，此乃惡行。無論如何，我們遲早會分離，所以我應該去除這種執取。我應該訓練自己，好讓自己有朝一日能夠消除這些貪愛，就像偉大的菩薩般。』」（《功德海》卷二，203頁）

47「肉身是一團血肉，且生命飛逝如大風起兮。身體與生命都跟隨著業力且取決於業力。雖然時時刻刻人們想盡辦法要保護其身體與生命，但這兩者卻容易被水、火、險境、政治力、野獸、強盜等所摧毀。即使人們沒遭遇到這些事，當死亡降臨，身體也會被火化或扔進水中、切碎給禿鷹，或埋進土裡。到最後，甚麼都不會留下來，連丁點的灰塵也留不住。但是在活著時，人們珍愛其身體，視身體為最珍貴的所有物。想盡辦法來保護身體，為此緣故而傷害他人，無論在念頭上或行為上。對身為慈悲佛陀弟子的我們來說，這一切是嚴重的錯誤。因此，我們應一再拒斥對自己身體的貪執，並將身體奉獻給其他眾生。絕不能把身體當做傷害他人的工具，我們應直接把身體用來幫助他人，並間接地用身體來修行──這點應以利他的發心為之。為了自身的緣故而修行是相當不正確的。即便如此，在目前，我們還不能真正餽贈出我們的身體與生命，重要的是要意識到以仿效大菩薩的識見來訓練自己的必要，大菩薩能夠真的捨去其身，自如且自願。此真理闡明於《學處集要》中，現在便開始此修學是很重要的。」（《功德海》卷二，204頁）

48有則故事說有隻鴿子常聽世親誦念佛經，此舉產生清淨了牠前世業力的作用，當這隻鴿子死去後，便投生為人而成為安慧（Sthiramati）論師。（《功德海》卷二，214頁）

49「但為何有時教導卻說，除了邪見之外，其他兩種意的惡行偶爾是被開許的？假如仔細地分析動機，吾人會發現有可能覬覦福德薄弱者的財富，以便代表此人做出供養；或吾人可能想要削弱某人的力量與影響力，因為此人正在摧毀法教與傷害他人。此等心念的業行不具有徹底的惡性，因此是可開許的。可是，絕不會教導說，意的真正惡行是可開許的。」（《功德海》卷二，227頁）

50「剃度而進入出家的僧院生活，被讚揚為是邁向證悟的最佳狀況，一直維持這種狀態直至證得了悟的殊勝果位。為此，剃度出家是初學者的最佳情境，其最主要的學處是遮止惡業的律儀。穿上僧袍會提醒他們要持守戒律，且容易讓人、天眾認出是適合受供的對象。以這種方式，他們可接受供養而毋須讓自己營營碌碌，也不會因讓自己陷入不義處境而受到染污。因此，遠離了散亂與昧於良心之處，他們會擁有增長禪定的主要生活環境。兼具別解脫戒的菩薩戒持守者，可說是持守了『菩薩的別解脫戒』。」（《功德海》卷二，233頁）

51「從前，鄔底雅納（Oddiyana）的國王因札菩提（Indrabodhi），曾見過某種飛翔在天空的紅色物體。因為太過遙遠，他無法看清那是什麼。『那是什麼奇怪的鳥？』他問道。他的朝臣告訴他，那是聲聞、佛陀的信眾。於是因札菩提王有了想親見佛陀的渴望，並向佛陀祈請，果不其然，佛陀神變與五百阿羅漢一起現身。因札菩提向佛頂禮，並請求教導他證悟之道。佛陀說國王必須成為出家之人並過著僧人的生活，修持三學。但因札菩提回答道：『噢，喬達摩，倘若這代表著要我捨棄感官之愉的一切，那我就不要解脫了！事實上，我寧可當一隻待在世間悅意花園裡的狐狸！就在此刻，聲聞的眷屬全消失了，從空中傳來一個聲音說道，這些聲聞眾皆是菩薩的神變示現。之後佛陀開啟了《密集金剛續》（*Guhyasamaja-tantra*）的智慧壇城，且就在那一刻，因札菩提王證得了佛果、法身與色身的雙運。』」（《三律儀》釋論，294頁）

52「出家戒須具有八種特質，應為：一、不缺戒，亦即，不曾有任何違犯。故必須是二、不破戒，遠離任何過患；三、不雜戒，不混雜任何無益的因素；四、無著戒，不沾染企圖繁盛的動機或有對此生的考量；五、隨道戒，不受不定所染污；六、自在戒，具有前五項的特質；七、智所讚戒，受博學者與聖者所稱讚；最後，八、隨定戒，樂於禪定。禪定使心堪用，因而智慧與其他道上的功德得以開展。所以，戒乃一切功德增上之基礎。」（《功德海》卷二，243頁）（譯注：在《大智度論》中載明十種戒為：不缺戒、不破戒、不穿戒、不雜戒、隨道戒、無著戒、自在戒、智所讚戒、隨定戒、具足戒。）

53 沙彌戒、藏文的getsul（給促），有時在英文中被稱為見習戒（novice vow），這是不正確的。「見習」一詞錯誤地引自基督宗教的修院系統，表示在正式修學或受戒之前學習階段的僧侶，見習必然是一種暫時的狀態（通常為期約一年至兩年間）。相反地，在佛教中，沙彌或給促，代表一種完整的僧院階位，許多僧人終其一生都維持著沙彌戒。而且，有鑑於西藏的比丘尼戒、藏文的gelongma（給隆瑪）傳承中斷（且可能永不復存在）的緣故，大多數的藏傳佛教尼師都一直是沙彌尼、藏文的getsulma（給促瑪）。

54 在此的基本概念是，詬語（與戒的破毀）只有在對一個具足上述條件的人說出謊話時才徹底成立，在此處提及的陰陽人（雙性人）等，意指他們不具備完整的人類特徵（譯注：包括閹人的黃門、無性人等），此想法是在學理上明定喪失戒律的範疇之一，不代表對黃門說謊是可以的。

55 除了碰觸男人之外，還有：不得獨自旅行、不得游泳、不得靠男子近坐、不得為媒嫁事、揭發另一位受式叉摩尼戒學法女的過失等六法戒。（《三律儀》釋論，108頁）（譯注：於大正藏《根本說一切有部苾芻尼毘奈耶》中，學法女不得違犯之六法戒為：不得獨在道行、不得獨渡河水、不得觸丈夫身、不得與男子同宿、不得為媒嫁事、不得覆藏比丘尼重罪。在漢傳《四分律》中的式叉摩那六法稍有不同，分別是：與染污心男子身相觸、盜人四錢以下、故斷畜生命、小妄語、非時食、飲酒。）

56 同上。六隨法戒除了不得持有貴重寶物（不得捉屬己金銀）之外，還有：不得剃隱處毛、不得墾掘生地、不得食曾觸食、不得不受而食、不得故斷生草木等。（《三律儀》釋論，108頁）

57 亦見《三律儀》釋論，109頁。

58 「當造犯四重禁（phas pham pa）時，出家戒就徹底毀壞了。」（《功德海》卷二，249頁）

59 「這些過墮被稱為僧殘（lhag ma），是因為在其造犯之後，指留存出家戒的殘餘。在這些過墮被還淨之前，事主的僧人是被降級的，且必須坐在僧團的末座，只能吃僧團共餐後的剩菜。」（《功德海》卷二，251頁）

60 「捨墮（spang ba’i ltung byed）之所以稱為捨墮，是因為這些過墮唯有藉由摒棄發生此過墮的對象才能還淨。而被稱為墮，是因為倘若未被還淨，就會成為墮入三惡趣之因。有十種捨墮分別與僧服、座位、化緣（與口渴一起）等相關。」（《功德海》卷二，252頁。）（亦見《三律儀》釋論，119頁，與敦珠法王《淨行》，34-36頁。）

61 這些被稱為單墮（ltung byed ’ba’ zhig），是因為如前面的三十捨墮，造犯了單墮也會墮入三惡趣，但其還淨並不涉入摒棄對象。更多內容，參見敦珠法王《淨行》，37-44頁。

62「這四悔過法（sor bshags sde bzhi）——主要是與取食有關——透過特定的、悔過的懺罪來清淨，是站在寺院之外圍來進行。」（《功德海》卷二，256頁。）（亦見敦珠法王《淨行》，44-45頁。）

63這是一般儀態的惡作（nyes byas），在上座部的傳承中，惡作的數量較少些。參見《三律儀》釋論，153頁，與敦珠法王《淨行》，45-50頁。

64sbom po，字義是粗重，這指的是在造犯四重禁與僧殘時，所有的必要因素並未俱全以完成此業行。參見《功德藏釋：三道甘露精華》（經部上冊）第三章中「瞻察業行之輕重」的段落等。

65引致違犯的四門為：對戒律無知、不尊重戒律、疏忽、煩惱過多。顯然不可能尊重與持守吾人所不知的事物。

66參見《三律儀》釋論，163頁，與敦珠法王《淨行》，51-53頁。

67藏文的gso sbyong，梵文的uposatha（譯注：音譯布薩）。「懺悔法更新了善德的修補力量並清淨一切過墮。有兩種懺悔法：第一種稱之為『靜慮布薩』（zhi gnas kyi gso sbyong），清淨了往昔所造罪障並圓滿了禪定與智慧的殊勝學處；第二種稱為『相順布薩』（mthun pa'i gso sbyong），即在此生中遮止惡行並保持清淨的戒律學處。前者指的是修持止觀，而後者包含了正規懺悔的儀式，又可分成兩類：第一類，在陰曆的十四日與十五日定期舉行的儀式（譯注：十四布薩、十五布薩）；第二類，私下所作的懺悔，在任何必要時所作，做為領受加持的方法，並為了迴遮災害與促進僧團的和睦（譯注：除害布薩、解根布薩、吉祥布薩等，與第一類加起來共五種）。」（《功德海》卷二，270頁）

68dbyar gnas。「傳統的結夏安居若不是始於陰曆六月十五日並結束於三個月後——陰曆的九月十五日，就是始於七月十五並直到十月十五日。」（《功德海》卷二，272頁。）（亦見《三律儀》釋論，168頁。）

69 dgag dbye。即便結夏安居被外在的狀況中斷，解夏安居的儀軌也必須舉行。這代表解除了在結夏安居期間所設立的一切限制。

70 在此所指出的十七事，包含：一、出家；二、懺悔儀式（布薩）；三、結夏安居；四、解夏安居儀式；五、限制使用裘毛、皮革；六、滋養的規範與用藥；七、僧服的適合顏色與式樣；八、在外出食，留一件法衣於寺院的規範，做為定持與將會返寺的象徵；九、拘睒彌事，和緩止息分裂；十、其它所規範的活動（有超過百種）；十一、紅、黃戒律的設立，換言之，即強力調停問題與對不守戒律的懲罰；十二、處理在個人層面上的不守戒律情況（如何處理行為違犯的問題、懺罪的悔過，與堅持過墮的開除僧籍）（譯注：開除僧籍稱「滅擯」）；十三、因重大違規而被降低僧級，與沒有參加布薩；十四、不出席僧團布薩的規範；十五、與居住處所相關的規定；十六、調停爭吵；與十七、弭平分裂。

71 這是一個暗示，指北俱盧洲的居民擁有一切所希求的事物，因此他們免於貪欲（chags pa）。「一般來說，有四種戒：自然具足戒、了悟法性戒、持守律儀戒、安住三摩地除一切過墮戒。（譯注：漢傳佛教四戒為：別解脫戒、定共戒、道共戒、斷戒）」（《功德海》卷二，286頁）

72 一、說一切有部（thams cad yod par smra ba）：持「一切有」之見者，這並不表示他們接受萬法的實存，只有七十五種法是他們所認定為究竟與實有的。
二、大眾部（phal chen sde pa）：大集結（據說由此次集結開始發展出了大乘）。
三、上座部（gnas brten pa）：長者部（上座部是目前仍尚存的聲聞部派，主要流傳於南亞）。
四、正量部（mang pos bkur ba）：正量（Sammita）的追隨者，正量部是犢子部（Vatsiputriyas，藏文gnas ma bu ba）的重要分支，犢子部的特定宗義是主張假有補特伽羅，既非異於色相，也非同於五蘊。犢子部似乎非常盛行，雖然其原有經典並未留存下來。

73 關於說一切有部在西藏的弘傳，怙主敦珠仁波切曾說：「藏傳佛教中的律部傳承是由寂護傳入西藏的說一切有部。此法脈始自佛陀，經舍利弗、羅睺羅（或薩惹哈Saraha）、龍樹、清辨（Bhavaviveka），與其他大師所傳下。在朗達瑪滅佛之後，此律部傳承從下康區恢復並再度弘傳開來，為此稱做東律部或下律部（smad 'dul）。此傳承延續至今，是寧瑪派各支與大部分格魯派所奉行的出家體系。之後，法護（Dharmapala）大師——一位來自東印的班智達，來到西藏西部（所謂的上西藏）的納日（Ngari），傳入了另一支出家傳承，被稱為西律部或上律部（stod 'dul），也就是所謂的『三帕拉兄弟傳承』（指的是法護的三位心子：薩都帕拉Saddhupala、古納帕拉Gunapala、普拉迦納帕拉Prajñapala）。

其後，喀什米爾的班智達釋迦·師利（Shakya Shri）來到西藏並為薩迦班智達與其他人剃度，因而肇始了所謂中律部（bar 'dul）傳承，是大部分薩迦派與噶舉派的剃度傳承。值得注意的是由於原本的『上律部』通常被認為已失傳，所以現在『中律部』就被指稱為是『上律部』。」（《三律儀》釋論，77頁）

74 參見西藏論部合集《丹珠爾》中《法門輯要》（*chos kyi rnam grangs*）的記載，訖栗積王是迦葉佛（Buddha Kashyapa）（譯注：另譯飲光佛、持光佛，是往昔七佛的第六佛）時期的人，此故事說他做了一個夢，夢中他見到一大塊布分成了十八小塊，每一小塊在度量時，都跟原來那塊布一樣大。這被解釋為是聲聞十八部派弘傳的徵兆。

75 亦見《三律儀》釋論，381頁。

76「有的人說接下來的兩個根本頌的偈頌，並非出自吉美·林巴尊者。」（頂果·欽哲仁波切註）

77「智慧的任運化現。」（頂果·欽哲仁波切註）

78「資糧道上的**勝解行本尊**，是只在生起次第時由念頭所造的本尊，但卻是跟圓滿次第的智慧連結。相對地，加行道上的**心氣本尊**，並非由念頭所造，是透過嫻熟圓滿次第有相階段的能力、以一種幻身的形式所顯現出的本尊。在見道時的**明光本尊**，是圓滿次第無相階段所實證之究竟智慧的任運光明。在修道時，就提到了**有學道總攝本尊**，而在成佛的果位時，法身與色身雙運就被稱為**無學道總攝本尊**。」（《功德海》卷二，297頁）（譯注：此處釋論在後面兩個本尊的名相上稍有不同，但為同義詞）

79「這個智慧可以是『喻智』或『究竟智』，這兩者在其本性與色相上是相同的，差別在於『喻智』伴隨著念動。」（頂果．欽哲仁波切註）

80「受沙彌別解脫戒與具足戒還有四種其他障礙，分別是：一、出生障（skye ba'i bar chad），先天的障礙，亦即，生下來就沒有性事的能力，因此就沒有戒的基礎；二、處障（gnas pa'i bar chad），環境的障礙，即缺乏吾人家庭方面或世俗官方的允許，因而冒著被迫使斷絕戒律的風險；三、別障（khyad par bar chad），個人與私自的障礙，也就是，太年幼而無法趕走烏鴉，或體弱、嚴重身障到了持戒變成不堪重荷的程度，其結果是不可能增長持戒應該要產生的功德；與四、相好障（mdzes pa'i bar chad），身體外貌（乃至身色與形狀）有殘缺，與從事不當職業如屠宰業，因而產生了流言蜚語、削弱了人們對佛法的信心。」（《三律儀》釋論，87頁）值得注意的是後面兩種障礙是不可逾越的。

81「在灌頂的過程中，上師使用象徵、暗示義、徵兆，來指出從本初以來就本俱於心的智慧，故應檢視把現象視為凡俗的根深柢固習性。」（頂果．欽哲仁波切註）

82換言之，修行者超越了持戒，也超越了違犯戒律。

83在此處，使用「轉化」一詞只是近乎而已。事實上，所討論的智慧是一直俱在於凡夫心的深處，雖然被暫時的因素所遮蔽。當這些遮蔽被去除時，本俱的智慧就顯露出來。於是這就被稱為離繫果（bral 'bras），「藉由去離（障礙）所生之果」。

84「舉例來說，以三種不共發心所做的雙修也許看起來像是一般的性行為，但因為瑜伽士已經轉化了他、她對男性或女性的凡俗感知，成為男性本尊或女性本尊的感知，第一要素：慾望的凡俗對象並不存在；因為實際上的身體結合是一種符合了戒律方便法門的修持，第二要素：凡俗的身體結合也不存在；最後，因為瑜伽士、瑜伽女轉化了高潮的感覺成為本初智且沒有遺精，第三要素：快感也不存在。」（《三律儀》釋論，389頁）

85根據噶瑪．洽美（Karma Chagmé）《山法》（*ri chos*）的說法，這位有些鮮為人知的人物是一位印度上師，（在朗達瑪滅佛後）曾三次造訪西藏，每次都有不同的身分。他第一次造訪西藏時，叫做夏達卡拉（Shardakara）並傳法，但噶瑪．洽美並未說明其傳法的內涵。在第二次，他出現在納日地區，叫做瑪波阿闍黎（紅上師），那時他弘傳了此處所說的密乘修行要點。在他第三次入藏時，似乎，他被稱為持雲（Gayadhara），並翻譯了在薩迦派傳承中備受重視的十三金法。

86「即它們是疊置的。」（頂果．欽哲仁波切註）

87「認定三戒本質不同的學者與寧瑪派的立場相左。他們說轉化的概念與同一本質是互不相容的，他們辯稱假如吾人能說鐵轉化成金，表示這兩種金屬是不同的，且不具有相同的本性。再者，從實相的觀點看來，阿賴耶的意識轉化為大圓鏡智，他們說，若主張兩者必具有相同本性，會導致荒謬的結果，就是大圓鏡智是染污習性的基礎；而且，相同本性的看法與轉化的觀點彼此牴觸。因為假如鐵和金具有相同本性，為何需要轉化？當然吾人會辯解說在轉化之前，這兩種金屬缺乏相同本性，但在轉化之後，就相同了。但預料到這種辯駁，他們說假如是這樣的話，那麼金的本性就是可折衷且被視為是可變的。因此宣稱金與鐵具有相同本性，是不對的，倘若兩者的本性相同，就應該會是金是一種基本金屬，和鐵一樣，而鐵在未經轉化之前，應該是珍貴、有價值的，如金一般。假如檢視這個論點，顯然它只是指出了舉例中的謬誤而已，這是他們想要透過此例所傳達出的疑義。我不認為這是有效的立論。從日常的角度看來，當鐵被轉化成金，通常吾人並不會（在此過程的最後）說金是某種與鐵完全不同的東西，而是說鐵已經『轉變成金』——它們是一體且相同的（亦即，同一塊東西保有了被轉化的主體）。同理，別解脫戒與菩提心戒被轉化為密乘戒。具有出離心與利他的先前心續，現在被密咒乘的淨觀所強化。在此意義上，吾人可以說諸戒具有相同本性。這不僅非不可許，相反地，是極可許的！因為正是人的心，逐漸地轉化，從踏上修道開始、一直到證得果位。就這個意義上，談論同一本性是有可能的。」（《功德海》卷二，319頁）根據噶瑪．洽美的說法，這是噶瑪巴確札．嘉措（Karmapa Chödrak Gyamtso）（譯注：第七世大寶法王）的見解。

88根據噶瑪．洽美的說法，這是克主杰（Khedrup-Je）的見，然而根據巴楚仁波切的說法，這是宗喀巴自己的見。

89 這看起來像是之前引述的錯誤觀點（地、水、船的例子），但是，在此所強調的是功德的增長，基於某種顯然會發生的轉化。

90「當聽聞密咒乘的法教時，有些人會產生錯誤的見並排斥之，因而製造了墮入三惡趣之因。為了避免這種情況，吾人應該在晚後的時機再引導他們進入密乘法教。」（頂果．欽哲仁波切註）

91「即由生起次第與圓滿次第所生的方便與智慧。」（頂果．欽哲仁波切註）

92 無所緣戒是吾人已經證得了萬法平等的戒律，對這樣的人來說，沒有持戒者與可以持守的東西。這是真正的持戒波羅蜜多。

93「中觀將戒定義為是一種『與心所相應之意識』（spongs sems mtshungs ldan dang bcas pa，譯注：字義是『與捨離心相應等等』），以遮止惡業。他們並沒有說這是一種自動的相續，因為中觀派的共通主張乃是萬法依緣起……。只要善念與惡念所生的利與弊存在，在世俗諦的層面，吾人就應該持守且不忽略何者應作與何者應止的戒律。」（《功德海》卷二，331頁）

94 三座壇城是：一、五蘊與五大，這是五方佛父、佛母之座；二、六根與六塵，是男、女菩薩之座；三、身處，是男、女忿怒尊之座。

95「指自己的身體、伴侶的身體，或一般的現象。」（頂果．欽哲仁波切註）

96「一般來說，沒有任何事情是明確應要增長或應要禁止的。語言與行為本身是中性的。」（《功德海》卷二，333頁）（應注意的是，如前所述，行使的發心應是菩提心，此處的發心不可與某些西方道德觀所指稱的道德意識混淆在一起。）

97「在《華嚴經》（*Avatamsaka-sutra*）中有云：『菩薩進屋時，發菩提心願一切眾生悉入解脫城；躺下休息時，願一切眾生證得法身；起身時，願一切眾生證得色身，諸如此等……。』」（《功德海》卷二，342頁）

98「遠離一切自我考量，我們**應施予**眾生自己的身體（事實上是所有五蘊）、須賴以維生的資財，以及我們過去、現在、未來的一切福德。因為我們**應防護**已然布施予眾生的受用，故須致力於如法的生活，以避免會危及我們現前與未來生命的事物，以致危害了利他事業的根基，如經典所云：『防護己身指的是止息致害。』至於財富，最好的防護乃是修行善德與對自己所擁有的知足，故：『正行，以此修學，將毫無困難地防護財富』；把福德之果報迴向予一切眾生證悟，而非滋長僅為己用的不當希求，乃是防護自身福德的最好方式，『捨棄求果之自私發願，汝將能防護一切福德。無悔且不談論汝之所作，而懼對財富、名聲，捨諸慢心，具信於菩薩且排除對佛法之疑慮。』僅是防護自身、資財、福德並不夠，吾人必須**清淨**一切違緣，藉由清除惡業與增長煩惱的對治法，來清淨身，『清淨身指的是淨除一切惡行與煩惱。』捨棄錯誤的營生並培養善德，藉此融合方便與智慧，便是所謂的清淨資財與福德；『要瞭解到只要是吾人的營生清淨，吾人的資財就是清淨的；福德清淨係由增長具悲心體性之空性而來。』然而，即使淨化了『身、資財、福德』，倘若吾人無法**增長**之，就不可能圓滿眾生之願求，因此必須要加以開展之。要開展與身相關的能、力增長：『身的增長指的是摒棄怠惰與訓練力量。』同樣地，以結合方便與智慧的方式來布施，可增長吾人的資財；『以具悲心體性之空性行布施，即是增長吾人的財富。』增長福德指的是以普賢菩薩的方式來修學行止。」（《功德海》卷二，344頁）

99參見頂果，欽哲仁波切在《覺醒的勇氣》（*Enlightened Courage*）英文版第6頁中所云：「當一頭發火的豬從後方衝過來時，假如我們用一隻棍子打中牠的鼻子，牠就會馬上轉身跑開，痛得受不了。假如我們趁有餘溫時清理油燈，就容易清理乾淨。」

100「無論吾人想要修持任何修道，僅是談論與行動是不足的，重要的是以強有力的決心來自誓。真正為他人利益著想的人，事實上是在與障礙其目標的四魔對戰著。所以他們必須要堅忍不拔，這是強大的鎧甲，能抵禦敵人的武器。為了消滅**煩惱魔**（八萬四千煩惱的任何一種都足以障礙解脫的證成），他們必須堅守誓言，縱使得鍥而不捨，被重重困難所夾擊，長達無數劫之久。至於**天魔**——禪定的消磨者，當修行者承受著修道的困難時，他們矢志不放棄精進且致力於善德，即使得到轉輪聖王的權力、名聲、組織、財力亦然。這種誓言自然伴隨著消滅**死魔**——壽障製造者，以及消滅**蘊魔**——證得無餘涅槃之障礙。最後，需要努力將一切大乘經藏所揭顯的深廣法教整合並帶入覺受中。」（《功德海》卷二，369頁）

101 「初學者首要應避免惡業，勝解行階段的行者應積善，而殊勝菩薩地的行者應獻身於利他。」（《功德海》卷二，371頁）

102 在中陰法教中提到，新近往生者擁有某些神通，能感知到先前的住處與同伴，並能察覺到後者的念頭與行為。

103 四河是恆河、印度河、奧克薩斯河（Oxus）、塔里木河（Tarim），這四條河發源自喜馬拉雅山並流入印度。

104 此為依據四部醫續所作的傳統疾病分類。

105 亦即，雙腳交疊於雙腿股上，或是半跏趺坐，單腳置於另一腿股上而另一腳塞入臀下。

106 在此處止的禪修，「有相」指的是可看到的對境，如卵石、一個圖像、觀想佛陀等；「無相」指的是呼吸、空性、心等等。

107 「一開始，初學者致力於安止、奢摩他的修行，一心專注在一個圖像上，例如，具三十二相、八十隨行好的佛陀。如《三摩地王經》所云：『將心安住於世間怙主、佛陀莊嚴金身相者，即謂住於平等之菩薩。』

心長時間固定在此對境上，保持專注並摒除其他諸念。然後，為了達到深觀、毗婆奢那，禪修者必須先檢視其禪定的對境。如來之身，以三十二相與八十隨行好為莊嚴，顯現為心的對境，並不具獨立於心之外的實有，無絲毫的實存。禪定的對境無非是心中的一種顯相。不過，在此同時，也沒有可被指出為『心』的任何東西。無法被指出或找到的事物並不存在、從未存在過、將永不存在。確認這點就是不可思議的法性，禪修者安住在此定境中，離於諸念。」（《功德海》卷二，397頁）

108 「《三摩地王經》云：『禪定乃平等基，寂靜、微細、難以覺察。因諸想皆已止息，故為深持。』」（《功德海》卷二，398頁）『深持』是藏文禪定（ting nge ’dzin）一詞的字義翻譯。

109 「『受用定』的表述，指的是這種禪定產生了受用三善趣的事實。」（《功德海》卷二，400頁）

110 shin sbyangs。這指的是精熟於道上的修學，使一切身與心的負面面向皆滅除了。

111 zil gyis gnon pa’i skye mched brgyad。參見《功德藏釋：三道甘露精華》（經部上冊）〈附錄七：法身智的二十一種功德〉。

112 yid la byed pa drug。「這指的是六種作意（作意的心所或心念涉入，藏文的yid la byed pa，指的是心穩定地專注在其對境上），這六種作意是：一、**了相作意**（mtshan nyid rab tu rig pa yid la byed pa），與正確了知三惡趣和三善趣之法相相關的作意，這指的是輪流地專注，去思惟三善趣的寂靜法相與三惡趣的惡劣法相；二、**勝解作意**（mos pa yid la byed pa），與感念三善趣善德相關的作意，這指的是先前的修學深化成為止和觀。三、**遠離作意**（dben pa yid la byed pa），與摒棄煩惱相關的作意，這是當吾人在消除了欲界三種最粗重煩惱時所出現的作意；四、**攝樂作意**（dga’ ba sdud pa yid la byed pa），與喜樂之積聚相關的作意，這指的是透過煩惱的去除，吾人受用了微小的樂，此時欲界中等的煩惱被消除了；五、**觀察作意**（dbyod pa yid la byed pa），心穩定地專注在觀察上的作意，這指的是檢視吾人是否具有微細的煩惱，因而消除了欲界微小的煩惱；與六、**加行究竟作意**（sbyor ba’i mtha’ yid la byed pa），專注在修行之果的作意。」（《功德海》卷二，408頁）（譯注：在《瑜伽師地論》第33卷中提到了七種作意，與此處所言稍有不同：增加了七、加行究竟果作意，並稱欲界微小煩惱於加行究竟作意中消除，而果相則在加行究竟果作意中領受。）

113 即色界四禪、無色界四定，加上滅盡定，共是九種定。在阿毗達磨中不談滅盡定，而是說「初禪的預備階段、未至定（nyer bsdogs）」，亦即'dod sems rtse gcig，「欲界的專一心境。」

114 「止的修行讓心不動搖且不受念頭之風息的影響。但是，止並不能根除染污。是觀根除了無明的障蔽與對自我的相信。聲聞的禪定多於智慧，菩薩的智慧多於禪定。相對地，如來兩者同等兼具。」（《功德海》卷二，410頁）

115 「當已精通這種禪定時，世俗諦的一切『非實有』現象，顯現為如幻般，修行者獲得了後得（座下）的力量，能依其願力而造出神變的幻影；為此，他們被稱為擁有了『**如幻定**』（sgyu ma lta bu'i ting nge 'dzin）。當他們的禪定圓滿且能夠克服一切逆境時，伴隨著通往證悟的一切要素並示現出佛果的廣大事業，此外，也免除了落入無餘涅槃的恐懼，就被稱做『**無畏定**或**健行定**』（dpa' bar 'gro ba'i ting nge 'dzin）。……最後，他們獲得了『**金剛喻定**』（rdo rje it a bu'i ting nge 'dzin），之所以稱此，是因為它能夠滅除一切蓋障，猶如金剛鑽能破其他所有石頭般。第一種定是初地至七地（不淨地）菩薩所覺受的，第二種定出現在清淨地，即八地至十地的菩薩身上。只有在十地的最終，才會得到第三種定。」（《功德海》卷二，413頁）

116 這個複雜的主題在《般若經》中有大篇幅的討論。「認知之念」與「感知者之念」的區別，或許可比擬為貝荷陳．羅素（Bertrand Russell）在「感覺資料」（sense-data）與感覺（sensation）之間所做的區隔。參見《哲學諸問》（*The Problems of Philosophy*）一書，4頁。

117 「四依如下述：

一、佛法的知識來自於依止善知識。但是，依止的對象並非做為老師的那個人，而是他或她所傳授的教法。吾人應只有在檢視其言語後才追隨那位老師。

二、由於法教要被實踐，吾人應依止法教的義理而非其表述的語言。

三、義理有兩個面向：不了義與了義。吾人必須依止了義，雖然吾人有時奉行不了義法，但應該一直以了義之見來行持之。

四、了義由心所領悟。但是，由於智識的揣度、無論如何精妙，都無法超越世俗諦，故不應被依止。應將依止置於直接見到勝義諦的離念智慧。」（《功德海》卷二，425頁）（譯注：依法不依人、依義不依語、依了義經不依不了義經、依智不依識。）

118 參見《無盡慧經》（*Akshayamatinirdesha-sutra*），「何謂了義經與何謂不了義經？為引領人們入道所說之經，乃不了義經；為貫徹證果所說之經，乃了義經。」（《功德海》卷二，428頁）

119 三性或三自性（rang bzhin gsum）是三轉法輪的特性，如《解深密經》（*Sandhinirmochana-sutra*）等經典所述。唯識派與中觀派對這些經典的詮釋各異。

「以下是共通的釋義：

一、遍計所執性（kun brtags），這由心對於不存在之事物與心自身的執實所構成。遍計所執性的一種釋義是「自我」的概念，事實上是非實有的。遍計所執性也泛指一切錯誤的學說，以及心認定為實存，但卻缺乏任何客觀、具體實存的一切事物。

二、依他起性（gzhan dbang），這有兩個面向：（一）不淨，與（二）清淨。

（一）我們對環境、外在世界與其居民的經驗，是深植於內之迷妄感知的產物。這些感知之所以迷妄，正是由於心執實的習性所致，一如前述。這種感知好比是如下的情境：一個人被魔術所惑看到了一匹幻化的馬，而視其為真。一切這般的顯相都屬於不淨的依他起性。

（二）清淨的依他起性指的是聖者不處於入定時所經驗到的外在世界感知。它們是「清淨」的，因為不被執實的習性所沾染，由於清淨的依他起性使事物被理解為是存在的。清淨的依他起性也可用前述的例子來加以說明，猶如魔術師的心境，他也同樣看到他用魔術造出的幻化之馬，但不把牠視為真實的、具體的存在。

三、圓成實性（yongs grub），同樣，這也有兩種：（一）不變，與（二）無誤。

（一）這是空性本身、一切現象的法性，其本性不變，無論被了知與否。

（二）這指的是直接與全然了知現象之法性的智慧。」（《功德海》卷一，281頁）

120 米滂仁波切（Mipham Rinpoche）曾說佛陀在講述別義意趣時，是站在法性的角度，而非從世俗有的觀點而言的。（《智者入門》，316頁）

121 米滂仁波切：「佛陀並不是說，在這些人死後就能立刻投生於極樂世界。」（《智者入門》，316頁）

122 米滂仁波切：「『如夢般現起』的表述，指的是事物僅存在於世俗的層面。」（《智者入門》，316頁）

123 在根本頌中，吉美．林巴尊者引述了《解深密經》中的文字。

124 四生與（從中觀的角度看來）不正確論理之因果論有關，以印度哲學四個學派為代表：一、現象從自身所生（數論派 Samkhya）；二、現象從外因所生（佛學的低階學派）；三、現象從自身與旁因共同產生（耆那教）；與四、現象從無因所生（順世外道 Charvaka）。另參見堪欽昆桑．佩滇（Khenchen Kunzang Pelden）所著《智慧：兩本佛教釋論》（*Wisdom: Two Buddhist Commentaries*）一書，105-115、227頁。參照龍樹菩薩偈頌：「諸法不自生，亦不從他生，不共不無因，是故知無生。」

125 「因為有某些人說佛陀的教法太過初機。」（《智者入門》，318頁）

126 即十二因緣中的二支，參見《功德藏釋：三道甘露精華》（經部上冊）第四章〈輪迴過患〉。

127 「在此，『父』和『母』應被解釋為十二因緣中的愛、取；國王應被理解為阿賴耶；而『二淨行』指的是婆羅門、代表了『我』見（薩迦耶見），以及善苦行者、代表了見取與戒禁取的邪見；『國邑與王室』則指的是六根與八分別識。」（頂果．欽哲仁波切註）

128 「這是中觀自續派的立場，站在勝義諦的角度，中觀自續派主張，假如吾人分析兩種世俗諦，『倒世俗』與『正世俗』是同一層面的；它們皆是由迷妄的習性所產生。兩者都對感官顯現且皆無實有。但是，在約定俗成的觀點上，有些現象有作用（亦即是有效的）而有些現象沒有作用，這就是所謂的正世

俗與倒世俗。」（《功德海》卷二，452頁）

129 「對有部來說，世俗諦（kun rdzob bden pa）與假有（btags yod，另譯假立）是相同的含義，同樣地勝義諦（don dam）的意義與實有（rdzas yod）相同。」（《功德海》卷二，466頁）

130 「經部分為兩支：『隨教行經部』視阿毗達磨七部為七位尊者（舍利弗等）所造論，儘管如此仍尊奉阿毗達磨為教典（有部認為阿毗達磨乃佛所說）；『隨理行經部』不認為這些論是經教（即lung gi tshad ma，從佛經所出無有疑義之知識）而以佛經為依據。」（《功德海》卷二，5、469頁）

131 重要的是在內心記得「隨教行經部」與「隨理行經部」（見前註）區分世俗諦與勝義諦的方法，各有不同。就所有的意樂與宗旨而言，隨教行經部與有部的見是相同的，其主張勝義諦由無方分所組成，而粗重擴增的客體則構成了世俗諦。隨理行經部的教義較為複雜，且涉及到某種詳盡的認識論，在某方面近似於一些西方哲學家的再現論觀點。在此，必須區分無分別、直觀之六識與有分別、非直觀之心識。可是六識實際上是接觸外物的，被專門地稱做**自相**（rang mtshan），這無非是原子的凝聚而已；分別識只能藉由心像來指認與知道客體，稱做**共相**（spyi mtshan）。分別識並不知道外境、只知道心像。有鑑於經部依照效能、即行使作用的能力，來區分勝義諦與世俗諦，其道理便是勝義被歸於外境，而世俗與心像相關從而產生了認知與知識。顯然只有外境產生作用，而非內心所擁有的心像來行使。值得省思的是，對經部來說區分二諦並不若中觀那麼重視，這是因為對經部來說了悟勝義諦（如他們所定義的）並不等同於精神的了悟。這很自然，因為就像小乘者，他們的目標是了悟人無我（譯注：大乘同時要了悟法無我）。對他們來說，現象的究竟本性並不如在大乘中所強調的那般重要。

132 有關唯識之見的闡述，參見堪欽昆桑．佩滇所著《智慧：兩本佛教釋論》，40-41與49-55頁。另參見胡克罕所著《內在之佛》，19-20頁。

133 勝義是一、心本身，這使得客體，被錯誤地想成是外在的個體，是被「組成」的。根據唯識派的觀點，心本身是勝義，是因為心是一個究竟、不可化約的實有。而勝義諦係由二、不僅心本身，而且是**一切唯**

心照所構成，任何現象（kun brtags）（譯注：即遍計所執性）似乎是跟心分開的。

134 似乎對自續派來說，在理論上將自身排除於世俗層面之外且具義地論述現象——現象的實際狀態與現象作用的方式——而不牽涉到勝義諦是可行的。如此一來勝義諦變成是一種對現象乃徹底非實有之結果的總括性但書，但這並無關乎科學和哲學，在世俗層面上可繼續下去，仍然是可能做哲理性的闡述的。自續派的趨徑有一個明顯，且可能是不可或缺的教學方法優點，就是它提供了空間，使得關於現象本性的法教能以一般智識的用語來加以詳述，因此能幫助人們在道上前進。同時，應成派對自續派的批評是情有可原且不可避免的：說現象在世俗層面具有其本身的有，等同於說現象是實存的；也可以說這是認可世俗諦具有獨立的有效性。二諦被分開了，且捨棄了修行中的二諦雙運。另一方面，中觀的宗旨正是要瓦解對現象執取的橫行。自續派的說法必然是對現象的狀態有了極端的妥協，即使是在世俗的層面上。

135 見蒙迦（T. R. V. Murti）所著《佛教的核心教理》（*The Central Philosophy of Buddhism*）一書的87頁，提到：「中觀體系似乎是由其天才祖師——龍樹——所一舉完備了。」

136 或許是龍樹菩薩傳奇性煉金術成就的參照之一。

137 根據布頓的說法，龍樹的理聚六論是：一、《中論》（*Mulamadhyamika-karika*，藏文*dbu ma rtsa ba'i shes rab*）（存於梵本）；二、《七十空性論》（*Shunyatasaptati*，藏文*stong nyid bdun bcu pa*）（梵本已失，存於藏文本）；三、《六十正理論》（*Yuktishastika*，藏文*rigs pa drug bcu pa*）（梵本已失，存於藏文本與漢文本）；四、《迴諍論》（*Vigrahavyavartani*，藏文*rtsod zlog*）；五、《精研論》（*Vaidalyasutra* 或 *Prakarana*，藏文*zhib mo rnam 'thag*，譯注：另譯《廣破論》）（梵本已失，存於藏文本）；和六、《名言成就論》（*Vyavaharasiddhi*，藏文*tha snyad grub*）。（譯注：某些作者或網路資料將《寶鬘論》列為第六本，實非正確說法。因《寶鬘論》屬於龍樹菩薩的廣行或見行合修相關論著，並非深見的理聚六論之一。）

138 《入中論》是《中論》的共通義理釋論（don 'grel，譯注：釋義），而《淨明句論》則是字詞釋論

（tshig 'grel，譯注：釋文）。

139 月稱說：「當適應了空性的心境顯現出來時，就被稱做是了悟空性。但這並不表示空性被了悟成為對境。」（參見《功德海》卷二，531頁）

140 現象不生、不住、不滅。

141 參見《三摩地王經》所云：
學者言有與非有，觀者知苦則無寂；
是非、淨染皆邊見，中道智者亦慎住。
（引自《功德海》卷二，537頁）

142 在此所強調的是緣起而非十二的數量。這是一個以對稱型態所組成的演進因果論陳述，對等於出現在眾生世界十二重循環的相倚因果關係。參見《三律儀》28頁，在文中敦珠法王說外相上，緣起可從分析現象的結果如何產生來了解之。

143 「緣起的概念也適用於涅槃。雖然涅槃不是以有所緣現象為基礎所造作出的產物，是透過修道的成就而去除了不定的蓋障，實證了涅槃，且無所緣智慧的創造能力無礙地顯現。」（《功德海》卷二，543頁）

144 gnyis snang。有別於感知者的現象暫留顯相，甚至是在已捨棄了對現象實有的信念之後現起。

145 「有些人有異議，認為倘若敏銳的分析性智識在禪修時並非一直作用著，假如沒有智識的特定領會，以及確信，那麼人我與法我的付之闕如，毗婆奢那本質的妙觀察智就不可能出現。若是如此，就表示分析性智識也必須俱現在聖者的禪定中——甚至是在佛果的階段。那些持此異議的人說若沒有分析性智識，就沒有毗婆奢那的智慧。回應此說，或許有人會說不盡然如此，因為，在此異議的脈絡中，禪修者是凡夫，與現見法性而具有毗婆奢那的聖者不同。我們對此的回答是，即使有些差別，依照既定的狀況，心必須適應直接見到勝義的智慧，且心必須保持在這個狀態中。對於被困在本體論邊見（譯注：指常見、斷見）的心而言，是不可能產生超越這些邊見的智慧的。」（《功德海》卷二，549頁）

附錄

附錄八：二諦

依中觀見之二諦

二諦的共通基礎不可得，因為現象本身超越了約定俗成對真與非真的設定。二諦是相同的，有著同等狀態，在究竟界中無相。但是，在凡俗論述的層次裡，人們認為「正」是「倒」的相對，且在凡夫的心中，如《六十頌如理論》（*Yuktishastika*）的釋論所云，是安立二諦的。

因此，世俗諦構成了一切輪迴的現象，亦即，與輪迴相關的心與一切現象顯現。《入菩薩行論》云：「故言心唯是世俗」。《入中論》亦稱：

> 有情世間器世間，種種差別由心立。
> （第六品，第89偈）

勝義諦是本初智，超越了世間，是與法界一味的妙觀察覺性。在羅睺羅（譯注：羅睺羅跋陀羅，為聖天弟子、中觀派論師）的《讚般若偈》（*Praises of the Mother*）中提到：

> 無名、無念、無詮乃般若，

無竭、無生、廣大虛空性，
即妙觀察覺智之法界，
三時諸佛之母吾頂禮。
（譯注：漢譯此偈為：如虛空無染，無戲無文字，若能如是觀，是即為見佛。）

由於現象與此究竟本性不可分，故無法成為獨立、實有的個體，如《入中論》所云：

二諦俱無自性故，彼等非斷亦非常。
（第六品，第38偈）

二諦的獨特性

世俗諦、總覆諦[146]或許可以描述為存在於智識範疇內的事物，它經不起邏輯的分析，且以某種蓋障的方式顯現。在此「智識」[147]指的是心與心所，並不是指妙觀察本初智。《入中論》云：

癡障性故名世俗，假法由彼現為諦；

能仁說名世俗諦，所有假法唯世俗。（第六品，第28偈）

勝義諦或許可以描述為超越了一切概念造作的事物，它是現象的清淨性與現象究竟本性的平等性，遠離了凡夫心與心念歸屬。一如《中論》中所述：

自知不隨他，寂滅無戲論，

無異無分別[148]，是則名實相。

（譯注：出自《中論》〈觀法品第十八〉）

二諦的字義與語源義

「總覆」或「世俗」指的是顯現卻缺乏自性的事物，如幻影。「諦」一詞是約定俗成的使用，因為現象的特性，暫時而言，一致地且不否定地對染污之心（即凡夫心）顯現。「勝義諦」之所以稱為勝義或殊勝，乃是因為它是成就的最高目標；稱之為諦，是因為它是道、果的無誤功德。《般若經》云：「般若須了知與禪修，藉此徹底禪修而得無上果。故菩薩之勝義乃般若。」

二元特性之必要

顯然在何者當捨與何者當取之間，涉及了一種二元性。吾人若不是從概念的造作中解脫出來，就是沒有從中解脫。沒有第三種可能性。這就是為何安立了二諦。即使是在道上出現的瑜伽行覺受，是世俗諦，也必須終在勝義法界中加以清淨。另一種分辨二諦的方式，是說有「事物顯現」與有「事物本然」之別。以二元方式對智識所顯現的現象，被具體化與指認為實有，就是世俗諦或總覆諦；另一方面，當超越凡夫心的智慧「見」到了這般現象的真正狀況（在此「見」或「不見」之類的表述是一種譬喻性的使用），就是勝義諦。與主體（亦即，心）所安立的關係，現象只能被感知為若不是正確就是不正確的，這點必然指出了有二種諦的事實。如《入中論》所云：

> 由於諸法見真妄，故得諸法二種體；
> 說見真境即真諦，所見虛妄名俗諦。
>
> （第六品，第23偈）

由此可得出的結論，就是一切知識的對境都包含在二諦之中。必然，沒有第三種可能性。《父子合集經》云：「世間解宣說二諦為其獨特法教，非複誦他人之法。此二諦乃世俗與勝義，無第三諦。」四聖諦、清淨世俗諦和勝義諦與其無二*，如大乘所闡釋，事實上無非就是此二諦。

辨察二諦的認知

法界、勝義諦，超越了智識的造作，不屬於指涉性（二元性）之心的範疇[149]，只能透過無念智慧來經驗，以非指涉性（非二元性）的方式現見勝義諦。一切世俗現象以概念性向我們顯現，因為它們是二元運作之心的對境。

二諦的分類[150]

既然一切現象的本性是不一不異，在二諦之間就無法做涇渭分明的劃分。在《解深密經》（*Sandhinirmochana-sutra*）中有云：「有所緣之現象與勝義諦，不一不異。持兩者同或異，謬誤也。」有兩組不樂見的後果，是源自於認定二諦有別或無別。

假如二諦是無別的，那麼其後果就如《解深密經》中所明言：

一、藉由直接與有效的證明，當世俗諦被認出時，同時也會認出勝義諦。若是如此，輪

---

* 參見名詞解釋之「大清淨平等」條目。

迴的眾生早就已徹底證悟了。

二、假如遠離一切分別的勝義諦與其相對（世俗諦）是無別的，那麼在世俗諦的五大（色相等）之間也會是無別的。

三、當世俗諦（現象）是指涉的對境時，煩惱增盛。假如世俗與勝義無別，即使當勝義諦是指涉的對境時，煩惱也會增長。

四、既然世俗諦毋須證明（自證），那麼勝義諦也同樣毋須有效實證（應該會立即被認出）。

另一方面，假如二諦是彼此有別的，在《解深密經》中同樣指出：

一、勝義諦的了悟將不會產生涅槃。

二、勝義不會是世俗諦的本性，猶如瓶子不會是布料的本性。

三、勝義諦無法藉由在世俗層面上對自性的破斥而被暗示出——猶如沒有瓶子不會暗示有布料。

四、即使透過對勝義諦的現觀而證得涅槃，緊接著，由於世俗諦（與勝義諦不同）涉及了煩惱，成就者之心就會同時是染污且解脫的。

因此，我們要如何分辨二諦？雖然二諦在本質上無實有，卻被闡述為彷彿有，以便讓凡夫能夠有所了解。《三摩地王經》云：

法無文字以說出，
誰人聽聞、誰解說？
如置不動性之上，
聞者、導師已派定。

以最常見的用語來說，當分辨二諦時，顯現於心的大多數事物（生滅、輪迴與涅槃、取捨等等）——約定成俗之心不能否定的一切——就是世俗諦。另一方面，這些世俗現象的本性——本身沒有概念的造作如顯現與不顯現、生與無生、我與無我等——便被稱為勝義諦。「離於概念造作的自由」無非就是如此。如《二諦分別論》（*Satyadvayavibhanga*）所云：

事物之所顯，且唯此，
乃是世俗。餘為勝義。

更特別地，二諦本身可用許多方式來細分。舉例來說，在世俗諦層面由心所感知到的現象，要不是謬誤的就是無誤的，隨著約定俗成的區分，凡夫的染污知覺便被設定為正和倒。對染污之心顯現的一切事物且產生了（正常的）作用——能燃燒的火、能濕潤的水、照射出光芒的月亮等等（加上能感知道它們的意識）——被歸類為正世俗。如此稱呼是因為它們是以一般共識所共通感知到的，由各自的因生起[151]，經檢視後證明是沒有自性的。相對地，諸如海市蜃樓、誤以為是蛇的繩子、見到重月（因為複視的關係）等幻覺，以及各種顯現在染污之心範圍內的顯相，但卻產生不了作用（各自地，不能濕潤、不能有致命一咬、不能袪除黑暗等）——這一切（加上能感知到它們的意識）便具備了倒世俗的條件。被稱為倒世俗是因為它們不是由共通性所感知到的。它們是事物的幻覺，即使在約定俗成的層面上它們的顯現也不存在，這是因為它們不是由通常被歸屬於是世俗顯相的因所生出的。但是，既然當適當的因緣際會時它們會顯現出來，這樣的幻覺當然就不會是無因的。況且，因為它們不是「物質性」存在於世俗層面（舉例來說，就像幼苗從適當的根源生出），它們被指稱為是倒世俗。

當中觀自續派探究這兩種世俗諦時，以勝義的論理[152]來分析它們，他們承許這兩種世俗諦的平等性，兩者皆非實存，雖然透過染污的習氣運作而對相應的感官顯現，但是，在約定俗成的層面上，自續派認定這兩種世俗諦的正或倒，取決於所討論的現象是否存在，或是依其自相而立*。如《二諦分別論》所云：

雖以同樣方式顯現，
然世俗諦設立為正或倒，
依其產生作用之力而定。

然而，中觀應成派認為說事物「依其自相而立」，跟說事物實有是同樣的意思。但這樣的現象是非實有的，即使在約定俗成的層面上[153]。當區分何者是謬誤與何者是無誤時，應成派以其立場，是站在凡夫這一邊的，因為這樣的現象單純地若不是正就是倒[154]。《入中論》云：

有患諸根所生識，待善根識許為倒。（第六品，第24偈）

* rang mtshan nyid kyis grub pa。

無恚六根所取義，即是世間之所知；
唯由世間立為實，餘即世間立為倒。
（第六品，第25偈）

在這段引文中，第一偈區分了兩種世俗諦，是從感知者的觀點出發；第二偈也是，但卻是從被感知對境的角度而言。

從其他觀點來說，既然兩種世俗諦僅是對妄心顯現，心執取其為實有，兩者可皆稱為倒世俗。相對地，心與顯現的現象，那些已證得聖者智慧之人，不將其視為實有，即構成了正世俗，因為在此情況下，這些對於心的顯現是無染的……。這樣的正世俗也有兩種，有與通往果之修道相關的正世俗，以及與成就之果本身相關的正世俗。前者指的是仍在有學道上聖者所進入的各種相等定*，且在後得時以二元方式**累積福德。在第二種情況下，正世俗指的是諸佛的色身與了知現象森羅萬象的智慧。

或許有人會有異議，說以這種方式來談論正世俗有違《入中論》的立論，在前述中提到只有二諦、染污之心的範疇或無染之心的範疇，並沒有第三諦。對此的回應是，位於有學道

---

* rnam dang bcas pa。

** snang ba dang bcas pa。（譯注：藏文字義為所顯諸等）

上之聖者的後得，對對境的感知有別於感知者*仍持續著，這點障蔽了根本性。這點可成為謬誤，但因為此處討論的感知處在精細化的過程中，朝著根本性的層次進化，而且有離於對實有的察覺，故可說是無誤的。再者，佛身、智慧等等，在佛果的層次上，只有從二顯概念的立足點才能被指稱是正世俗。嚴格來說，這根本不是世俗諦，因為唯有圓滿了勝義諦見，才可能出現。但是，有鑑於以約定俗成的二身雙運的觀點來談論，並非不恰當，證悟之身與心的雙運、密咒乘中的殊勝世俗諦**等等，同樣承許說佛身與智慧是正世俗。

就其本身、勝義諦是事物的基本狀況或狀態，無法再細分成各面向。但是，為了討論的目的，而做出了特定（漸進的）區分。為此，在分析了現象之後且發現現象無生，吾人禪修無生與無概念造作等等。這個活動處在凡夫意識的範疇中，因此落入世俗諦中。但因為這是了悟勝義諦的如法法門且與勝義諦相應，故被稱為「異門」或「順」勝義***。在《二諦分別論》中有云：

生與其餘無實有，
無生同理亦非真。

---

* gnyi snang。（譯注：字義為二顯，指有對境與感知者的分別。）

** lhag pa'i kun rdzob。

*** rnam grangs pa'i don dam與mthun pa'i don dam。

又云：

不許諸生
乃隨順諦實，
無生諸念之寂止
以勝義名相稱之。

非異門勝義諦*意味著心已臻至基之根本性——此時生與無生的一切概念都在究竟法界中止息了。這指的是本初智具現在菩薩地聖者的禪定中，與佛果的智慧之中，於此感知與認知都融合成一味。這點又與輪迴、涅槃的一切現象是本初無自性的事實相應；它們既不是可分割的，也不是會落入對立的範疇中。就此遮遣了念頭的造作。勝義諦超越了妄念的智識，也超乎一切語言的表述。對了悟勝義諦的人來說，不能說它存在；對不了悟勝義諦的人來說，也不能說它不存在。了悟與否，勝義諦僅是現象的究竟、不變本性而已。如彌勒菩薩、不敗怙主所說：

* rnam grangs ma yin pa'i don dam。

一如往昔，未來依舊，
勝義恆不變。

如《三摩地王經》中所云：

皆無實且離言詮，
本初即空、寂、清淨，
鳩摩羅（Kumara）啊，
識得諸法如是者，
將可稱之為佛矣。

佛陀，具法門的善巧，在二諦之間做了區分。如此一來是為了利益他人之故。但二諦並非分開、有別，如水牛的角般。從無始以來，二諦就交融成一味、顯空無別地雙運。當吾人見到月亮投影在清澈的水塘中，能分辨出在水塘裡顯影的事實與月亮並不（坐落）在那兒的事實。但在池塘的水中，有兩個相：顯相與「非顯相」，不可分地雙運著。同樣地，現象以緣起而現起，並非全然不存在（如兔角），其二顯概念是其世俗諦。但是，就在現起的那個剎那，現象是徹底缺乏實有的：這點就是其勝義諦。因此，雖然在二諦之間有所區別，但二諦卻不是各自擁有獨立實存的那種分別。如《入中論》所云：

二諦俱無自性故，彼等非斷亦非常。

（第六品，第38偈）

一旦了知二諦各自的本性與特性，就必然會建立兩者的無二無別。但這並非僅是顯空融合、有與無同在的問題。究其本性，二諦是互相交融的。吾人必須遣除對現象究竟狀態之甚深義理的所有疑惑，它是超出我們凡夫心識作用能觸及的。在《五次第》（*Panchakrama*）（譯注：另稱《密集金剛五次第論》）中云：

當見世俗與勝義，
互為彼此之相時，
二者即圓滿交融，
故可謂之為雙運。

關於在世俗諦層面要如何分辨二諦，遍知上師龍欽巴尊者曾在其《心性休息論》釋論與別處談到：「兩者同一本性而具別相。」《菩提心釋》（*Bodhichittavivarana*）云：

世俗所述乃空性，
空性本身即世俗。
伴隨造作與無常，
若無前者後不存。

在此引文的基礎上，龍欽巴尊者聲明僅是否定某一諦，並不等於是主張另一諦。因為二諦在本性上並無不同，任何在二諦之間所做的區分，都與其共通基礎有關。

另一方面，我仁慈的上師巴楚仁波切，在他的《般若經》綱要中，說否定某一諦即是主張另一諦，就像是說否定有與主張無是一樣的。他說抱持二諦具有同一本性但具別相的看法是不正確的，且這並非《菩提心釋》這段引文的意思。他還說，做為呈現某一諦是另一諦先決條件的方法，龍欽巴尊者舉了造作與無常為例，這證明了二諦既非相同也非不同。在此情況下，巴楚仁波切似乎採取了自續派的趨徑。但是，我想他和龍欽巴尊者都指向同一關鍵。後者考慮的是現象的勝義型態，從基開始、持續經由道、直到果，都是一樣的：顯空不二。巴楚仁波切（真正）的見則是與《入中論》相應的，云：

癡障性故名世俗，假法由彼現為諦；

能仁說名世俗諦，所有假法唯世俗。

（第六品，第28偈）

同樣地，龍欽巴尊者自己在《如意寶藏論》（*A Treasure of Wish-Fulfilling Jewels*）中說道：「二諦（世俗諦指的是輪迴的現象，勝義諦指的是涅槃的現象）被教導為是引領眾生通往偉大、無別、確定實相的法門。即使有可能談論二諦的無二無別，就輪迴現象的事實而言，雖可被描述為與涅槃的現象無二無別，卻是完全不存在的。」以我的看法，龍欽巴尊者在此所指的世俗諦，僅是輪迴現象的顯現狀態而已（有鑑於從勝義的觀點看來，沒有任何東西可說是存在的）。

這是一個甚深的要點；很難去測度其深度，遑論徹底了解它。我寫下這些只是給對這主題陌生的聰慧學生做為一個摸索的綱要。重要的是不以派別自限的態度，來趨入佛經、密續的各種教理是很重要的。毋寧，認定它們全都具有相同的意樂，吾人應運用修行的關鍵，好讓聞、思能達到其目的。這是我們應該投入大量思惟的事。

要了解無分別無二性的方法如下。有時，當吾人處在勝解行道上時，現象、感官的對境、色、聲等等，各自向五識呈現，它們就像彩虹的顏色般歷歷分明。但是，五塵的二顯概念並非是困住我們的東西。這是當二元——主、客——概念與其相關而現起，且當感知者辨識認知（例如，色）為是受用的事物時，心的妄念與心識活動不斷地現起。排斥不想要的事物；耽溺在想要的事物上。但假如檢視它們，就會發現這些顯相沒有實存；它們是超越了八迷的。吾人應該思惟它們並依照如幻八喻來加以觀察：如夢中顯相，現象無生；如幻影，現象不受制於毀壞；如海市蜃樓，現象無常；如水中月亮的投影，現象非斷滅；如陽焰，現象從不知何處而生；如迴音，現象去向不知何處；如尋香城，現象沒有差異；如幻術，現象並不相同[155]。我們必須生起對顯空不二的肯定，並在這麼做之後，一心安住於其上。那些了知且以此方式禪修的人，可謂是將解脫之道掌握在手中。即便如此，我們也不應只滿足於此。我們應該不是只為了自身的蠅頭小利而修行，如聲聞般；反而，應該向菩薩看齊，對他人的福祉與自身的福祉感興趣。因此，使內心浸潤了菩提心，我們應致力於修行布施與其他度來累積福德。然後，分辨了二諦，我們應修學二諦的無二無別，並配合如幻八喻，應了知現象缺乏自性且超越了八迷。這應該是我們禪修的內涵。但是，僅是了解這全部的事實，並不表示我們已經證得了事物的究竟本性，為什麼？因為任何成為智識定義對象的東西，都不是勝義諦。勝義諦是藉由超越了念頭的本初智來了悟的，在本初智中沒有主體與客體的二元性。分別心，障蔽了這種不二的狀態，仍屬於世俗諦。

再者，心所指涉的一切現象，自然地，被設想為是一或多。即使吾人認為現象超越了一與多的範疇，無可避免地還是會將其設想為是「東西」[156]。而藏文的spros bral（譯注：離戲）、離於概念的造作，排除了一與多、有與無等概念。究竟本性、真正的本初智，永遠不會是智識的對境。一如寂天菩薩在《入菩薩行論》中所言：「勝義非心所行境。」

建立二諦之必要與利益

依世俗諦，以建立勝義諦——為了遣除障蔽真實的無明染污。在緣起的層面上，累積福德資糧，遠遠不會被駁斥，是與感知到法性的智慧相連結——即造作者、行為、行為的對象等三輪無自性之智解。為此，能任運成就福慧二資糧，且能徹底、圓滿地了悟現象全然清淨的究竟實相。這一切就是建立二諦的原因。如《入中論》所云：

> 由名言諦為方便，勝義諦是方便生；
> 不知分別此二諦，由邪分別入歧途。
> （第六品，第80偈）

且在《二諦分別論》中云：

舉凡分辨二諦者，
不混淆於佛陀語，
是以圓滿二資糧，
得波羅密至彼岸。

且在《中觀心論》（*Madhyamakahṛdaya*）中云：

摒棄凡俗之階者，
企想登第至頂峰、
勝義宮殿頂蓋檐，
實乃愚夫無異矣！

（摘錄自雍滇·嘉措《功德海》卷二，445-464頁）

附錄九：中觀派

那些持守大乘中觀宗義的人，了知主體與客體都沒有究竟實相，他們因此遮止外在現象或自明之心具有實有*。中觀學派分成兩個支派：中觀自續派與中觀應成派。前者破斥現象的實有，並依三論理[157]做為正確徵兆與論題的基礎，來破斥現象的實有。相對地，應成派僅是透過揭露對手立論的結果，而在其心中引發一種非實存的推論式理解。

中觀自續派

中觀自續派說一切事物、色相等，「依自相立」存在於世俗諦層面，對健全的六識顯現，且其真實性以推理的方式證成，使其侷限在世俗有的層面上。雖然一切事物缺乏實有，但此等現象為真，是在「從本體立」、「從自性立」、「依自相立」，且「以實物立」**，這一切的表述對自續派來說都是同義詞。這種存在並不會被尋求建立勝義諦的論理所否定。顯而易見地，當中觀典籍宣稱現象無自性時，自續派說吾人應該加以說明，說這專指的是在勝義諦的層面。他們說現象的存在依其相而立是如幻的，因為現象的現起只能透過緣起。若承

* 下三部宗義全都以某種方式認定有實有。

** 從本體立（rang ngo nas grub pa）；從自性立（rang bzhin gyis grub pa）；依自相立（rang gi mtshan nyid kyi grub pa）；以實物立（rdzas su grub pa）。

許這點，就可能（具義地）談論到不共的現象，譬如因果關係，撇開這類現象被以建立勝義諦為目標的論理來探究之外，可以發現它們非實有、全然清淨，且空如虛空。在不共現象的脈絡中，類似「實有」、「勝義有」、「清淨有」、「真如有」等[*]。表述全都具有相同的涵義，指的是所破斥的勝義對境，這是勝義論理的目標所在。

至於對自我（這指的是人我與法我）的二重察覺，或**執取**，自續派分辨這些，不是從指涉的立足點而是從執取的模式入手。當在內省的時刻，吾人偵察到一種自足且自主的實體，這就是人我的察覺。當吾人意會到（其他）人或事物為實存，這就是法我的察覺。這是自續派共通的立場，然而，他們還分成兩個支派：上部與下部。所謂的下部自續派又分成兩小部：第一支部強調輪迴與涅槃一切現象的如幻（為此西藏學者稱他們為**立幻部**[**]），因此，如阿闍黎海雲論師等持現象本身非有的觀點，他們舉證二諦是如幻的。約定俗成的顯相是非真實的，因為它們就如海市蜃樓般；雖然在勝義的層面是空，但這顯相透過緣起無礙地出現。因此，藉由如幻二資糧的圓滿，修行者證得了如幻的證悟果報。持續且平等地安住在如幻的本性上，諸佛透過實現如幻的事業而利益如幻的眾生。由於因、緣的互倚，一切顯相就如

---

* 實有（bden par grub pa）；勝義有（don dam par grub pa）；清淨有（yang dag par grub pa）；真如有（de kho na nyid du grub pa）。

** sgyu ma rigs kyis grub pa。

幻影般。迷妄的顯相如幻，即使是無礙明光的化現——亦即，一切概念造作皆止息的無染智慧——也是如幻的。總之，海雲論師與其他人斷定基、道、果全都是如幻的。

下部的第二支部是「**顯空異部**」*。為此，吉祥密（Shrigupta）論師等人說，在勝義的層面，客體如瓶子等非有且如海市蜃樓般，究竟上無任何的事物存在。但是，在約定俗成的層面上，瓶子等是非空（於有）的，因為它們顯然有作用，因此是真實的。假如吾人在勝義的層面探究它們，它們是空的，找不到任何的東西。結果，顯空異部的論師說世俗諦經不起分析，而勝義諦可以經得起分析（即現象與其究竟本性兩者），在相同之基上不符合，也就是說，並非是同一現象或同一事物。否則就會（荒謬地）發生勝義諦就像世俗諦一樣是無常的，或是世俗諦如勝義諦般無生與無竭。他們於是說世俗諦的現象顯相與勝義諦的空性，僅存在於彼此的關連中。下部的這兩支部和自續派上部一樣，都承許正世俗與倒世俗的區分。

上部自續派由智藏（Jnanagarbha）、寂護（Shantarakshita）、蓮花戒（Kamalashila）等大師所代表。對他們來說，把勝義諦當成是如幻或是空性（一如先前兩種觀點所述），其本身都無法經得起分析[158]。因為勝義諦本身就是一切現象的究竟本性，且超越了一切概念的造作。但是，世俗的現象，在其自身層面，保有其相且不容置疑。唯有當世俗的現象透過（勝

* snang stong tha dad pa。

義的）論理被分析時，便發現其缺乏任何絲毫的存在。找到的是空性，也就是勝義諦的相似。自續派認為這兩者（真實勝義諦與異門勝義諦）具有同樣的基礎與認定，且用「自主」或「正面」的論理來證成、捍衛其立場。舉例來說，為了破斥對恆常的信念，他們說：「這個主體、一個存在的事物，是無常的，因為它是被製造出來的，如瓶子。」他們接著說「自主」的主張，換言之，緣起的陳述：「這個主體、一個存在的事物，是無常的，因為它是被製造出來的，從因、緣而現起。[159]」

在這個學派中，如同其他下部宗義的體系，是承許由外因所致的產物。世俗諦又分成正世俗與倒世俗的方式，已在二諦的章節中說明了。此世俗諦，如其所然的虛假，不可抗拒地顯現，直到證得清淨基為止，因為在聖者的後得覺受中，仍然感知到所謂的「清淨」世俗顯相。上部自續派的倡導者認定，他們透過對二諦非互斥的了知，積聚了二資糧與證得二身。

取決於與心分開的外境是被肯定或被否定，上部自續派又分成兩個陣營：第一支是「**隨經部行中觀自續派**」*，這是由清辨在其《中論》的釋論《般若燈論》（*Prajnapradipa*），與其追隨者智藏在他所著的《二諦分別論》中所舉證的。這些大師肯定在世俗層面外境的

* mdo sde spyod pa'i dbu ma rang rgyud pa。

有，但否定自明之心的有。第二支是**隨瑜伽行中觀自續派***，由寂護所著的《中觀莊嚴論》（*Madhyamakalankara*）與其弟子蓮花戒所著的《中觀光明論》（*Madhyamakaloka*）所代表。在世俗諦的層面上，寂護與蓮花戒承許自明之心的有，且否定與心分立客體的有[160]。聖解脫軍（Arya Vimuktasena），早於寂護的論師，也是屬於瑜伽行中觀自續派，雖然他並不被認為此學派的創立者，這種情況也出現在其他學派的脈絡中[161]。

採取自續派的方法來建立二諦，吾人可以確信在勝義的層面現象是非實有的，雖然如此，透過緣起，現象可以無礙地顯現。這種確定是進入大中觀的要點，是全然離於八迷的。另一方面，倘若無法瓦解從無始以來便根深蒂固、意會到實存的強有力概念習性，吾人輕視地摒棄其他見，僅是抓取最高之見（即應成派之見），唯一結果就會是貶損下部宗義學派與捨棄佛法的過失，要了悟較高的法教就會更加困難。相對地，倘若我們傳承上師的口訣，敏銳且透徹，擊中了我們自心的要害，可謂整個經教傳承（自續派與應成派兼具）將發揮法教的效用，直接引發覺受[162]。

自續派使用中觀典籍中所宣說的同樣偉大邏輯論理，來破斥常有與斷滅的邊見。既然這些與應成派並無不同，在適當的段落將予以闡述之……。

---

* mal 'byor spyod pa'i dbu ma rang rgyud pa。瑜伽行是唯識的別稱。

中觀應成派

建立中觀之基

應成派認為一切現象，透過緣起現起且以海市蜃樓或夢境的方式顯現，是世俗諦。他們並不分析關於現象的存在狀態，而是將其認為是世俗的效用，視其為得到別的事物，亦即勝義的方式。月稱論師在他《入中論》的自釋中提到：「世俗諦是趨近勝義諦的途徑，毋須分析世俗現象去看它們是自生或是由外因生，相反地，僅是在經驗性的基礎上，以及對一般人所顯現的狀態上去接受之。」再者，佛陀本身也在一部佛經中說道：「世人與我諍，我不與世人諍。世人相信世間有，我亦言有；世人信無，我亦言無。」（譯注：《雜阿含經》第37經：「如是我聞：一時，佛住舍衛國祇樹給孤獨園。爾時，世尊告諸比丘：『我不與世間諍，世間與我諍。所以者何？比丘！若如法語者，不與世間諍，世間智者言有，我亦言有。云何為世間智者言有，我亦言有？比丘！色無常、苦、變易法，世間智者言有，我亦言有。如是受、想、行、識，無常、苦、變易法，世間智者言有，我亦言有。世間智者言無，我亦言無，謂色是常、恆、不變易、正住者，世間智者言無，我亦言無。受、想、行、識，常、恆、不變易、正住者，世間智者言無，我亦言無。是名世間智者言無，我亦言無。……』」）

這種對「經驗性現實」的訴求，並非僅是沉浸在大眾的意見中，它代表著應成派接受一切由緣起所產生的現象，其顯現對他們來說不容否定，一如任何他人。應成派接受現象如其現起，不去探究其存在的狀態。但是，這些現象的真正實相——換言之，與現象無別的現象究竟本性——從無始以來一直是空性、梵文的shunyata，超越了有、無等四邊，這就是所謂現象的勝義諦內涵，而在世俗的層面上無非僅是一道標籤而已。事實上，這兩種價值（世俗與勝義）並不是兩個分立的範疇，現象在一邊而空性在另一邊。不是的，現象的本性就是空性，現象的本性是無基且無根的，現象事實上沒有任何的立場是智識可以涉足的。

相對地，有些人會駁斥他們所稱的事物「實有」，視其或多或少與事物的世俗有（這點不被否定）是分開的。他們可能會指稱這是離戲（藏文的spros bral），但這只是名相上相同而迥然不同。真正離戲的顯空無別雙運，不許有、無兩邊。否定某個客體的實有，同時卻承許其世俗有，就是把有與無分開。在任何情況下，即使某人能成功地認出這種「離戲」，此等指認也無法做為去除貪執的方法。無論吾人如何禪修這樣的空性（即「實有」的空），也無法消除對世俗現象憑其自身而存在的感知，倘若這樣的察覺不能被消除，試問要如何克服貪、嗔[163]？在《如意寶藏論》中破斥下部自續派宗義的章節裡，按事物的顯相與其空性有別，遍知龍欽巴尊者曾說：「空性與顯相有別是不可能的，無論是在世俗或勝義的層面。此等空性是無法被了悟的，因為若與現象有別，就無力成為現象的對治。當對攻擊者生起了瞋心時，僅是知道其為空，是沒有任何助益的；同樣地，單單確保所欲客體缺乏『實有』與其分立，同樣無所助益。」如《三摩地王經》所云：

設若男察覺「女子」，
對其欲念猛烈起，
任此察覺被摧毀，
慾念煩惱亦崩解。

可能會有異議說若無知覺，就不可能禪修慈心等，因為此指涉的實有必須被察覺，以做為此等禪修的基礎——有鑑於吾人必須同時具有指涉與對此指涉的知覺。對此我們的回應是，察覺到客體是想要的或厭惡的那個東西是分別念。就是分別念引發了煩惱，就是分別念必須加以去除。除了分別念之外，沒有所謂現象的實有這種東西——或多或少與現象分立而做為破斥的可能客體。在蔣嘉．若貝．多傑（Jangya Rolpa'i Dorje）的《道歌集》（*Songs of Realization*）中，他自己說道：

今日吾等偉大之學士，
顯然聽任所顯於一端，
卻覓兔角為可破之事，
老祖母*將逃離此輩矣！

所以，即便如此，為了對初學者有所助益，是有可能談論「世俗現象」為非實存的，在勝義的層面上，沒有任何東西可被找到。從禪修慈悲的角度而言，這點可以解說如下：試想有個人有夢魘，他正在受苦，因為他夢見正被一個可怕的敵人或一頭野獸追趕著，他四處張望想找個地方躲起來。一個有神通的人（能夠看到這個人正在夢見的東西）完全知道作夢者並沒有這樣的敵人，他也沒有被追趕著。這個人會做出結論，為了要安撫睡覺者並去除他的恐懼，最好是叫醒他[164]。同樣地，可說吾人必須了解到，在勝義層面上沒有現象可被找到，在世俗層面上此等現象的確是現存的。這兩種模式——世俗與勝義，並非互斥。因此，現象、六識的對境，似乎是生起與止滅、來與去等等，以一種倒影或海市蜃樓的方式為之。但是，現象自身，事實上並沒有歷經這四個過程——簡單的理由是，現象自身缺乏這一切的有。從這個觀點看來，現象，符合了依他所生，乃是本初「無生」的，可謂顯、空在本質上

* 般若波羅密多的幽默指涉，有時也被稱為般若佛母。

是一體且相同的事物，一如空性的四個型態在《心經》（*Hridaya-sutra*）中所宣說的：「色即是空、空即是色、色不異空、空不異色。」

唯識宣稱從勝義的角度，「依他起性」的本性，即自明之心，是非空的。中觀自續派說現象依因與緣生，在世俗層面具有世俗有。相對地，應成派遣除對現象有的任何立論，即使在世俗的層面也不立，遑論勝義的層面。如龍樹菩薩所言：「吾若立論，即有謬誤；吾既不立，何謬之有！」聖天論師亦說：「遣除立自性有、無、有無兼具之人，乃無可諍。」最後，月稱論師在《入中論》中有云：

如汝所計依他事，我不許有彼世俗；
果故此等雖非，我依世間說為有。
（第六品，第81偈）

確認破斥之對境：兩種我

「我」與「我執」之別

雖然破斥的對境，亦即，實存之我，並無真實性，但除非我執（或我所）的耽著境

（zhen yul）被消除，這種執取本身是無法被抵銷的，我們可以從繩子與蛇的例子清楚知道這點[165]。當在人與現象之間做出區分時，人是一個主觀的個體，譬如「提婆達多」（Devadatta）這個人，假立在他的五蘊集合體之上，這就是這種下標籤的基礎[166]。相對地，現象是提婆達多的五蘊，舉例來說，他的眼睛是做為「提婆達多」這個人所假立的根基。「現象」一詞指的是除了人的五蘊以外，其他一切的事物。

「人我」或自我，是用來稱呼所謂被以為是俱生既存的人；而「法我」是稱呼所謂被以為是俱生既存的現象。這些是由兩種我執（譯注：指我執與法我執）所察覺到的耽著境。在繩子被誤認為是蛇的例子中，這兩種我與蛇相應。即使在世俗諦的層面，它們也如兔角般不存在[167]。

除了人我與法我之外，還有我所，或我執。執著人我，表示相信吾人的自我是實存的；執著法我表示相信現象是實存的。人與現象[168]因此是這兩種我執的指涉。在所舉的例子中，人與現象就像是彩色的繩子，做為蛇之錯誤知覺的基礎。

「人無我」是人的無自性；「法無我」是現象的無自性。這透過「了悟無我之智慧」而了知。當然，人與現象可說存在於約定俗成的層面。二障的根本，應被遣除的，就是這兩種我執[169]，其耽著境就是兩種我。這些是要破斥的對象。耽著境是由妄念所設想出來的，妄念將完全非實有的東西認為是真實的，藉由分析可證明其非有而消除之，因而增長了對兩種無我的堅定了知。吾人應該一再地努力保任這種與兩種我執相違的明晰確信相續，且吾人應致力在訣竅上，以對治由錯誤妄念所造成的心裡闇暗。假如這種確信衰微，應透過重複地分析來強化。另一方面，有道是，當信念穩定時，吾人應將分析式探討擺在一邊，僅是安住在內觀的狀態中。在早期的階段，初學者應專注於我的非有禪修上；但是當得力於前述的禪修而獲得確信時，就不需要這般聚焦在「我的非有」上。假以時日，當吾人離於一切錯誤的主張時，就有可能禪修離念的大空……。

運用論理分析

這個方法包含了四或五個重要的立論，以建立現象無自性的事實。在這些立論的不共解說之前，先說明此等評斷如何成立的共通闡釋。

首先，應成派的趨徑與自續派不同。自續派不許世俗諦層面的實有，但卻主張如幻的有；同樣地自續派不許勝義諦層面的概念造作，卻又繼續（正面）主張此勝義超越了概念的造作。應成派的方法就只是拆解其對手觀點的缺失，以直接破斥內心可能執取的每個主張；

應成派並不隨之建立任何一種自身的見解。為了消除對實有的執取[170]，根除對這般執取的耽著境是很重要的。因此，如前所述，分析並獲得對所破斥的對象、兩種我之真正本性的確立是必要的。否則就像是看不到標靶的射箭，不可能消除對我之實存的設想。

當吾人運用中觀的論證來找尋真如的義理時，「對手是錯的」這種想法，已足以讓吾人偏離重點。因此，從一開始，不要只是破斥對手的立論，而應著手於徹底根除我們自己心中一切原有的妄念，這些妄念從無始以來一直留存而未被檢視，背離了聖諦或真如。同樣地，也要根除對立場或論點的所有執取，這些論點是從哲學詰問所生出的假立，不論在佛教或外道的一切教理系統中都可發現。接著，當你禪修時，僅是安住而不執取任何東西——即禪修的對境；但是，這並不是說你應該保持在一種空茫的狀態中，所謂的「蠢笨禪修」之中。相反地，透過從了悟無自性而得到的某些智解，會讓你的毗婆奢那成為不共，且你將能夠安住在止觀雙運之中。你將不會有疑惑。這一切都是你的分析已然命中目標的徵兆。

一般來說，在目前，所有持中觀見的聖者都宣稱，輪迴與涅槃現象的顯現方式僅是念頭的假立；它們是非實存的。空性存在於緣起中；空性與緣起密不可分地融合著。每個人都同意這點。但是，在我們的傳承中，我們並不認為「假有」的表述指的是「某一物」的現況非實有，故可對照出實有之物。我們所說的是，所指稱的對境是一種空的色相、一種心之顯發力*的無始幻化，因此，當稱空性與緣起無別時，這並不是表示說有一個有效建立的顯相與空性無別。相反地，我們所理解的是現象本身是無基且無根的，沒有任何方式現象可以實有。但現象卻自由地現起，從緣起所生。

因此，破斥的對象，即是被視為兩種實存的我，一旦被消除後，其位置並不是仍被某些（殘存的）破斥的基礎——所謂的人或現象——所佔據著。根本沒有任何東西留下來；人和現象本身是空的。因為吾人不能說人和現象非實存、但卻又抱持著現象本身（空性的基礎）在世俗層面是非空的[171]。反而應該是，舉例來說，色即是空等等。所以，因為一切現象無實有，故沒有「具體」的破斥對象。一切的破斥都是錯誤的安立，把有加諸在非有之上。龍樹菩薩在《迴諍論》（*Vigrahavyavartani*）中說道：

所破對境不可得，
故我無物可破斥，
為此，若言「我破斥」，
汝乃是作偽證者。

---

* rtsal snang。

可能有人反對，如前文所述，說兩種我無實有、但同時又承許人與現象在世俗諦層面的有，如前所述，是自相矛盾的。我們的意思是只要染污的習性仍存在著，世俗顯相就會不斷地現起、不受阻礙。但這並不表示世俗顯相是具有自性的。

四則論證

可運用四則論證：第一是所謂的金剛屑論證，提出了對因的詰問；接著是處理果的論證，這顯示出無論有、無，皆無生；然後是從四種可能的任一方面（如下述）來破斥產出的概念，這是同時檢視因與果；最後，有觀察現象本性的大論證，這又可分為兩個論證：一、緣起的論證，與二、「不一不異」的論證。

因之觀察：金剛屑論

現象界的顯相是無生的，之所以如此是因為顯相的現起不可能是一、自生；二、他生；三、自、他共生；或四、隨機所成無因生[172]。

自生，現象是自生的論點是站不住腳的，這是因為在從自己所生的過程中，產出物必須（在產生的那一刻）從要不是已現存，就是未現存的事物生出。在第一種情況下，無法說明生，因為一、在產生者與產出物之間沒有不同；二、因為產出物已然存在，就沒有實際上未生出的時間；且三、沒有生之過程的結束。假如產出物是之後才生出的，有鑑於其因尚未現存，就無法確切被標記為因，而這會演變成產出物的生出是無因的[173]。

他生，所謂他生也同樣不可能。不許現象是從自己之外的其他事物所生，因為一、假如產出物尚未被生出，就沒有任何外在的客體可被認定是其產生者，且二、假如果真是他生的話，那每件東西都可以從任何東西生出[174]。

自、**他共生**，這點也是不可能的，因為從自己所生與從他者所生是互斥的，且因為兩種生都已經被破斥了。

無因生，不可能說事物是無因生，因為一、這違反了因果律的經驗法則；二、那就必定變成蓮花可以從稀薄的空氣中長出；且三、一切的行為都會是無意義的[175]。

《中論》有云：

諸法不自生，亦不從他生，

不共不無因，是故知無生。

（譯注：〈觀因緣品第一〉第3偈）

果之觀察：破有、無所生果

顯現出不同果相的客體，事實上不是被生出的。此點的理由是產出物，無論是實有或非實有，都是無生的。實有的產物被認定是無生，純粹是因為它已然存在了（譯注：故不需要被生出）；同樣地，非實有的結果被認定是無生，在這種情況下，是因為沒有東西可被歸屬於所生（就像是兔角）。《中論》有云：

果先於緣中，有、無俱不可，
先無，為誰緣？先有，何用緣？

（譯注：〈觀因緣品第一〉第8偈）

因果過程之觀察：破四種可能所生

從因無法以合理的觀點來解說果的顯現之物，在於：一、一因無法顯示可生出一果；二、多因無法顯示可生出多果；三、一因無法顯示可生出多果；與四、多因無法顯示可生出一果。既然因、果都不是不可細分的具體實物，因與果都沒有一或多。所以提到產出物，也就一如說虛空是固體般不可得。在《入二諦論》（*Introduction to the Two Truths*）（譯注：阿底峽尊者著作）中云：

從多不生一，
從多不生多，
從一不生多，
從一不生一。

實相之觀察：大緣起論與「不一不異」論

一、大緣起論，形成了非遮：二顯概念是非具體、非實有之物，因為——依緣起所生——其超越了生、滅等八迷，因此是空於實有的，猶如水中月亮的倒影。如佛經中所云：

依緣所生實無生，
無有實生可歸之。

在《中論》云：

未曾有一法，不從因緣生；
是故一切法，無不是空者*。

---

* 換言之，空性與萬法無別。

（譯注：出自〈觀四諦品第二十四〉）

二、「不一不異」論，形成了無遮：一切外、內的現象都非實有，因為既不是一個實存物、也非多個實存物，故空於實有乃是必然。聖天論師曾說：

見一刹那如何滅，
初始與中途亦然，
刹那依序成三刻，
故瞬間非世本性。

以上論理分析的訣竅被用於宗義的辯論，且在道上的修行時，吾人透過聰慧的應用，試著讓自己（從煩惱中）解脫。因為中觀的倡導者並未有任何立論，故他們毋須證明其立場，也不用讓自己擺脫困境。他們僅是指出實有論者主張的謬誤，從而根除實有的假說。在道上，當吾人藉由智慧的應用而進入到解脫自己的過程時，無論是在外在世界或是在內在境遇，觀察與感知對境相關的任何設論或立場是很重要的。去觀察念頭、無念之心、定境與禪修經驗等等是必要的。同樣地，吾人應該檢視自己的佛法修持、自己與他人的一切行止、以及這一切對輪迴與涅槃、有與無、快樂與痛苦、取與捨的影響；吾人應自問何者是善、何者是不善。吾人應該主導這一切的分析，仔細審視其最基本的構造。而且吾人應該安住在免於任何固著與執取的狀態中，處在離於念頭造作的廣袤之中。有道是七重論理[176]（以車乘的意象為本）證實了沒有所謂的人我這種東西，同一論理也駁斥了兩種我（人我與法我）的實有。

中觀辯證為何勝過其他諸宗義

因為中觀應成派以現象的實相為前提而沒有任何立論，他們是無誤且全然清淨的。根據他們的理解，下三部宗義對現象的本性都採取了某種立場，且繼而探查要以何種智慧來加以對應：無我、無生、空性、遠離八迷等；他們都以某種方式來遣除謬誤的概念，但他們每個都以某種方式認可了實存。此外，中觀自續派承許世俗層面的有。應成派反對這些宗派且破除其邊見的立場。然而，應成派自身是毫無破綻的，故應成派的趨徑被認為是無誤的，是一切宗義的頂峰。

因此，中觀見無非是心對本性的確立、一種藉由四則論證的應用所獲得的確立。但是，這見本身並不能被視為是這種確立的對境、一種「超越了八迷之空性」的感覺。這是因為倘若你把這種空性當做你的見，你就會無法分辨四邊見（譯注：有、無、有無兼具、有無皆無）與對四邊見之覺察的差異。假如你以這種見為樂，事實上就已經陷入四邊之中了。因此，重要的是甚至要免除對「超越了所有八迷之見」的主張（譯注：即不立任何的見）。

如聖天論師所言：

非實有亦非無有，非兼得亦非俱無：
離於四邊真智者，常持中道行之人。

（摘錄自雍滇．嘉措，《功德海》卷二，479-526頁）

附錄十：三解脫門

有道是隱含在萬法中有三種趨近法性的方式，被稱為圓滿解脫的三門，即是：空性、無相、無願。

一、空性被定義為是「無所緣」或「無所得」（藏文的dmigs med）。這是現象無自性的另一種說法。現象、從色相到遍知，是完全沒有絲毫的自性，其真正的狀態事實上是在妄念所知的範疇之外，也正是心念的造作障蔽了其真正的狀態。只要念頭出現（亦即凡夫心與其心所），念頭的對境、現象，就會顯現*。對這些現象而言，其本身是沒有真正（自主）的實有，不僅在勝義的層面沒有，甚至在世俗諦亦是如此。

二、無相被定義為是「止息」或「平息」（藏文的zhi ba）。現象依緣起而生，乃是空性的本然幻化。因此，從最初開始，有與無、好與壞、因與緣（善緣或其他）等概念的假立，都不能如實地用於現象之上。阻礙了此無相的，是將現象的範圍劃分為自己與他人、淨與不淨等等。事實上現象並不是以這種方式存在於空性的本性、法界、無分別智的領域之中的。

* 換言之，顯現的對境，無論是心理感受或是「心念之外的世界」中的事物，都會看起來是固實與存在的。

三、無願被定義為是「離於痛苦與無明」。因為涵攝在苦諦與集諦（「實苦」指的是情器世間，「實集」指的業與煩惱所生之無明）中的現象是從未存在的，「涅槃」也無異於此。

《入菩薩行論》有云：

微塵許體亦無故，有情自性般涅槃。
（第九品，第103偈）

阻礙了無願的是我們認定輪迴與涅槃各為實體的習氣，且設想著涅槃是要達到的目標，然而在心的本性中，輪迴與涅槃是無分別的。在《入中論》中聲明：

空由無所得，遠離為自相。
無相為寂滅，第三相謂苦，
無癡八解脫，相謂能解脫。
（第六品，第208、209偈）

圓滿解脫的三門也與基、道、果相關。空性指的是基，因為現象的真正狀態在於超越了有與無的邊見；無相指的是道，因為即使是在當下，這般現象也是非實有的；無願指的是果，因為沒有任何對某種未來成就的希求。如《入中論》所云：

現在此不住，去來皆非有；
彼中都無得，說名不可得[177]。
（第六品，第216偈）

（摘錄自雍湞．嘉措《功德海》卷三，517頁）

註釋

146 對應成派而言，世俗諦（kun rdzob bden pa）一詞有三個面向：一、妄念心（yid rtog spyod kyi shes pa，譯注：字義是尋伺之識心）；二、語言表達（ngag gi brjod pa）；與三、身語之行為（lus ngag gi 'jug pa）。

147 在此（阿毘達磨）脈絡下，藏文的心（blo）、意（yid）、本覺（rigs pa）都是同義詞（但在大圓滿法中，這些字詞有著不同的涵義）。

148 究竟本性是一體無別的。舉例來說，吾人不能說桌子與椅子有不同的究竟本性。

149 假如勝義超越了智識，眾生如何了悟勝義？回答此問，米滂仁波切說勝義諦可幾近被（凡夫）心了知，如其既往，在暫時與短暫的基礎上，勝義諦可以是智識的對境。在這種情況下，勝義諦被以（反面）破斥方式描述為無遮（med dgag）。這指的是一種否定（mam gcod），一個排除的過程、一種邏輯的分析，在其中找尋事物的有且發現其付之闕如，於是這種付之闕如或「不可得」（被認定是其究竟的狀態）就是智識的對境。唯有在這個意義上，勝義才能被凡夫心所了知。然而，站在真正了悟勝義的瑜伽修行角度而言，則是完全超越了主體與對境之分，也超越了智識，其結果就是勝義不能被說成是智識的對境。這種肯定（yongs gcod，譯注：相對於前述的否定）是一種對勝義的覺受，只能以非遮（ma yin dgag）來描述。這並非一種空無一物、一種僅是「不可得」；這是心之根本性的顯現，雖然這種狀態徹底超越了概念與言詮。若否認這最後的要點，就等於是說了悟勝義、佛果，其本身僅是一種頑空。

150 參見堪欽昆桑．佩滇所著《智慧：兩本佛教釋論》，35頁。

151 換言之，火是從燃油的存在與點火的動作而生起；水是從氫和氧的結合而生出，以此類推。

152 換言之，意指對境之究竟本性的論理。

153 不能僅是依照約定俗成的預期而有作用，便認定它們是實有。

154 換言之，應成派避免對約定俗成的現象立論。

155 在八喻中，前六喻是無遮（med dgag），後二喻是非遮（ma yin dgag）。

156 換言之，只要吾人還是（以凡俗的智識）思考現象，就只能把現象想成是與心分開的事物；吾人只能被禁錮在二元裡無它。

157 三論理（tshul gsum）是印度傳統因明學用來建立正確三段論式的三種準則。參見裴度所著《藏傳佛教的辯經》，38頁起。

158 當世俗現象被分析時，就被發現缺乏自性，其空性得以建立且這就是世俗現象的勝義諦。但是，當空性本身被探尋時，就變成了一種俗成性，且空性本身被發現也空於自性。沒有任何東西成為智識分析的對象，找不到任何東西具有勝義有。

159 這是印度因明學三段論的傳統形式。（譯注：因明學的三段論式即：宗、因、喻，以論題、緣由、例證來闡明論理的邏輯。）

160 當然，在勝義的層面，他們否定心存在於勝義之中，因此隨瑜伽行中觀自續派的見就不同於唯識派或瑜伽行派。寂護與蓮花戒的立場是融會中觀與唯識的趨徑，為此被認為是印度佛教史上最後的大發展階段。

161 如同中觀應成派中佛護與月稱的情形。學派的創立者（shing rta srol 'byed，乘道造者之意）被認為並非第一位傳述其學派觀點的大師，而是詳述其學說，使之發展為成熟體系之人。因此，雖然佛護是第一位標舉應成（梵文prasanga）乃是闡述龍樹思想之最佳法門的人，但卻是月稱將此洞見聚焦與組織成一個完備佛學論述。

162 重點是，當應成派被承許為最殊勝之見，自續派的趨徑也很重要，以做為前導與入門，因此極有價值。這種對自續派的欣賞是寧瑪派的特色，因為寂護是藏傳佛教的創立祖師之一。

163 這裡的意思是，倘若在破斥了「實有」後，我們變得與現象無關，若是如此，我們就不太可能處理自身的貪執。

164 這絕對比試著進入作夢者的夢中更加有效，以便將他從正在作的夢境中解救出來，或是告訴他：「你不過是在作夢而已。」

165 除非且直到我們能見到自我是非實的且純然是想像的，對自我的領會，或執取，是不能被消除的。在這個例子中的人能克服他對蛇恐懼的唯一辦法，就是讓他看到在那裡並沒有蛇，只不過是一綑繩子而已。若不是這樣，要讓他就停止恐懼是不可能的。

166 重要的是要了解，在有情（如人類）意義上的人，跟「人我」並不是同一件事，在此的人我與「自我」的主觀經驗，成為「我」有關。從這個主觀性自我的角度，使得其他一切事物、包括其他人和我們自己的身心構造，被認為是現象。

167 實存的自我與現象，純粹是想像出來的。在世俗層面上，只有「人」和「現象」，這無非是投射在合適構成物上的假立而已，當然，這些構成物是暫時的現象。換句話說，雖然「對自我的執取」夠真實，但執取的對象（實有的自我）僅是一種虛構，與看似的蛇一樣不存在。

168 亦即，人與現象僅是顯現在日常經驗中，但卻是非實有的。

169 對人我的執取形成了「煩惱障」，這麼稱呼是因為一切煩惱皆從對「我」和「我的」的執著而生起。對法我的執取形成了「所知障」，這指的是對主體、客體、行為之實有的執取，因此障蔽了遍知。

170 實有（dngos po）：指顯現為具有生、住、滅的一切事物。見堪欽昆桑．佩滇所著《智慧：兩本佛教釋論》，53頁：「在此的事物被理解為凡是以景象、聽聞、心理活動而有效認知到的東西。此處的景象指的是透過感官直接感知到的任何事物；聽聞指的是從其他來源所間接學到的東西；而心理活動指的是以推測所掌握到的東西。」

171 換言之，空性不是一個述語。空性不能被歸屬為現象，而現象多少都保留了其被想像出來的獨立狀態，無涉其歸屬。

172 這四則論證指的是在印度哲學中與因果論的相關問題所採取的特定立場，這些論證是中觀學派所批判與破除的。第一種，即因與果是單一物質之顯現的見，是數論派的立場；第二種見，因與果是不同本性，是佛教低階宗派所採取的立場（包括自續派），應成派顯示此見與第一種見同樣有問題；第三種立場，試圖結合第一種和第二種見，是耆那教（與西方的黑格爾）的特色；而第四種立場，總歸是一種對因果論的全盤否定，是順世外道或物質主義懷疑論者的立場。

173 整個因果論的說法，暗示了差異與不可成立的一種特性論，即果僅是因的自我表述。換句話說，如此論所述，談到因果論，堅持主張因與果的特定是不能被結合在一起的，因為這種必然性牽涉到在過程中兩個時間點的區分。事實上是摒棄了因果論。

174 換言之，在產生者與產出物之間，不可能建立連結。

175 全盤捨棄因果論，等於是相信世界混亂不堪。若是如此，就沒有辦法在現象界有一個顯而可見的顯現秩序，這也會愚弄所有人的努力，因為這些努力是建立在獲得某些成果的見之上，這也包括了試圖傳達無因生之說的努力。因此，即使是一個純粹胡謅的理論，事實是也沒有人、包括這般胡言亂語的人，會把它當真。

176 七重論理在月稱論師的《入中論》第六品有詳細的闡述。

177 參見堪欽昆桑·佩滇所著《智慧：兩本佛教釋論》，118頁，提到：「一切現象依因而現起、果、本性被建立為三解脫門。這表示，在因的部分，分析可知因乃是超越了一切分別念或諸相；至於本性，分析可知本性乃是空性；而關於果，分析揭示果超越了期望。」

名詞解釋

（含上、下冊名詞）

名詞解釋

Abbot、mkhan po 堪布：一般來說，指傳授出家戒者；此頭銜也可稱呼具佛法高階知識並被授權教導的人。

Abhayakara 無畏作：（西元11-12世紀）印度著名的大乘上師，曾陸續接任菩提迦耶金剛座、那瀾陀、超戒寺的住持，是一位著作豐富的作者、顯教與密續典籍的注疏者。意識到佛教在印度即將衰微，他與一些西藏弟子合作，主導將許多梵文典籍翻譯成藏文。

Abhidharma（梵文）、mngon pa 阿毘達磨：三藏的第三部分（其他兩部是經藏與律藏），阿毘達磨是佛經中闡述形上學內涵的部分。

Absence of Conceptual Constructs、spros bral 離戲：離戲一詞用以指稱現象真正本性乃是「空」、離於四邊：現象不能被說成是存在、不能被說成是不存在、不是兩者皆是、非兩者皆非。

Absolute Truth、don dam den pa 勝義諦：心的究竟本性與一切現象的真正情況，離於一切概念造作的狀態，只能由本初智所了知且超越了二元分別。以此定義，勝義諦乃是「非異門」（rnam grangs ma yin pa'i don dam），是無法言詮的。這與覺受到或吾人透過理性分析和禪修無生等趨徑所了知的相似、異門勝義諦不同，因為在此吾人仍處於世俗諦的範疇中；不過，既然這是漸次邁向現證勝義的真實法門且相符，就被稱為「異門」勝義（rnam grangs pa'i don dam）或「順」勝義（mthun pa'i don dam）。

Absoulte Wisdom、don gyi ye shes 本初智：本初的智慧，剎除

了凡夫心二元心念活動的特性，（非二元性地）「見」到了法性或勝義諦。

Absorption of Cessation、'gog pa'i snyoms 'jug 滅盡定：根據大乘的說法，滅盡定是聲聞與緣覺所修持的入定，做為一種對其存在獲得滿足的法門。滅盡定關乎六識與煩惱識（譯注：指第七識末那識）的止滅。菩薩也進入這種定，但不把它當做終點，而是做為一種修定的法門。

Absoption of Nonperception、'du shes med pa'i snyoms 'jug 無分別定：這是色界無感天人與無色界所覺受到的定。在無分別定中，六識已遏止而末那識（nyon yid）依舊運作著。

Accomplishment、dngos grub 成就：成就有殊勝與共通，殊勝成就是證得佛果，「一般或共通成就」是在精神修學過程諸所獲得的神通力。這些能力的達成，與某些外道修行者所獲得的神通相似，並不被視為是終點。但是當這些神通現起時，被認為是在道上進展的徵兆，也被運用來利益法教與弟子。

Accumulate an Action、las gsogs pa 造業：造作一個行為、業。行為在阿賴耶中留下痕跡，就帶來經驗性後果的意義而言，將會隨之結出果報。

Acharya（梵文）、slob dpon 阿闍黎：老師，精神上師或喇嘛的同義字。

Adventitious Veil or Stain、glo bur gyi dri ma 客塵：無常的煩惱障與所知障而影響了心，但這些蓋障並非天性，是可被去除的。詳見Two Obscurations 二障、Twofold Purity 二淨。

Affirming Negative、ma yin dgag 非遮：非遮是對暗指了另外（正面）價值可能性的否定。舉例來說，在「這不是在屋頂上的貓」的陳述中，貓的現存是被否決的，但以這種方式卻指出在那兒有別的東西。與無遮（med dgag）相比，無遮純粹否定了任何進一步的暗示，譬如，「屋頂上沒有任何東西」的陳述。

Afflictions、nyon mongs pa、klesha（梵文）煩惱：暫時地與長久地製造了內心痛苦狀態的心所。五種主要的煩惱（有時也被稱為五毒）是：貪、瞋、癡、慢、嫉。

Aggregates、phung po 蘊：詳見Skandhas 蘊。

Akanishtha（梵文）、'og min 密嚴淨土：一般來說，指最究竟的佛土，根據金剛乘的說法，菩薩是在密嚴淨土證得究竟佛果。事實上，從四禪天的色究竟天到法身究竟淨土之間，共有六種天稱做密嚴淨土。

Alaya（梵文）、kun gzhi 阿賴耶：字義是總基，根據大乘的說法，這是心的基本與不定層，業的印記儲存在此。

All-concealing Truth 總覆諦：詳見Relative Truth 世俗諦。

Amrita（梵文）、bdud rtsi 甘露：字義是降伏死魔的靈藥。不死的基底與智慧的象徵。

Ancient Translation School、gsang sngags snga 'gyur 舊譯派：也被稱做寧瑪派、藏傳佛教的原初傳承。舊譯派所奉行的密續（和相關法教）修學與修持，是介於西元八世紀傳入西藏與仁欽・桑波（Rinchen Zangpo，958-1051）所肇始的新譯派之間、第一階段所譯出的。

Anuyoga（梵文）阿努瑜珈（無比瑜伽）：根據寧瑪派九乘次第體系的分法，阿努瑜珈是內密續的第二種。阿努瑜珈強調密續修行的圓滿次第，圓滿次第包含了空性的禪修，以及色身脈、氣、明點的禪修。

Approach, Accomplishment, and Activation、bsnyen pa, grub pa, las sbyor 近、成、事業：在儀軌修持中的三個連續階段。在第一階段中，修行者變得熟悉所禪修本尊的形貌與壇城；在第二階段，得以「成就」本尊；且在第三階段，行持各種佛行事業。

Arhat（梵文）、dgra bcom pa 阿羅漢：字義是「殺賊者」。已滅除煩惱敵並了悟人無我的人，故永遠脫離輪迴之苦者。阿羅漢果是根本乘的法教、即聲聞乘或小乘的目標。在語源學上，此梵文用語也可譯為「應供」。

Arya（梵文）、'phags pa 聖者：崇高或尊貴之人，已超越了輪迴之人。有四種聖者（四聖）：阿羅漢、辟支佛、菩薩、佛。

Aryadeva、'phags pa lha 聖天（提婆）：龍樹的親傳弟子與「心子」。他是龍樹法教、後世被稱為中觀學的強力倡導者。他可能生活於西元二世紀與三世紀之交，其最有名的著作是《中觀四百論》（*Catuhshatakashastra-karika*）。

Asanga、thog med 無著（西元350年左右）：大乘佛教的主要人物；與其弟世親，共同創立了瑜伽行派（Yogachara、另譯唯識派）。根據傳承的說法，他自彌勒菩薩領受了著名的慈氏五論（byams pa'i chos lnga），慈氏五論同樣宣說了中觀見與唯識見。無著是大乘廣行派（rgya chen spyod pa）的源頭，與源自文殊菩薩與龍樹的深見派（zab mo'i lta ba）相輔相成。

Ashvaghosha、rta dbyangs 馬鳴：原本是印度教的學者，在聖天的影響下改信大乘佛教。他有時也被稱為毘羅（梵文Shura、藏文dpa' bo）、大勇菩薩。他是一位偉大的詩人，在梵文文學史與佛教史上同等重要，被奉為著名文獻佛陀傳記《佛所行讚》（*Buddhacharita*）的作者。

Aspirational Practice、mos spyod kyi sa 勝解行：在證得見道、現證法性之前的一切修行，都被認為具有勝解或信解的性質。

Asura（梵文）、lha min 阿修羅：半神或泰坦族（譯注：希臘神話中的巨人族）。是輪迴六道之一，阿修羅通常被認為類似天神，有時也被列入天神之列。其主要的煩惱是嫉妒，且常與天神戰鬥，因為嫉妒天神所致。

Ati, Atiyoga（梵文）阿底瑜珈（無上瑜珈）：根據寧瑪派的分類，是內密的最後與最高層級，九乘次弟之頂；大圓滿（rdzog pa chen po）的同義詞。

Atisha、jo bo rje 阿底峽尊者：又名燃燈吉祥智（Dipamkarashrijnana，982-1054）。印度僧院大學超戒寺（Vikramashila）的住持。在佛學上，他被認為屬於月稱之系的中觀應成派，雖然他也持有中觀瑜伽行派的傳承。應藏王智光（Yeshe Ö）的迎請入藏，於朗達瑪滅佛之後復興佛法。他弘傳了得自其上師金洲（Suvarnadvipa Dharmakirti）的修心（blo 'byongs）法教，這是融合了龍樹與無著菩提心傳承的法教。他也是一位密續法教的上師。其主要弟子與繼承者，是近事男種敦巴（’brom ston），後者創立了噶當派（Kadampa）並興建了熱廷寺（rwa sgreng）。阿底峽尊者在1054年於西藏聶塘（Nyethang）圓寂。

Attachment and Impediment、chags thogs 罣礙（譯注：貪愛與障礙）：詳見Two Obscurations 二障。

Avalokitesvara（梵文）、spyan ras gzigs 觀世音：「遍視之主」，菩薩的名號，為諸佛之語與慈悲的總集；阿彌陀佛的報身；有時也被稱為觀自在（Lokeshvara，譯注：字義為世間之主）。

Ayatana（梵文）、skye mched 處：有時也譯為「根」。「六內處」指的僅是感官；「十二處」是六內處加上「六外處」、相對應的感官對境。（心的外處與內處，是意根與意塵，在此，意「根」是意塵在被感知瞬間前一刻的意識瞬間）從六根與六塵的互動，產生了六識。（譯注：六根是眼、耳、鼻、舌、身、意；六塵是色、聲、香、味、觸、法；六識是眼識、耳識、鼻識、舌識、身識、意識。加起來合稱十八界。）

Bardo、bar do 中陰：中間的狀態。此用語通常指的是死亡與下一生之間的狀態。事實上，人類的經驗包含了六種中陰：生處中陰（rang bzhin skye gnas bar do）、禪定中陰（bsam gtan gyi bar do）、睡夢中陰（rmi lam gyi bar do）、臨終中陰（’chi ka’i bar do）、法性中陰（chos nyid bar do）、投生中陰（srid pa’i bar do）。前三種中陰出現在人生的過程中，後三種中陰指的是死亡與投生的過程、結束於下一生開始的受孕。

Beings of Great Scope、skyes bu chen po 上士夫：大乘法教的

修行者，出自悲心願證得佛果，以便能即時幫助眾生且引領眾生終究達到證悟。

Beings of Lesser Scope、skyes bu chung ngu 下士夫：願得到人天福報的人，為了達成此目的，有意地修行符合因果業報的善德。

Beings of Middle Scope、skyes bu ’bring 中士夫：小乘法教的修行者，願自輪迴中解脫的人。

Bezoar、gi wang 牛黃：在某些動物胃中或腸中的結石，具有藥效。

Bhagavan（梵文）、bcom ldan ’das 薄伽梵（出有壞）：佛的名號之一，有時被譯為世尊。此名號在語源學上可解析為「壞（bcom）四魔、有（ldan）一切功德，且出離（’das）輪迴與涅槃者。」

Bhavaviveka、legs lden byed 清辨：西元五世紀中觀學派的一位重要大師、自續派的創始者。詳見Svatantrika 自續派。

Bhikshu（梵文）、dge slong 比丘：有具足戒的佛教僧人。

Bhumi（梵文）、sa 地：詳見Ground 地。

Bhutichandra 福月：釋迦．師利（西元十三世紀）的弟子，三律儀的解說者。

Bodhicharyavatara、spyod ’jug 入菩薩行論：寂天的著名論典，闡述菩薩道的修行。

Bodhichitta（梵文）、byang chud kyi sems 菩提心：在世俗諦上，菩提心是為了一切眾生之故而發願成佛，並修行證悟必需之修持。在勝義諦上，菩提心是無分別智、心的究竟本性與一切現象的真正狀態。在某些密續中，菩提心指的是心所依的精髓物質。

Bodhisattva（梵文）、byang chun sems dpa' 菩薩：以悲心為了一切眾生之故致力於獲得無上正等正覺者。菩薩可以是「凡俗」或「入聖」，取決於他們是否證得見道位並住於菩薩十地之一。

Body、sku、kaya（梵文）身：詳見Five Bodies 五身。

Brahma（梵文）、tshangs pa 梵天：在佛教中，梵天之名號指的是色界天的統治者。

Brahmin（梵文）、bram ze 婆羅門：古印度的司祭種姓成員；婆羅門一詞也常稱隱士與精神修行者。值得注意的是佛陀拒絕種姓制度，且數度宣說真正的婆羅門並非是生下來就被指派的人，而是徹底降伏煩惱並獲得解脫之人。詳見Four Castes 四種姓。

Buddha（梵文）、sangs rgyas 佛：圓滿覺醒者，已去除煩惱障與所知障且具足一切證悟功德之人。

Buddhafield、zhing khams 佛國（淨土）：從某個觀點看來，佛國是由一位佛或大菩薩所化現出來的領域或疆土，住在其中的眾生可以朝證悟邁進而不會墮入三惡趣。但是，任何地方被看成是任運智慧的清淨顯現皆是佛國。

Buddhaghosha 覺音（佛音）：西元四世紀上座部的著名上師，與無著和世親同時代。他是《清淨道論》的作者，《清淨道論》是在佛教上座部被普遍推崇、奉為代表性的經典。

Buddhaguhya、sangs rgyas gsang ba 佛密：瑪哈瑜伽部的上

師，也是蓮師與無垢友的老師。他撰寫了著名的《幻化網漸道論》（*Gradual Path of the Magical Net*）。

Buddhapalita、sangs rgyas skyongs 佛護：西元五世紀中觀學派論師，他率先確立應成是中觀破斥的適切法門，為此揭示了中觀應成派，之後月稱將其系統化。

Butön、bu ston 布頓：著名學者（西元1290-1364年），以編纂《甘珠爾》與《丹珠爾》而聞名，也是重要的《布頓佛教史》作者。

Central Land、yul dbus 中土：佛法弘化之地，相對於邊地而言，稱之為邊地是因為在那兒不知有佛法。從這點看來，一個沒有佛法的國家會被稱為邊地，即使擁有高度文明與高科技亦然。

Cessation through Analysis、so sor brtags pa'i 'gog pa 抉擇滅：透過抉擇了知或智慧而使煩惱止滅、消滅了煩惱出現的諸緣。這種滅是一種涅槃（阿羅漢的「小乘涅槃」），也被認為是一種「無為法」。（譯注：《阿毘達磨俱舍論》提及三種無為法：虛空、抉擇滅、非抉擇滅。）

Cessation without Analysis 非抉擇滅：詳見Nonanalytical Cessation 非抉擇滅。

Chakra（梵文）、'khor lo 脈輪：字義是輪。脈輪是位於中脈不同位置身心之氣的核心，從脈輪輻射出小支脈至全身各處。依照不同的法教與修行，脈輪的數量從四到六不等。

Chakravartin（梵文）、'khor lo sgyur ba'i rgyal po 轉輪聖王：世間的主宰，此名號指特殊的聖者，掌管著三千大千世界的大部分或較小部分。根據傳統宇宙學的說法，轉輪聖王只在人壽超過八千歲時才會出現。做為譬喻，轉輪聖王也用來稱呼偉大的國王。

Chandragomin、zla ba 月官：一位印度的在家學者，與月稱同時代。他和那瀾陀大學有淵源，夙以對大乘法教與各種世俗學問的博學著稱，除此之外，他亦是一位著名的文法家。他也修持密續並獲得極高的了悟。

Chandrakirti、zla ba grags pa 月稱：西元六世紀的一位印度大師，是位舉世無雙善於辯論的作者。他追隨龍樹的中觀傳承並重新主張佛護的應成派立場是大乘殊勝的佛學立論，與清辨相左。因此月稱被認為是中觀應成派的建制者與祖師。

Channels, Energies, and Essence Drops、rtsa rlung thig le、nadi, prana, bindu（梵文）脈、氣、明點：脈、氣、明點透過阿努瑜伽的修行而得到控制。

Charvakas（梵文）、rgyan 'phen pa 順世外道：擅長形上學斷見的古印度學派成員。順世外道否定因果論、業果法則、過去世與來世的存在。

Chittamatrins（梵文）、sems tsam pa 唯識派：字義是「唯心」的持有者。大乘唯識（Chittamatra，也稱做瑜伽行 Yogachara）的信徒，主張自明之心是法性且能辨識空性，非主客二元，正是主客二元瀰漫與障蔽了底下的淨識。唯識派、瑜伽行派由無著與其弟世親（西元四世紀）所創立，以三轉法輪的經典為依據，如《解深密經》等。

Chö、gcod 施身法：字義為斬斷。一種禪修與儀式性的修行，以《般若經》為基礎，涉及以肉身為供、將之獻給魔或邪靈為食的觀想，目的在於摧毀或「斬斷」內在的四魔。施身法是由印度大師帕當巴・桑給（Padampa Sangye）與其西藏徒弟瑜伽女瑪吉・拉准（Machig Labdrön）傳入西藏。

Clear Light、'od gsal 光音天：色界二禪的第三層天名號。

Cognitive obscurations、shes sgrib 所知障：分別念的過程，把主體、客體、行動視為實有，因此障礙了心的遍知。

Compounded Phenomenon、'dus byas 有為法：屬於世俗諦的現象，如此稱呼是因為現象生起、住、最終消滅。

Conceived Object、zhen yul 耽著境：佛教因明學的一個術語，用來指稱定義與命名事物之分別意識的對境。為此耽著境指的是這種意識所領會的六塵，但也可指被錯誤設想為實有（例如，自我）的想像對境。

Conqueror、rgyal ba、jina（梵文）勝者：佛的名號之一。

Daka（梵文）、dpa' bo 勇父：字義是勇士。在密續中給予男性菩薩的稱號，對等於空行母的男性稱謂。

Dakini（梵文）、mkha' 'dro ma 空行母：字義是「在虛空中移動」。以女性形象呈現的智慧表徵。有幾種等級的空行母：智慧空行母——是徹底了悟者；世俗空行母——具有不同的神力。空行母也可用於稱呼偉大的女性上師或做為對上師妻子的敬稱。

Defeat、pham pa 波羅夷（他勝罪）：律儀的某種違犯，會導致徹底毀壞戒律的輕罪。

Defiled Emotional Consciousness、nyon yid 末那識：詳見Eight Consciousnesses 八識。

Defiled Emotions、nyon mongs pa、klesha（梵文）煩惱：詳見Afflictions 煩惱。

Defilments、sgrib pa 蓋（障）：詳見Obscurations 蓋障。

Demon、bdud、mara（梵文）魔：魔一詞用來指稱惡靈、或象徵性地指負面力量或道上的障礙。四魔（bdud bzhi）便是後者。蘊魔指的是五蘊（色、受、想、形、識），如佛法所述，五蘊構成了輪迴痛苦的基礎；煩惱魔指的是煩惱，引發了苦；死魔指的不僅是死亡本身，而且是一切現象的時刻遷變，其本質就是苦；天魔指的是心理的徘徊與視現象為實有的執著。

Dependent Arising、rten 'brel bcu gnyis 緣起：佛法的基本要素，依照緣起現象被理解為非具體實有，而是因緣互倚的際會。佛法中可見的緣起法經典範例就是十二因緣，加上四聖諦，形成了初轉法輪的法教。這個基礎的弘法，是佛陀證悟後不久於鹿野苑（Sarnath）傳下的，是小乘的教法。但是，緣起的教法是遍佈且依不同層級而有各種闡述，最為重要者，是龍樹將緣起詮釋為空性、現象究竟本性的核心義理。

Desire Realm、'dod khams 欲界：六道輪迴中地獄、餓鬼、畜生、人、阿修羅、天道中較低等的六種天。這六種天是：一、四天王天（rgyal chen rigs bzhi）；二、三十三天（sum bcu rtsa gsum，另譯忉利天）；三、夜摩天（'thab bral）；四、兜率天（dga' ldan）；五、化樂天（'phrul dga'）；和六、他化自在天（gzhan 'phrul dbang byed）。欲界被如此稱呼是因為住在此界中的眾生，受制於強烈的情感，且渴求出自感官愉悅的快樂。

Dharani（梵文）、gzungs 陀羅尼：由佛或菩薩所加持的音聲形制，通常頗長，與金剛乘的咒語類似，但也見於經乘傳承。陀羅尼一詞也用於指稱無誤憶念的成就。

Dharma（梵文）、chos 法：此梵文詞彙是指稱佛陀教法的通用語。事實上，法一詞具有十種意義（見經部上冊註解82）。教法，指的是語之法教的整體，無論是透過口授或紙本；證法指的是實修這些法教所產生的精神特質。

Dharamadhatu（梵文）、chos dbyings 法界：法性之界、空性。

Dharmakaya（梵文）、chos sku 法身：詳見Five Bodies 五身。

Dharmapalas（梵文）、chos skyong 護法：法教的保護者。護法是證悟者或由大師所降伏的神、靈，受誓言約制以守護法教。其職責是保護教法、傳承持有者與其修行者。

Dharmata（梵文）、chos nyid 法性：真如、現象的究竟本性——空性。

Dhatu（梵文）、khams bco brgyad 界：經驗的一種「範疇」，涉及了官能、其對境、從兩者會遇所生的意識。雖然在這種意義下的界，可能會被認為是這三種元素的集合體，但事實上這些元素本身都是一種界。因此，六根、六塵、相對應的六識，可統稱為十八界，如阿毗達磨所述。

Dimond Vehicle 金剛乘：詳見Vajrayana 金剛乘。

Dominant Condition、bdag po'i rkyen 增上緣：世親在《阿毘達磨俱舍論》中系統化的四種緣之一，用以解釋因果論的作用。其他三種緣是因緣（rgyu'i rkyen）、等無間緣（de ma thag pa'i rkyen）、所緣緣（dmiga pa'i rkyen）。

Downfall、ltung ba 墮：某條戒律的違犯，若沒有如法的懺悔與還淨，將會導致投生在三惡趣。

Duality, Dualistic Perception、gnyis 'dzin, gzung 'dzin 分別心：凡夫的感知，從主體與客體的角度來理解現象，並相信其實有。

Effect Similar to the Cause、rgyu mthun gyi 'bras bu 等流果：業的果報，在某方面類似產生果報的業行。等流果可能是「主動」，意指自動偏向先前業行的重蹈；或是「被動」，意指經驗到先前業行反映出的特質。前者可用小孩在殺死蟲子時的自然快感為例——在前世中習以為常地陷溺在這種行為當中；後者的例子可以是經驗到體弱多病、短命，殺生的被動果報。

Eight Ancillary Continents、gling phran brgyad 八小部洲：詳見Four Continents 四大部洲。

Eight Close Sons、nye ba'i sras brgyad 八大隨佛子：隨侍釋迦牟尼佛的八大菩薩，分別是：虛空藏、觀世音、地藏、彌勒、文殊、普賢、除蓋障、金剛手（大勢至）。在象徵上他們代表了八識的清淨狀態。

Eight Conditions that Lack Freedom to Practice the Dharma、mi dal ba brgyad 八無暇：八種存在的狀態，其精神成長若非不可能、就是被嚴重阻礙。這八無暇是：地獄眾生、餓鬼、畜牲、無感

知的長壽天人、邊地居民、五根或心智不健全者、擁護邪見者、生活在無佛出世之暗劫的人。

Eight Consciousnesses、tshogs brgyad 八識：字義是八聚。依唯識派觀點對心之作用的分類法，也通用於金剛乘中。八識是五識，加上意識、耽著「我」的末那識、心之底層的阿賴耶識。

Eight Extremes、mtha' brgyad 八迷：現象是不生不滅、不常不斷、不來不去、不一不異。與此並稱，現象是如夢、如幻、如海市蜃樓、如水中月影、如陽焰、如迴音、如尋香城、如幻術，這八喻解說了勝義諦與世俗諦的無二無別。（譯注：所以八迷是生滅、常斷、來去、一異。）

Eight types of Suffering、sdug bsngal brgyad 八苦：特別與人類處境相關的一種苦的分類，八苦是：生、老、病、死、怨憎會、愛別離、求不得、五陰熾盛。

Eight Worldly Concerns、'jig rten chos brgyad 世間八法：持續且不可避免地使眾生苦惱的習氣，直到眾生證得見道且徹底超越自我為止。世間八法是：利與衰、毀與譽、稱與譏、苦與樂。

Eight Noble Path、'phags pa'i lam gyi yan lag brgyad 八正道：正見、正思惟、正語、正業、正命、正精進、正念、正定。八正道構成了通往證悟的道德架構與精神戒律，是佛陀於鹿野苑傳授四聖諦法教時所宣說的。如斯，八正道形成了佛教基礎修行的骨幹。

Empowerment、dbang、abhishekha（梵文）灌頂：賦予力量或肇始，在這兩個詞彙中，「肇始」雖然不盡理想，但卻有利於指出這是進入密續修行的起點。另一方面，「賦予力量」比較接近藏文的語意，指出這是智慧力量的移轉，從上師至弟子，授權且讓弟子能從事修行而得到成果。一般而言，有四種層級的密續灌頂：第一種是瓶灌，清淨了與身相關的蓋障，賜予金剛身的加持，授權弟子修行生起次第的瑜伽，以便讓他們證得化身；第二種是密灌，清淨了與語相關的蓋障，賜予金剛語的加持，授權弟子修行圓滿次第的瑜伽，以便讓他們證得報身；第三種是智慧灌，清淨了與意相關的蓋障，賜予金剛意的加持，授權弟子修行「方便道」的瑜伽，以便讓他們證得法身；最後一種灌頂，通常簡稱為第四灌，是文字寶灌，清淨了身、語、意的蓋障以及一切業障與所知障，賜予本初智的加持，授權弟子從事大圓滿的修行，以便讓他們證得法界體性身（另譯自性身）。

Emptiness、stong pa nyid、shunyata（梵文）空性：現象的究竟本性（亦即，現象缺乏自性有），離於四邊（譯注：有、無、兩者皆有、兩者皆無）。

Enjoying Magical Creations、'phrul dga'、Nirmanarati（梵文）化樂天：欲界的第五層天，其中的天神能神變出任何所欲之物。

Enlightenment、byang chub、bodhi（梵文）證悟：詳見 Nirvana 涅槃。

Ephemeral Hells、nyi tshe ba'i dmyal ba 孤獨地獄：地獄的狀態，有不同的年限，孤獨地獄中的眾生受的苦，係因為他們將木頭或爐子等物體，指認為其身體，且因為這些物體被使用的結果而受苦（木頭被焚燒、爐子被加熱、門被猛力關上等）。

Eternalism、rtag par lta ba 常見：兩種「邊」見之一（另一種是斷見）；相信有恆常存在的個體，如造物者或靈魂。

Evil Force bdud 魔：詳見Demon 魔。

Example Wisdom、dpe'i ye shes 喻智：究竟智的前導或譬喻。喻智並未完全離於分別心。

Expedient Meaning、drang don、neyartha（梵文）不了義：如四聖諦、五蘊、界之類的法教，就其而言沒有闡述勝義諦，只是一種權便。它們的目的無非是為了引領尚未了悟的眾生，在道上循序漸進，將他們帶入更大的了知與最終的成就。

Expository Vehicle of Causality、rgyu mtshan nyid kyi theg pa 顯教因乘：聲聞、緣覺、菩薩的修道。稱之為因乘，是因為一、它宣說了通往證果的修道；二、此乘的修行者只在因地下功夫，這產生了——就直接的意義而言——其不共修道的果（例如，聲聞與緣覺的阿羅漢果）；間接地，達到最終的佛果。相對於顯教因乘，我們也談到果乘，稱之為果乘，是因為在此修道之果（亦即，心的明空本性）被用來修行以做為修道，果乘是金剛乘的異名。

Field of Benefits、phan 'dogs pa'i gzhi 福田：以其顯現的恩慈而深懷感激的對象，如吾人的雙親；福田也包含了自然湧現悲心的對象，如病人、老者、失怙者。所有為他們所做的行為將帶來強有力的結果。（譯注：福田可分為三種：報恩福田、功德福田、濟貧福田。報恩福田的對象是父母與師長，又稱恩田；功德福田是恭敬三寶，又稱敬田；貧窮福田是悲心對象的貧病者等，又稱悲田。）

Field of Exalted Qualities、yon tan gyi gzhi 功德田：三寶、上

師、堪布等等，具有不共的斷、證功德者，對其禮敬將帶來強有力的果報。

Field of Merit、tshogs zhing 資糧田：指稱三寶、上師等等的術語，被認為是禮敬與供養的適當對象，因而能產生廣大的福德資糧。

Five Bodies、sku lnga、pancakaya（梵文）五身：根據大乘的法教，圓滿佛果的殊勝實相是從二身、三身、四身、五身的角度來描述的。二身是法身與色身，法身是佛果的勝義或「空」分，色身又分成報身與化身（故形成前述的三身），報身、或佛果的任運明分，是只有極高證量的眾生方能感知，化身、大悲分，是凡夫能感知且常顯現於世間，雖不一定以人身化現。四身的系統是上述三身，加上法界體性身、或稱真如身，指的是前三身的合一。偶爾也會提到五身：三身加上不壞的金剛身（佛果的不壞分），以及現證菩提身（代表證悟功德分）。

Five Certainties、nges pa lnga 五確定：詳見Five Excellences 五圓滿。

Five-element Structure、chings chen po lnga 五大綱：世親在其《釋軌論》（*Vyakhyayukti*）中描述了五大綱的架構，依此著書立論，這包含了主旨（dgos pa）、關連（mtshams sbyor）、句義（tshig don）、要義（bsdus don）、回應詰難（’gal lan）。

Five Elements、’byung ba lnga 五大：地、水、火、風、空，為固態、液態、熱度、動態、虛空的原理。

Five Excellences、phun sum tshogs pa lnga 五圓滿：地點、上師、眷屬、時間、法教的圓滿。根據聲聞乘的說法，這指的是釋迦牟尼佛在不同的時間與地理位置向其弟子宣說佛法。根據大乘的觀點，這指的是報身佛、如毘盧遮那佛，在各個佛國宣說大乘法教，以超越時間的恆久現前，對住於十地的廣大菩薩眷眾說法。以後者的情況，五圓滿也被稱為「五確定」（nges pa lnga）。

Five Families 五佛部：指佛部、金剛部、寶部、蓮花部、事業部（又稱羯磨部），代表佛果的五個面向。在每一部中各由一位五方佛掌理，分別是：毘盧遮那、阿閦佛、寶生佛、阿彌陀佛、不空成就佛。

Five Important Heading、rtsis mgo yan lag lnga 五主表：那瀾陀班智達採行的一種文本分析方法，也被西藏學者所沿用。五主表由一連串的主題所構成，分別是：造論者（mdzad pa po）、出處（lung gang nas btus）、範疇（phyogs gang du gtogs）、要義（bsdus don）、目的（dgos ched）。

Five Paths、lam lnga、panchamarga（梵文）五道：詳見Path 道。

Five Sciences、rig pa'i gnas lnga 五明：佛教上師必須精通的五種學問：醫方明、聲明、因明、內明、工巧明。

Five Sins of Immediate Effect、mtshams med lnga 五無間罪：分別是：殺父、殺母、殺阿羅漢、出佛身血、破和合僧。這些行為具無間果報，係因為罪極深重、其力遠超任何其他業行，此人死後立即墮入地獄，不經中陰階段。

Five Skandhas 五蘊：詳見Skandhas 蘊。

Five Wisdom、sye shes lnga 五智：與五方佛、五佛部相對應的佛果五智，分別是：大圓鏡智（me long lta bu ye shes，金剛薩埵：金剛部）、平等性智（mnyam nyid ye shes，寶生佛：寶部）、妙觀察智（so sor rtog pa'i yeshes，阿彌陀佛：蓮花部）、成所作智（bya ba sgrub pa'i ye shes，不空成就佛：羯磨部）、法界體性智（chos dbyings ye shes，毘盧遮那佛：佛部）。

Form Realm、gzugs khams 色界：三界的第二部分，分成四禪天，四禪天總共又可分為十七層天，分別是：一、梵眾天（tshangs ris）；二、梵輔天（tshangs pa'i mdun na 'don）；三、大梵天（tshangs chen）；四、少光天（'od chung）；五、無量光天（tshad med 'od）；六、光音天（'od gsal）；七、少淨天（dge chung）；八、無量淨天（tshad med dge）；九、遍淨天（dge rgyas）；十、無雲天（sprin med）；十一、福生天（bsod nams skyes）；十二、廣果天（'bras bu che）；十三、無熱天（mi che ba）；十四、無煩天（mi gdung ba）；十五、善現天（gya nom snang ba）；十六、善見天（shin tu mthong ba）；和十七、色究竟天（'og min）。（譯注：在漢傳佛教中色界有十八天，第十三天為無想天，十四為無煩天，十五為無熱天，餘皆相同。）色界的特點是無粗重煩惱，色界中的眾生常處在禪定妙樂之中。

Formless Realm、gzugs med khams 無色界：輪迴最高的四種狀態，與四種無色定相對應，亦即，四種無徵相的入定，稱做：一、空無邊處（nam mkha' mtha' yas）；二、識無邊處（rnam shes mtha' yas）；三、無所有處（ci yang med pa）；和四、非想非非想處（yod min med min）。無色界已無處所，且以無感知為特點。

Four Boundless Attitudes、tshad med bzhi 四無量心：四種淨善的心境，被認為無量是因為聚焦於一切眾生而無餘，且產生無量的福德。四無量心是：慈、悲、喜、捨。

Four Castes、rigs bzhi 四種姓：印度社會的傳統階級區分，與不同的心理類型與相關工作或被認為相等的社會功能有關。種姓制度發展了數世紀之久，現今變得極為複雜。在佛教典籍中指的只有最初四種體系，並在拒絕其觀念的意義上去破斥它，但目前仍存在於印度社會中，這種區分是牢不可破且從出生起便支配著。四種姓是：王族或統治階級的剎帝利（梵文kshatriya，藏文rgyal rigs）、司祭階級的婆羅門（梵文brahmin，藏文bram ze rigs）、商賈階級的吠舍（梵文vaishya，藏文rje 'u rigs）、賤民階級首陀羅（梵文shudra，藏文dmangs rigs）。

Four Classes of Tantra、rgyud bzhi 四部密續：詳見Tantra密續。

Four Close Mindfulnesses、dran pa nyer bzhag bzhi 四念住：身、受、心、法的正念，小乘與大乘皆修持的法門（有不同的專注對境與發心）。

Four Continents、gling bzhi 四大部洲：四大部洲位於須彌山周圍的四個方位，形成了一個世界的體系，分別是：半圓形、東方的東勝身洲（梵文Videha，藏文lus 'phags po）；梯形、南方的南瞻部洲（梵文Jambudvipa，藏文'dzam bu gling）；圓形、西方的西牛貨洲（梵文Godaniya，藏文ba lang spyod）；方形、北方的北俱盧洲（梵文Uttarakuru，藏文sgra mi snyan）。每一部洲的名稱各有其義，為勝身、蒲桃樹地、豐牛、惡聲。每一主要部洲都伴隨著兩個相同形狀的中洲（譯注：總共是八中洲，或稱八小部洲），人類居住在這些洲之上，除了羅剎居住的拂塵洲（Chamara，藏文rnga yab，另譯貓牛洲）以外，羅剎是一種啖肉的魔。

Four Demons、bdud bzhi 四魔：詳見Demon 魔。

Four Formless Absorptions、snyoms 'jug bzhi 四無色定：詳見Formless Realm 無色界。

Four Genuine Restrains、yang dag par spong ba bzhi 四正斷（四正勤）：分別是：一、未生惡令不生；二、已生惡令永斷；三、未生善令得生；和四、已生善令增長。

Four Great Kings、rgyal chen rigs bzhi 四大天王：傳統上被認為是四個方位守護者的天神，他們處在欲界六天的最底層，位於須彌山腰的四階或四梯。

Four Kayas 四身：詳見Five Bodies 五身。

Four Reliances、rton pa bzhi 四依：分別是：一、依法不依人；二、依義不依語；三、依了義不依不了義；和四、依智不依識。

Four Samadhis、bsam gtan bzhi 四禪：色界的四個層級。詳見Form realm 色界。

Four Truths、bden pa bzhi 四聖諦：苦諦、集諦、滅諦、道諦，由釋迦牟尼佛證悟後初轉法輪時所宣說。四聖諦的法教，被稱為初轉法輪，是小乘與大乘法教的基礎。

Four Ways of Attracting Beings、bsdu ba'i dngos po bzhi 四攝：

上師攝受弟子的方法：一、布施；二、愛語，法教適合其弟子的心性；三、利行，指引弟子通往證悟之修行的能力；和四、同事，所行與所教一致。

Ganachakra Feast, Sacred Feast、tshogs 薈供：在佛教密乘中的一種供養儀式，其獻供的食物與飲料被加持成為智慧甘露，並供養給本尊以及自身壇城。

Gandhava（梵文）、dri za 乾闥婆：字義為啖香者。某一類的非人，據說以氣味為食，並特別與音樂有關。

Garuda（梵文）、khyung 大鵬金翅鳥：在印度與西藏傳承中的一種鳥，體型特大，一孵化就羽翼豐滿而立即能飛翔，因此用來做為本初智的象徵。

Gelupa、dge lugs pa 格魯派：新譯派之一，由宗喀巴（1357-1419）所創。格魯派之首為甘登寺法座（甘丹赤巴），最著名的人物是至尊達賴喇嘛。

Generation and Perfection 生圓次第：密乘修行的兩個主要階段。生起次第（bskyed rim）涉及將顯相、音聲、念頭各觀為本尊、咒語、智慧的禪修。圓滿次第（rdzogs rim）指的是把觀想的色相融入空性與對此的覺受，也可指對身體之脈、氣、明點的禪修。

Godaniya（梵文）、ba lang spyod：詳見Four Continents 四大部洲。

Gods、lha、deva（梵文）天：依據佛教的傳統，是六道之一，比人道優越，天人雖非長生不死，但能受用神力、樂、長壽。

此詞彙在藏文與梵文裡，也可用來指稱大力鬼神或密乘禪修所觀想的本尊，這時便不可理解為一般用語的「神明」之意。偶爾，此詞彙也可專門用來指稱佛陀或上師，以及做為偉大、強大國王的敬稱。在藏文中的用法反映出梵文此用語的豐富與龐雜。起初，此詞似乎用來表示「明亮」，之後，演變成「人類中的佼佼者」。因此，其含意廣泛且涵蓋了日、月等世間光輝、給予生命與養護的人類父母、傳授知識的博學多聞者與精神導師等。

Great Chariot、shing rta chen po 大車疏：龍欽巴尊者對其《心性休息》（*sems nyid ngal gso*）的自釋題稱。《心性休息》是闡述完整修道、直至大圓滿法教的《三休息》（*ngal gso skor gsum*）三部論著之一，係根據學者法門（「班智達的廣大法」）與口訣實修法門（「瑜伽士的甚深行」）的方式來宣說的。

Great Fruit、'bras bu chen po 廣果天：色界的第十二層天，對應於四禪最高、但仍處於世間（即未出離輪迴）的果位。

Great Madhyamika、dbu ma chen po 大中觀：在寧瑪派與噶舉派中，大中觀指的是融合了二轉法輪與三轉法輪的法教。這二次的轉法輪，各自透過龍樹的趨徑，超越概念造作的法性之見；與無著的趨徑，法性之見即是佛性、如來藏，離於一切過患且本初圓俱一切證悟功德，而並行不悖。大中觀也可指稱中觀瑜伽行派，因為此派強調禪定在了悟法性、心之本性上的重要性。與此系相關的是「他空」（gzhan stong）的表述，指的是了知法性的空性乃是離於一切自身之外因素的自在，換言之，這是一種正面的價值且非僅是否定。

Great Perfection、rdzogs pa chen po、mahasandhi（梵文）大

圓滿：寧瑪派的究竟之見：本淨（ka dag）與任運（lhun grub）的雙運，換言之，空與覺性的雙運。詳見Ati, Atiyoga 阿底瑜伽。

Great Vehicle、theg pa chen po、Mahayana（梵文）大乘：詳見Mahayana 大乘。

Ground、sa、bhumi（梵文）地：地或果位。在大乘中，菩薩了悟的十地（如此稱呼是僅從後得的覺受觀點而言），從見道開始經過修道直至證得無學道、佛果為止。前七地被稱為不淨地，因為染污的煩惱識（末那識，轉向阿賴耶，持續不斷地設想出「我」）仍現存在瑜伽士的心中，即使不活動，仍產生了觀察之心與被觀察對境的分別感知（gnyis snang）。在第八地，這個染污識被去除了，其結果是這個二元顯相的最強顯現被消除了。在第九地與第十地，即使是二顯的最微細痕跡也逐漸止息。根據小乘的說法，有八地的了悟；根據金剛乘的說法，有十三地或更多。

Ground of Utter Joy 極喜地：詳見Perfect Joy 極喜地。

Ground, Path, and Fruit、gzhi lam ’bras bu 基、道、果：從基、道、果的角度看來，每個佛教宗派都有其趨入實相的方法。一般來說，基指的是對實相的不共見，道包含了在此見架構下所實行的禪修，果則是此修行的最終成果。

Guhyagarbha、gsang ba’i snying po 秘密藏續：寧瑪派主要的瑪哈瑜伽部密續。

Gunaprabha、yon tan ’od 德光：世親的弟子之一，小乘與大乘法教的上師和論師，他被奉為律部的重要權威並撰寫了著名的《律經》。

Guru Yoga（梵文）、bla ma'i rnal 'byor 上師瑜伽：由觀想上師（以任何形相）、祈請文與請賜加持、領受加持的觀修、將己心與上師證悟智慧心相融合所組成的修行。上師瑜伽是密乘佛教最為重要的修行。

Gyurme Dorje、'gyur med rdo rje 局美·多傑：敏林·迭達林巴（1646-1714）的名字，他是一位著名的伏藏師，且是衛藏敏珠林寺的創建者。他彙編了寧瑪派遠傳承的教傳密續與先前的所有伏藏法，因此是保存寧瑪派傳承的主要人物。

Haribhadra、seng ge bzang po 師子賢：在西元八世紀晚期寂護與毘盧遮那的弟子之一。師子賢是中觀瑜伽行派的論師，他大力弘傳《般若經》的法教並以注釋此經而聞名。他也是奉佛國王達摩波羅（Dharmapala，另譯法護王）的戒師，且與僧制大學超戒寺有著深厚因緣。

Heaven of the Pure、tshangs ris 梵眾天：色界初禪的第一層天。

Heruka（梵文）飲血尊：用來指稱任何禪修本尊的術語、心之究竟本性的象徵。

Hinayana（梵文）、theg dman 小乘：源自初轉法輪的佛教思想與修行基礎體系，以四聖諦與十二因緣的法教為核心。在被理解為具貶抑意義的情況下，通常避免用小乘一詞而改稱聲聞乘。無論如何都應該注意的是，在藏傳佛教中小乘被認為是法教的本質部分、事實上是基礎，而不應被貶低，即使是狹隘的「小乘發心」，只求個人自身解脫（相對於菩提心的廣大發心）而被視為不夠與不足。小乘共有十八部派，時至今日，只剩一支上座部猶存，主要分布於南亞國家之中。

Holder of the Vajra、rdo rje 'dzin pa 金剛持：對三種律儀持有者的稱謂。

Ignorance、ma rig pa、avidya（梵文）無明：在佛教的脈絡中，無明不是只有無知，而是錯誤理解。無明是對人與現象究竟本性的謬誤解知，或無法認出其本性，而錯誤地認定為實有。

Individual Liberation、so sor thar pa、pratimoksha（梵文）別解脫：詳見Pratimoksha 別解脫戒。

Indra（梵文）、dbang po 因陀羅：也稱為Shakra（梵文）、brgya byin（藏文）帝釋天，殊勝之神與三十三天（忉利天）的天王，三十三天位於欲界之中。因陀羅被認為是佛教的護法之一。

Infinite Purity、dag pa rab 'byams 廣大清淨：指密乘了悟的專門用語，即顯相、音聲、念頭是本尊壇城、咒語、本智。

Jambudvipa（梵文）、'dzam bu gling 南瞻部洲：字義是閻浮（譯注：蒲桃樹）洲。位於須彌山周圍四大部洲的南方，南瞻部洲是我們所居住的人類世界。

Jesun Mila 密勒日巴尊者（1040-1123）：馬爾巴譯師的著名弟子，西藏備受崇敬的瑜伽士及詩人之一，他在一生之中證得佛果。

Jnanagarbha、ye shes snying po 智藏：那瀾陀大學的一位大師，與剎度寂護的住持。智藏是中觀自續派「上部」的論師，也是饒富盛名的《二諦分別論》作者。

Kagyupa、bka' brgyud pa 噶舉派：新譯派之一，由馬爾巴譯師所創立。噶舉派又分成許多支派，其中最著名的是噶瑪噶舉（達波噶舉）、止貢噶舉、竹巴噶舉、香巴噶舉。

Kalachakra（梵文）、dus kyi 'khor lo 時輪金剛：字義是時間之輪，藏傳佛教新譯派主修的密續之一。時輪金剛續以其獨特的宇宙觀聞名，其中闡述與香巴拉秘境密切相關，香巴拉國王是第一位從佛陀領受了時輪金剛法教的人。

Kalpa（梵文）、bskal pa 劫：一大劫是與世界成、住、壞、空之循環相應的時間段落（這四階段的每一個皆由二十個中劫構成）。也有所謂的阿僧祇劫（grangs med bskal pa）（譯注：阿僧祇是無數之意），除了名稱之外，這並不是指一個永無止盡的時間，而是指阿毘達磨所定義的一段特定期間，由十劫所組成。目前的（大）劫通常被稱做賢劫，由於此劫中會有千佛出世之故。釋迦牟尼佛是千佛的第四位。

Kamalashila 蓮花戒（713-763）：寂護的主要弟子，兩人同是中觀瑜伽派的論師。蓮花戒受邀入藏，與漢地和尚摩訶衍辯論而擊敗對手，從而確立印度傳統的漸道成為藏傳佛教正統。

Karma（梵文）、las 業：行為，因果的身心律則，據此一切經驗都是先前行為的結果，且一切行為皆是未來存在情境的種子。產生快樂經驗的行為被定義為善的；而生起痛苦的行為則被界定為不善的。

Katyayana 迦旃延：一位印度的阿羅漢，釋迦牟尼佛的親炙弟子。

Kaya（梵文）、sku 身：詳見Five Bodies 五身。

Kinnara（梵文）、mi 'am ci 緊那羅：一種半人半獸的神祕生物。

Krishnapa、nag po pa 黑行者（那波巴）：一位印度上師與阿底峽尊者的老師（西元十一世紀間）。

Lama、bla ma 喇嘛：藏文用語，指稱一位具有高度證量的精神導師，相當於梵文guru一詞。但在口語中，喇嘛有時用來尊稱一位出家僧。

Langdarma 朗達瑪：奉佛國王熱巴堅（Ralpachen）的兄弟，當熱巴堅在西元906年被其苯教大臣謀害後，朗達瑪繼任為王。他大舉滅佛且幾乎滅除了西藏的佛法，尤其是僧院系統。他在位六年之後，被一位佛教瑜伽士暗殺。

League、dpag tshad、yojana（梵文）里格：一種古印度的距離算法，依據《阿毘達磨俱舍論》的說法，相當於四點五英哩或七點四公里。

Lilavajra 遊戲金剛：將瑪哈瑜伽續傳給佛密與無垢友的上師。

Longchenpa、klong chen rab 'byams 龍欽巴尊者：遍知龍欽．冉江（1308-1363），被認為是寧瑪派最偉大的天才。舉世無雙的上師，超過兩百五十部論著的作者。他將阿底瑜伽、即大圓滿的兩個主要傳承聚集在一起：蓮師的《空行心髓》與無垢友傳下的《毘瑪心髓》。龍欽巴尊者釋論的廣泛，涵蓋了經部與續部的全部範疇，尤其是大圓滿的法教，但也包括了歷史與文學的主題。他的許多著作被視為是真正的意伏藏，其中最重要的是《四心滴》（*snying thig ya bzhi*）、《七寶藏論》（*mdzod bdun*）、《三休息》（*sems nyid ngal gso*）。更多細節，請參見英文Longchen Rabjam, *The Practice of Dzogchen*一書。

Lower Realms、ngan song 三惡趣（下三道）：地獄、餓鬼道、畜牲道。

Luminosity、'od gsal 明光：心的明性或明分。明光事實上就等同於本初智。

Madhyamika（梵文）、dbu ma'i lam 中觀：空性的中道佛學，避免常與斷的邊見。中觀最早是由印度大師龍樹在西元二世紀下半葉所宣揚，至今在藏傳佛教中仍被視為是殊勝之見。

Mahayana（梵文）、theg pa chen po 大乘：大乘主要是北亞洲國家：中國、日本、韓國、蒙古、西藏，以及喜瑪拉雅山區所修行的佛教傳統。大乘的特點是自我與一切現象皆為空性的甚深見，加上普世的悲心與想要讓一切眾生遠離痛苦與苦因的願望。為此，大乘的目標是達成佛果的殊勝證悟，其修道包含了六度的修行。在佛學的層面，大乘有兩個主要學派：中觀派與唯識派（或稱瑜珈行派）。金剛乘是大乘的一支。

Main Mind、gtso sems 心王：佛教認識論的一個專門用語，指的是通常用來伺察客體現存的意識，而不同型態的心所（sems byung）則領會此客體的特殊面向並做出反應。

Maitreya、byams pa 彌勒：「慈氏」，八大隨佛子之一，為十地菩薩。現居兜率天，是佛的攝政，將降生於世間成為此賢劫的下一位佛。詳見Asanga 無著。

Major and Minor Marks of a Buddha、mtshan dang dpe byad 佛的相與隨行好：三十二相（如頂髻）與八十隨行好（如爪如赤銅色），每位佛皆俱，以示證悟的徵相。

Mandala（梵文）、dkyil 'khor 壇城：此詞有許多層的涵義。在最基礎的層面，可理解為僅是一個佈局或可理解的空間單位。例如，本尊壇城是神聖的區域或智慧尊的宮殿；上師壇城則被認為是上師的駐錫地與弟子眷眾；供曼達是供品的完整布置，無論是實體或想像出來的，是修行者將整個世界做為供養時的供品。

Manjushri、'jam dpal dbyangs 文殊：十地菩薩，八大隨佛子之一，文殊是諸佛之身與智慧的化現。詳見Asanga 無著、Nagarjuna 龍樹。

Mantra（梵文）、sngags 咒語：字音或範式，當以適當的觀想等持誦時，能守護修行者的心免於世俗感知。咒語是召請音聲形式的本尊，或本尊以音聲形式顯現。

Mantrayana（梵文）、gsang sngags 密咒乘：詳見Vajrayana 金剛乘。

Mara、bdud 魔：詳見Demon 魔。

Master of Orgyen 鄔金上師：詳見Padmasambhava 蓮花生。

Mastery over Magical Creations of Others、gzhan 'phrul dbang byed、Paranirmita vashavarttina（梵文）他化自在天：欲界的第六層與最高層天，此處天人具有能享受其他天人所造之物的能力。

Maudgalyayana 目犍連：釋迦牟尼佛最重要的兩位聲聞僧眾弟子之一（另一位是舍利弗）。目犍連具有許多神通。在傳統的佛陀示意圖上，他與舍利弗通常被繪成脅侍在佛的右側與左側。

Mental Factors、sems byung 心所：詳見Main mind 心王。

Mental Image、don spyi 心像（義共相）：字義是「意義的共通性」。由分別識（rtog shes）所經驗到的概念意象且源自於感官的活動。心像是客體被認出且在概念上被知曉的方式，這個過程必然是間接的，因為心像並不等同於所涉之物，而僅是此物的表徵。這種客體的再現是最常見的一種，且消極地運作著，將非此客體的一切全都消除或排除。

Merit、bsod nams 福德：有益的行為或善（dge ba）所產生的正面能量。有兩種福德：一、「福德同分」（bsod names tsam po pa或bsod nams cha mthun）；和二、「解脫同分」（thar pa cha mthun），藉此心能朝著解脫輪迴前進。而「無漏福德」（zag med dge ba）是解脫同分，在五道上所積聚。詳見Virtue Tending to Happiness 福德同分、Virtue Tending to Liberation 解脫同分。

Method、thabs、upaya（梵文）方便：詳見Skillful Means 方便。

Mipham Rinpoche、'jam dbyang rnam rgyal rgya mtsho 米滂仁波切蔣揚．南賈．嘉措（1846–1912）：寧瑪派最偉大的學者之一，以其浩瀚博學與多才多藝著稱。他是蔣揚．欽哲．旺波的親近弟子，因此與利美運動、無分派運動有關。他以其博學和證量，對西元十九世紀西藏之見、修的振興做出極大貢獻。

Mount Meru、ri rab 須彌山：巨大之宇宙山巒的名稱，是世界的中軸，周圍環繞著四大部洲。每一世界都有其須彌山與四大部洲。

Mudra（梵文）、phyag rgya 手印：有幾種不同涵義的用語。基本上，指的是雙手在儀式中所結出的姿勢。

Naga（梵文）、klu 龍族：在佛教與印度教世界觀中的一種強大生物，與蛇類密切相關並具有智力、神通力、財富。據說龍族生活在地底，居住在水域中；在傳統醫藥中，龍族與某些疾病有關，尤其是與皮膚相關的疾病。

Nagabodhi、klu'i byang chub 龍智（龍覺）：龍樹的弟子，以虔敬心聞名。

Nagarjuna、klu grub 龍樹：西元二世紀時大乘的偉大上師，負責《般若經》的弘傳，據說他是在龍族地區取出了被隱藏起來的般若經典。他是與文殊菩薩有著密切淵源之中觀思想體系的祖師，深見的中觀法教至今在藏傳佛教中仍被視為是一切佛學的頂峰。詳見Asanga 無著。

Nalanda 那瀾陀：著名的僧制大學，建於舍利弗的出生地，在比哈爾邦（Bihar）菩提迦耶的北方有一段距離、靠近釋迦牟尼佛宣講般若經典的靈鷲山（Rajgir）。那瀾陀是大乘許多偉大上師居住、研讀、講學的地方，有著悠久與輝煌的歷史。

Natural Discipline、rang bzhin gyi tshul khrims 性戒：遠離貪執時自動生起的戒律。戒律或許只針對欲望的背景（此基本的說法是我執），因為戒律是欲望的對治。遠離欲望的瑜伽士（也就毋須受持此戒）自然具有全部的性戒。據說北俱盧洲的居民也是如此。

Neighboring Hells、nye 'khor gyi dmyal ba 近邊地獄：有十六個近邊地獄，每個方向各有四個，所受之苦只比其毗鄰的熱地獄稍輕微些。

Nihilism、chad par lta ba 斷見：唯物的邊見，認為物質感官的經驗是唯一真實，故否定過去世與來生、因果業報等等。

Nine Vehicles、theg pa dgu 九乘：根據寧瑪派所說的傳統佛法分類。前三乘是被稱為因乘的聲聞、緣覺、菩薩；接著是外密三乘，即事部、行部、瑜伽部；最後是內密三乘：瑪哈瑜伽（大瑜伽）、阿努瑜伽（無比瑜伽）、阿底瑜伽（無上瑜伽）。

Nirvana（梵文）、myang ngan 'das 涅槃：字義是超越苦之狀態。做為一個概括的用語，這表示在聲聞乘與大乘所達到的各種層次證悟，亦即，聲聞、緣覺、諸佛的證悟。但是，值得注意的是，當涅槃或證悟僅是被理解為從輪迴解脫（換言之，是小乘的目標），不可被理解為佛果。如大乘所宣說，佛果是全然超越了輪迴之苦與涅槃之寂靜。因此佛果被稱為「無餘涅槃」（mi gnas myang 'das），換句話說，是一種既不住輪迴之邊也不住於寂靜的狀態。

Nonaffirming Negative、med dgag 無遮：詳見Affirming negative 非遮。

Nonanalytical Cessation or Absence、brtags min 'gog pa 非抉擇滅：指的是現象的不存，因為其現行的因、感知，並沒有運作著，無論是整體或局部。舉例來說，這包括了未被感官所伺察的一切，在感官的範疇之外，或是因其他不俱足因素而未能顯現的任何事物，如馬頭上沒有長角，不出現是因為馬的基因構成所致。因此非抉擇滅是某些對境在特殊情境下的不存。

Nonconceptual Wisdom、mi rtog pa'i ye shes 無分別智：字義是無念智。去除了一切妄念的本初智。

Nonreturner、phyir mi 'ong ba 不還果：聲聞的了悟層次，指的是不再投生於欲界中的成就。這不能與大乘的不還果混淆，大乘不還果是此處菩薩不復落入心的輪迴狀態，即使他或她仍將持續在世間化現以幫助他人。

No-self、bdag med 無我：無自性，人無我或法無我。

Nyingma School、rnying ma 寧瑪派：詳見Ancient Translation School 舊譯派。

Obscurations、sgrib pa、avarana（梵文）蓋（障）：障蔽心之本性的諸心所。詳見Two Obscurations 二障。

Oddiyana（梵文）、o rgyan 鄔底雅納：也稱做鄔金國，古印度的一個區域，根據某些權威說法，相當於阿富汗與喀什米爾交界的斯瓦特（Swat）河谷（譯注：今在巴基斯坦境內）。鄔底雅納是蓮花生大士與大圓滿傳承第一位人類上師極喜金剛的出生地。

Once Returner、lan gcig phyir 'ong ba 一還果：聲聞的成就果位，如此稱呼是因為一還果代表在證得解脫之前，吾人還須投生在欲界一次。

Padmasambhava、pad ma 'byung gnas 蓮花生：字義是蓮花所生。蓮花生還有許多其他名稱，如鄔金上師、蓮師等，他是釋迦牟尼佛授記以弘傳金剛乘法教之人。在西元八世紀應赤松德贊王之請入藏，成功地在西藏奠定了佛教的經、續法教。

Paramita（梵文）、pha rol tu phyin pa 波羅蜜多（度）：圓滿度或圓滿善，波羅蜜多的修行引領至佛果，故形成了菩薩的修行。有六種波羅蜜多：布施、持戒、安忍、精進、禪定、般若。根據其他說法，有十種波羅蜜多，這六種加上被認為為是般若度的其他四種，分別是：方便、力、願、智。

Path、lam、marga（梵文）道：在大乘與小乘中，所描述朝向證悟的進程，從五道的觀點而言，即：資糧道、加行道、見道、修道、無學道。前四種構成了有學道（slob pa'i lam）；第五種、無學道（mi slob pa'i lam）就是佛果。見道與修道又被稱做「聖道」。

Patrul Rinpoche、jigs med chos kyi dbang po 巴楚仁波切吉美．確吉．旺波（1808–1887）：寧瑪派極高成就的上師，來自康區。他夙以不分派的態度與極為簡樸的生活著稱。他是一位多產的作者，以《普賢上師言教》一書聞名於西方世界，此書是金剛乘修行的引導。

Peaceful and Wrathful Deities、zhi khro lha 寂忿本尊：金剛乘中以寂靜或忿怒形相所禪修的本尊，代表佛性的不同面向。

Peak of Existence、srid rtse 三有之頂：無色界的最高層級，因此是世間領域中一切可能狀態的頂峰。

Pelgyi Yeshe 沛吉．耶謝：一位大譯師，他也是蓮師的主要弟子之一，從蓮師領受了〈召遣非人〉（Matarah mandala）（譯注：為《八大教誡》、另譯《八大法行》中三種世神法類之一，非人另譯瑪嫫）的口傳。

Perception of Mere Appearance、gnyis snang 二顯概念（二顯）：除了在證入見道時了悟空性之外，菩薩還須歷經修道，當不處於入定時，會持續經驗到知覺與感知之心為二，這是二元習氣的殘餘，仍持續著但漸漸消褪，直到證得全然證悟為止。即便如此，以其了悟之故，此處的菩薩早已捨棄對任何現象為實的信念，雖然現象依舊向其顯現。

Perfect Joy、rab tu dga' ba 極喜地：初地菩薩，與見道相應。

Personal Self、gang zag gi bdag 人我：對實有之「我」與生俱來和概念性的領會；自我。這僅是假設或相信事實上並不存在的事物。

Phenomenal Self、chos kyi bdag 法我：對現象為實存與生俱來和概念性的領會。

Pitaka（梵文）、snod 藏：字義是籃子，經典的合集。

Prajnaparamita（梵文）、shes rab kyi pha rol tu phyin pa 般若波羅蜜多：一、般若度，空性的智慧；二、屬於二轉法輪的佛經合集（譯注：般若經系），宣說空性、現象為空的教法。

Prakriti（梵文）、gtso bo 自性：主要的物質；根據印度教數論派的說法，是讓世界顯現的兩大律則之一。自性包含了三德（或三種普遍特質），當三德被擾動時，就產生了世間的現象性顯相。詳見Purusha 神我。

Prasangika（梵文）、thal 'gyur 應成派：中觀學派的分支，以使用應成論式（即證成其謬）為特色，這是對應錯誤立論的最佳方法，用以闡述超越了概念造作所能及的空性。這個不共趨徑最初明確地由佛護所創，後來由月稱所承襲並確立之。

Pratimoksha（梵文）、so sor thar pa 別解脫戒：字義為個人的解脫。此詞用以指稱佛教的八種出家制，伴隨著其相應的誓言與戒律，分別是：近住戒（或稱二十四小時戒）、優婆塞與優婆夷（或稱近事戒，dge bsnyen）、沙彌與沙彌尼（dge tshul）、式叉摩那（或稱學法女，dge slob ma）、比丘與比丘尼（或稱具足戒，dge slong）。由於這些誓戒的發心特別是決心讓個人從輪迴中解脫，故為小乘的基礎。然而，別解脫戒也廣泛在大乘佛教中行持。別解脫戒有時也被稱為「七戒」，在此情況下暫時性的近住戒則不列入。

Pratyekabuddha（梵文）、rang sangs rgyas 緣覺：「辟支佛」，不依靠上師，透過禪修十二因緣而證得苦之寂滅的人。緣覺證得人無我與一半的法無我，換言之，他們證得了被感知現象的空性——而非感知之心、感知主體的空性（譯注：指緣覺所證得的一半法無我內涵）。

Preta（梵文）、yi dvags 餓鬼：饑餓的鬼魂，輪迴的六道眾生之一。

Preternatural Knowledge、mngon shes 神通：一種超能力。有六種神通，前五種（宿命通等）可出現在凡夫的覺受中。第六種漏盡通，是佛獨具的。（譯注：前五種神通是天眼通、天耳通、宿命通、他心通、神足通）

Profound View 深見：詳見Tradition of the Profound View 深見派。

Pure Land、zhing khams 淨土：詳見Buddhafield 佛國。

Pure Perception、dag snang 淨觀：對世界的感知是佛身與智慧的清淨化現，換言之，是淨土。與此同分的，是致力於觀萬法清淨但仍處在概念階段修行者的有為淨觀。

Purity and Equality、dag mnyam chen po 大清淨平等：金剛乘的主要原則。這是在《幻化網》中所宣說的瑪哈瑜伽見。一切顯相，以其清淨，皆是佛身與智慧的壇城，這形成了殊勝世俗諦。處於清淨中，一切顯相皆平等，智慧與空性雙運，這是殊勝的勝義諦。顯分的「清淨」狀態與勝義分的「平等」狀態，無別地呈現在每個現象之中。這就是所謂的大法身。

Purusha（梵文）、shes rig gi skyes bu 神我：根據印度教數論派的說法，有意識的自我、真實且恆常，是主要物質、自性的相對。詳見Prakriti 自性。

Qualities of Elimination and Realization、spangs rtogs kyi yon tan 斷證功德：當煩惱障與所知障從心之本性被去除後，等量輝映的精神性功德（如證得了證悟五眼）。

Radiant Clarity、'od gsal：詳見Luminosity 明光。

Rahu（梵文）、sgra gcan 羅睺：神話之魔，傳說能吞噬日、月而造成蝕甚。

Refuge、skyabs yul 皈依處：吾人行皈依的對象；skyabs 'gro皈依，則是皈依的修行。

Refuge Tree 皈依境：皈依境，是觀想三寶等，位於此樹的中央與四方大枝幹上，以做為皈依。詳見Field of Merit 資糧田。

Relative Truth、kun rdzob bden pa 世俗諦：字義是總覆之諦。這指的是凡俗意義的現象，在凡俗經驗的層面上，這些現象被感知為實並有別於心，從而掩蔽了其真正的本性。

Resultant Vehicle、'bras bu'i theg pa 果乘：詳見Expository vehicle of causality 顯教因乘。

Rinchen Zangpo、rin chen bzang po 仁欽·桑波：大譯師（958-1055），在後弘期將梵文典籍譯為藏文的肇始者，開啟了所謂的新譯時期。

Rishi（梵文）、drang srong 仙人：印度神話中對偉大聖者的稱謂，他們具有長壽與神力，是吠陀（Vedas）的創造者與接受者。在佛教背景中，此詞通常被譯為智者、隱士、聖者。

Rongzom Chökyi Zangpo、rong zom chos kyi bzang po 榮宗·確吉·桑波：也稱做榮宗班智達，寧瑪派西元十一世紀時的學者與注疏者。

Rupakaya（梵文）、gzugs sku 色身：詳見Five Bodies 五身。

Sadhana（梵文）、sgrub thabs 儀軌：成就的法門。密乘禪修涉及本尊的觀想與咒語的持誦。

Sagaramegha、rgya mtsho sprin 海雲：中觀自續派下部的上師，無著所造《菩薩地持經》（*Bodhisattva Gounds*）（譯注：藏文版稱為《菩薩地論》）的注疏者。

Sakya Pandiata、kun dga' rgyal mtshan 薩迦班智達、貢噶·嘉岑（1182–1251）：被認為是文殊菩薩的化身，他是藏傳佛教歷

史上最傑出的大師之一。屬於薩迦派，薩迦班智達是通才與梵文學者。他關於三戒的著作：《善辨三律儀論》，至今影響深遠。

Samadhi（梵文）、bsam gtan 三摩地（三昧）：不同等級的入定。

Samantabhadra、kun tu bzang po 普賢：一、普賢菩薩，為八大近佛子之一，以其禪定力而化現供養著稱；二、本初佛（普賢王如來），從未落入迷妄，覺性的象徵，俱現之清淨、光明心性。

Samaya（梵文）、dam tshig 三昧耶：在金剛乘中當弟子被授予灌頂後，在上師與弟子之間所建立的神聖誓約。三昧耶的約束也存在於同一上師的弟子之間，以及弟子與其修行之間。

Sambhogakaya（梵文）、longs spyod rdzogs pa'i sku 報身（圓滿受用身）：詳見Five Bodies 五身。

Samsara（梵文）、'khor ba 輪迴：存在之輪或流轉；未證悟的存在狀態，使心被貪、嗔、癡三毒所奴役，演變成不受控制地從一個狀態到另一個狀態，歷經永無止盡、滿是痛苦的身心經驗之流。詳見World of Desire 欲界。

Sangha（梵文）、dge 'dun 僧：佛法修行人的社群，無分僧人或在家人。「聖僧」一詞指的是已證得見道之後的佛教群體成員。

Saraha 薩惹哈：高度成就的印度瑜伽士，三部道歌（dohas）的作者。

Sautrantika（梵文）、mdo sde pa 經部：佛教四部宗義之一，與有部一起被認為隸屬小乘。經部以其詳盡的心理學與因明著稱，在藏傳佛教中被廣泛研習與應用。

Secret Mantra、gsang sngags 密咒乘：詳見Vajrayana 金剛乘。

Seven-branch Prayer、yan lag bdun 七支淨供：一種祈請文的型態，由七支所組成：頂禮與皈依、供養、懺悔、隨喜他人諸善、請轉法輪、祈請證悟者勿入涅槃、福德迴向。

Seven Impure Ground、ma dag pa' i sa bdun 七不淨地：詳見Ground 地。

Seven-point Posture of Vairocana、rnam snang chos bdun 毘盧七支座：禪修的理想坐姿：雙腿金剛趺趺坐、背挺直、雙手結禪定印、雙眼凝視鼻尖線、下巴微收、雙肩分張平放、舌頂上顎等。

Seven Noble Riches、'phags pa'i nor bdun 七法財：指信、戒、施、聞、慚、愧、慧。

Seven Treasures、mdzod bdun 七寶藏論：遍知龍欽巴尊者最聞名的著作，由七部論所組成，宣說了整個佛教修道直至最強調的大圓滿法（在此以班智達的方式闡述，「依班智達的廣大法」）。

Shakya Shri 釋迦．師利：一位喀什米爾的大師，超戒寺的最後一任住持，他在西元十一世紀初期造訪西藏，是薩迦派哦系出家制的中律部傳承（bar 'dul）根源。

Sakyamuni 釋迦牟尼佛：歷史上的佛陀喬達摩，他在西元前五百年左右於菩提迦耶的菩提樹下證得圓滿證悟。

Shamatha（梵文）、zhi gnas 奢摩他（止）：基本上是一種

專注，心保持在專注的對境上而不動搖。這是一種靜住的狀態，雖然其本身極為重要，但卻無法克服無明與自我的概念。詳見Vipashyana 毗婆奢那。

Shantarakshita、zhi ba mtsho 寂護：又稱「菩薩堪布」。與僧制大學那瀾陀有淵源，寂護是中觀自續瑜伽行派上部的偉大論師。他在西元八世紀應赤松德讚王之請入藏，並剃度了西藏最早的七位僧人（七覺士、七試人），因此是所謂下律部（smad ’dul）或東律部出家制的根源，下部律是寧瑪派與許多格魯派奉行的律制。此寂護之律制傳承在先前的印度持有者中，有舍利弗、羅睺羅（sgra gcan ‘dzin，薩惹哈的別稱）、龍樹等。正是在寂護的建議之下，藏王邀請了蓮師入藏。

Shantideva、zhi ba lha 寂天：那瀾陀大學的一份子，著名的《入菩薩行論》作者。他所持的是月稱傳承的中觀應成派之見。寂天也是《學處集要》的作者，此論是有關戒律的引文彙編，成為一個價值不斐的文獻合集，否則這些經文早已佚失。

Shariputra 舍利弗：釋迦牟尼佛兩大主要聲聞弟子之一，以智慧聞名。詳見Maudgalyaputra 目犍連。

Shastra（梵文）、bstan bcos 論：佛語之注疏。

Shramanera（梵文）、dge tshul 沙彌：出家制度的初階，表示持守著某些律儀。詳見第九章註53。

Shravaka（梵文）、nyan thos 聲聞：聽聞佛陀法教，修持並將之傳授給抱持著個人從輪迴解脫之見，而非佛果之圓滿證悟之見的他人。聲聞是根本乘、小乘的修行者，為此小乘也常被稱做聲聞乘。

Sharigupta、dpal sbas 吉祥密：中觀自續派下部的上師。

Shura, Shuracharya、dpa' bo 毘羅（大勇菩薩）：詳見Ashvaghosha 馬鳴。

Siddha（梵文）、grub thob 成就者：藉由金剛乘的修行而獲得成就之人。

Siddhi（梵文）、dngos grub 成就：詳見accomplishment 成就。

Six Realms of Existence、'gro drug 六道：由特定業力執其為真所產生的六種存在型態，六道全都一樣，僅是迷妄之心的感知而缺乏自性。就上升排序而言，分別是地獄道，由瞋恨所生；餓鬼道，因極度慳吝所致；畜生道，由愚痴所激發；人道，因欲求所生；阿修羅道，因強烈嫉妒而起；天道，由於驕慢之業所引發。

Skandhas（梵文）、phung po 蘊：字義是堆或聚。五蘊是色、受、想、行、識的組成元素，是將一個人分析到最後的元素，當五蘊合在一起顯現時，自我的幻影便在無明之心上產生。

Skillful Means、thabs、upaya（梵文）方便：這指的是悲心，亦即，空性智慧的相對。加以延伸，方便可指稱發菩提心的各種行為與學處。

Sthiramati、blo gros brtan pa 安慧（510-570）：世親的追隨者。據說他是一隻鴿子的轉世，牠築巢在世親的住處附近，經常聆聽這位大師誦讀經文的結果，是投生為人，並成為世親最偉大的弟子之一。

Stupa（梵文）、mchod rten 佛塔：字義是供養所依物，佛之證悟的象徵。佛塔或許是最典型的佛教紀念物，在佛教世界中隨處可見各種的型制。塔中通常裝載著證悟者舍利與備受尊崇之物。

Subtle Channels、rtsa、nadi（梵文）脈：位於身體內的身心脈絡，做為微細之氣的通道，以運行明點。有三條主脈與上千條細脈，脈、氣、明點的系統是瑜伽修行的基礎。

Sugata（梵文）、bde bar gshegs pa 善逝：字義是「已往且進入樂者」，佛的名號之一。

Sugaragarbha（梵文）、bde bar gshegs pa 如來藏：佛果的精髓，心之明空本性。

Sukhavati（梵文）、bde ba can 極樂世界：字義是具樂。「西方淨土」的名稱，阿彌陀佛的淨土。

Sur, Burnt Offering、gsur 餗供：將食物置於碳火上焚燒，布施予只能攝取焦食氣味為食的鬼魂。

Sutra（梵文）、mdo 佛經：佛教經典，佛陀言說的謄錄。有小乘佛經與大乘佛經（與密續有別）。在大乘佛經中，有些被歸類為不了義經（drang don），其目的，如《無盡慧經》（*Akshayamatinirdesha-sutra*）所述，是為了引領弟子進入道上；其他的大乘佛經則被歸類為了義經（nges don），導引聽聞者直接進入佛智。

Sutrayana（梵文）經乘：詳見Mahayana 大乘。

Svatantrika（梵文）、rang rgyud pa 自續派：「自主者」，中觀學派的分支，有別於應成派。由清辨所創（西元五世紀），自續派採用了正面推理、「自主的」三段論法來趨入世俗諦與勝義諦，加上論辯與譬喻，以便在對手內心發起對空性的（概念性）了解，並破斥現象的實有。這與應成派的趨徑不同，應成派只用應成法、即破謬的方式。

Tantra（梵文）、rgyud 密續：字義是相續。佛教金剛乘的典籍，闡述心的本然清淨。寧瑪派將密續分為外密（事部、行部、瑜伽部）與內密（瑪哈瑜伽、阿努瑜伽、阿底瑜伽）；新譯派用的是另一種分類法，將密續分成四部：事部（Kriya）、行部（Upa）、瑜伽部（Yogatantra）、無上瑜伽部（Anuttarayoga）（譯注：另稱事續、行續、瑜伽續、無上瑜伽續）。

Tathagra（梵文）、de bzhin gshegs pa 如來：字義是「如是去者」，佛的名號之一。

Tathagatagarbha（梵文）、de gshegs snying po 如來藏：詳見 Sugatagarbha 如來藏。

Ten Directions、phyogs bcu 十方：四方與四個中間方位，加上、下兩極。

Terma、gter ma 伏藏：寶藏，這主要是由蓮花生大士所埋藏的法教與聖物，以待後世、當對情器世界更有益的時機取出。蓮師將這些伏藏埋藏在其弟子的內心最深處，這些弟子都是具大成就的修行者。此外，雖然不是全都如此，但這些伏藏的賦予會伴隨著某些物品的製成，通常是寫著空行母象徵文字的黃卷軸，或其他書寫（有時是一些字，有時是全文）。這些典籍，加上其他物件，被囑託予空行母或護法守護，並加以封藏，不是一般的做法，而是以五大本質的方式。根據緣起無欺的法則，當適當的時機到來時，被傳授特定法教的弟子就會出世，進而揭示其伏藏法教。此時，他們通常會很快地發現前面所提到的物品，或是自動憶起幾世紀之前從上師口中所領受過的法教。伏藏的總數甚為龐大，形成寧瑪派法教與修行的主要來源之一。

Thirty-seven Elements Leading to Enlightenment、byang chub yan lag so bdun 三十七菩提分：在資糧道、加行道、見道、修道上所修行的三十七種法要體系，藉此朝向證悟進展。

Thirty-Three、sum bcu rtsa gsum、Trayastrimsha（梵文）三十三天（忉利天）：欲界第二層天，位於須彌山頂，由三十三位天神掌管，因陀羅（帝釋天）是其天王。

Three Collection、sde snod gsum 三藏：詳見Tripitaka 三藏。

Three Dimensions of Existence、sa gsum 三域：人類世界與動物居住在地表，天道與神靈在上方的天界，龍族之國等等在地下。

Three Doors of Perfect Liberation、rnam thar sgo gsum 三解脫門：二轉法輪之大乘法教的核心概念。這是透過對一切現象隱而不彰三種特質的了知，而趨入法性的方法。此三門是：一、萬法為空；二、無相；和三、無願。

Three Jewels、dkon mchog gsum、triratna（梵文）三寶：佛、法、僧三寶；佛教所皈依的對象。

Three Kayas、trikaya（梵文）三身：詳見Five Bodies 五身。

Three Kinds of Wisdom 三慧：聞慧（thos pa'i shes rab）、思慧

（bsam pa’i shes rab）、修慧（sgom pa’i shes rab）。

Three Levels of Existence、sa gsum 三域：詳見Three dimensions of existence 三域。

Three Natures、rang bzhin gsum 三自性：依三轉法輪的佛經上所述，現象具有遍計所執性、依他起性、圓成實性的三重特性分類。此三重區分根據注疏者的學派而有不同見解。

Three Poisons、dug gsum 三毒：貪、嗔、癡三種主要煩惱。詳見Afflictions 煩惱。

Three Pure Grounds、dag pa’ i sa gsum 三清淨地：詳見Ground 地。

Three Realities 三性（三自性）：詳見Three natures 三自性。

Three Spheres、’khor lo gsum 三輪：字義是三輪。認為主體、客體、行為三者具自性的概念。

Three-thousandfold Universe、stong gsum 三千大千世界：十億世界的宇宙體系，每一個世界中都由須彌山與四大部洲所組成。

Threefold Training、bslabs pa gsum 三學：戒（tshul khrims）、定（ting nge ’dzin）、慧（shes rab）的修學。三學形成了佛教修道的基礎。

Three Turnings of the Dharma Wheel、chos kyi ’khor lo gsum 三轉法輪：釋迦牟尼佛傳授三種不同層級的法教，被稱為三轉法輪。第一次是在鹿野苑，他宣說了四聖諦的教法；之後，在靈鷲山他闡述了空性的教法，隨後被記錄為般若經系；最後，在不同的地點，他給予了如來藏、佛性的法教，如《解深密經》等佛經。

Three Types of Beings、skyes bu gsum 三士夫：一、希求輪迴之人天福報者；二、希求從輪迴解脫者；和三、希求為了一切眾生之故而證得佛果者。

Three Types of Suffering、sdug bsngal gsum 三苦：一、苦苦——本身即是痛苦；二、壞苦——快樂無常且易轉成苦的事實；和三、行苦——根源自事物無明本性的一切行為，遲早會帶來痛苦。

Three Vehicles、theg pa gsum 三乘：聲聞乘、緣覺乘、菩薩乘。根據小乘的觀點，主張這三乘是最終的修道且與三士夫相應。相對地，大乘教導說這三乘僅與暫時的發心相應，若分析到最後就只有通往佛果的一乘而已。這表示，在成就其修道的結果之後，並非如其所相信的是最終，聲聞與緣覺終究會從其涅槃的寂靜中出來，進入大乘之中，於焉追隨菩薩道並證得佛果。

Three Vows、sdom gsum 三戒（三律儀）：小乘、大乘、金剛乘的戒律。

Torma、gtor ma 食子（朵瑪）：各種形狀的儀式物，由各種物質所組成。依情況而定，食子可當做供品、本尊的象徵代表、加持物、甚至是除障的武器等。

Torment Unsurpassed、mnar med、avici（梵文）無間地獄：熱地獄的最底層，根據佛教的法教，無間地獄的特點是具有最強烈與最持久的痛苦。

Tradition of the Profound View、lta ba zab mo'i lugs 深見派： 二轉法輪的佛經闡述了空性的深見，由文殊菩薩集成並由龍樹加以注疏。在龍樹的理聚六論中，建立了一切現象本性為空（rang stong，譯注：自空）的論理，在其《讚集》等著作中（三轉法輪之佛經義理的注疏），談到了「他空」（gzhan stong），亦即，心的究竟本性是空於偶發垢染且擁有本俱功德的。龍樹是深見派的創始者，此派隨後由聖天、佛護、清辨、月稱等人所繼承與發揚，而寂天、勝敵（Jetari，音譯祇多梨）等大師也是依此傳承來弘傳菩提心的修行。關於受菩提心戒的儀式與相隨修行，寧瑪派大多依止龍樹的傳承，但寧瑪派的見，卻同時依止深見派與無著所教導的廣行派。

Tradition of Vast Activities、spyod pa rgya che ba'i lugs 廣行派： 彌勒菩薩所彙整的三轉法輪佛經，署名慈氏的五論（建立了「他空」見），並將之傳授給無著。無著繼而撰寫了《五地品》（*sa de lnga*）（譯注：指《本地分》、《攝事》、《攝異門》、《攝釋》、《攝決擇》等）和其他著作，他的弟弟世親，在信奉大乘之後，寫出了八部論（prakaranas）。這些論典是廣行派的根源，闡釋了佛性與菩薩諸地的法教等等，此傳承由陳那（Dignaga）、法稱（Dharmakirti）、月官等大師所繼承與弘揚。此傳承的菩提心戒儀式與修行，由阿底峽尊者傳入西藏。

Transcendent Perfection 度： 詳見Paramita 波羅蜜多。

Tripitaka、sde snod gsum 三藏： 佛陀法語的三類合集（經、律、論）。三藏的第一次結集，是在佛陀於尼俱律窟（Nyagrodha cave）入滅之後不久，在阿闍世王的護持下於王舍城（Rajagriha）舉行的（譯注：據說是在七葉岩窟）。阿難從記憶中誦出佛陀所說的諸佛，大迦葉負責形上的法教，而優婆離主持誦律。全部是在迦膩色伽一世（King Kanishka）詔令舉辦的第三次結集時增補完成的。

True Existence、yod pa 有（實有）：根據佛法，有指的是相，如不可分、不變性等等。

Tushita（梵文）、dga' ldan 兜率天：喜足天，欲界的第四層天。釋迦牟尼佛出世前所居之處。

Two Accumulations、tshogs gnyis 二資糧：一、福德資糧（bsod nams kyi tshogs），以妄心為基礎所造作，換言之，從有益行為所產生的正面能量；和二、智慧資糧（ye shes kyi tshogs），超越了妄心，從了知一切經驗、主體、客體、行為皆無自性而生起。

Two Obscurations、sgrib gnyis 二障：一、煩惱障（nyon sgrib），如貪、嗔等煩惱；和二、所知障（shes sgrib），亦即，二元的概念思考，障礙了遍知。這二障如同覆蓋在心之究竟本性與現象上的遮蔽物，也可個別稱做罣礙（chags thogs）（譯注：藏文字義為貪、礙，漢譯罣礙，指牽掛與障礙）。

Two Truths、bden gnyis 二諦：世俗諦與勝義諦，對二諦的釋義是建立佛教各宗派教義的樞紐。詳見Relative Truth 世俗諦；Absolute Truth 勝義諦。

Two Veils、sgrib gnyi 二障：詳見Two obscurations 二障。

Twofold Aim、don gnyis 二利：一、自身證得佛果（譯注：自利）；和二、他人暫時與究竟的圓滿（譯注：他利）。

Twofold Knowledge 二智：一、了知事物本性的如理智（ji lta ba'i mkhyen pa）；和二、了知一切事物的如量智（ji snyed pa'i mkhyen pa），二智是證悟者所具有的。

Twofold Purity、dag pa gnyis 二淨：一、本淨（rang bzhin ye dag），俱現在一切眾生心中；和二、離垢淨（glo bur 'phral dag），這是修道之果，唯諸佛具足。

Ultimate Excellence、nges legs 決定勝：佛果的狀態。

Ultimate Meaning、nges don 了義：從證悟者的觀點直接道出事物本貌的法教。

Ultimate Reality、chos nyid 法性：如是，每一現象的本性，超越一切概念造作的空性。

Ultimate Truth 勝義諦：詳見Absolute Truth 勝義諦。

Uncompounded Phenomenon、'dus ma byas 無為：沒有生、住、滅的現象，故全然不變，如虛空或涅槃。小乘與大乘教義對此詞各有不同詮釋。

Unwavering Action、mi g.yo ba'i las 不動業：一種善業，如沒有菩提心發心的甚深禪定狀態，這種業的特色是不變地投生於輪迴色界或無色界之中。其他的業缺乏這種不動或不變的特性，會依因緣而定，其果報可能成熟在與吾人期望不相同的六道之中。

Upasaka（梵文）、dge bsnyen 近事男、近事女（優婆塞、優婆夷）：指受持部分或全部近事戒的佛教在家居士。

Upavasa（梵文）、bsnyen gnas 近住戒：二十四小時的別解脫戒，由在家人受持的八條戒律所構成。

Ushnisha（梵文）、gtsug gtor 頂髻：頭頂突出物，是圓滿佛果的主要身相之一。

Uttarakura（梵文）、sgra mi snyan 北俱盧洲（惡聲洲）：世界的北方部洲，此處的眾生具足性戒。

Vaibhashika（梵文）、bye brag smra ba 有部（毗婆沙宗）：小乘教義的最早部派，此派認為無方分極微與無時分剎那的心識是勝義諦。

Vairochana、rnam par snang mdzad 毘盧遮那佛：五方佛中的佛部，與色蘊相對應。

Vajra（梵文）、rdo rje 金剛：鑽石或金剛武器，乃不可摧的象徵，也用來代表方便或悲心。金剛或杵通常用在密乘儀式中，與鈴（dril bu）一起使用，後者象徵空性的智慧。

Vajra Kindred、rdo rje spun 金剛師兄弟：金剛乘中的師兄弟姐妹或法友，最親近的師兄弟關係是從同一位上師同一壇城接受灌頂的弟子們。

Vajrapani（梵文）、phyag na rdo rje 金剛手：大菩薩，八大隨佛子之一。他代表力量與諸佛的意。

Vajrayana（梵文）、rdo rje theg pa 金剛乘：奠基在密續的教法與修行，典籍的論述以心的本淨為主。詳見Expository Vehicle of Causality 顯教因乘。

Vast Activities 廣行：詳見Tradition of Vast Activities 廣行派。

Vasubandhu、dbyig gnyen 世親（280-360）：是唯一一位阿闍黎，同享小乘與大乘論師的盛名。在他的說一切有部時期（Sarvastivadin phase），他寫出了《阿毘達磨俱舍論》，此論是闡述阿毘達磨最具系統化、最完備的論典，被視為小乘學術的頂峰。在後來，因為自身的內在成長與其兄無著的影響，世親接受了大乘瑜伽行（唯識）之見，並撰寫了多部論著，其中《唯識三十頌》（*Trimsikavijnapti-karika*）是最著名的。

Vehicle、theg pa、yana（梵文）乘：提供通往證悟之修道法門的法教體系。主要有三乘：聲聞乘、緣覺乘、菩薩乘。

Videha（梵文）、lus 'phags po 東勝身洲：詳見Four continents 四大部洲。

Vidyadhara（梵文）、rig 'dzin 持明：字義是覺性持有者或知識持有者。在金剛乘中具有高度成就之人。根據寧瑪派的傳統，有四種持明果位，對應經乘了悟的十地（有時稱十一地），分別是：一、成熟持明（rnam smin rig 'dzin）；二、長壽持明（tshe dbang rig 'dzin）；三、大手印持明（phyag chen rig 'dzin）；和四、任運持明（lhun grub rig 'dzin）。

Vikramashila（梵文）、rnam gnon ngang tshul 超戒寺：古印度的僧院大學，創建於西元八世紀，重要性僅次於那瀾陀大學。

Vimalamitra、dri med bshes gnyen 無垢友：印度佛教最偉大的上師與學者之一。他在西元九世紀入藏，在西藏傳授與翻譯了許多梵文經典。他與蓮師是西藏大圓滿法教的主要根源。

Vimuktasena、sgrol sde 解脫軍：寂護的前輩，是自續派上部的一位論師，但並非創始者。

Vinaya（梵文）、**'dul ba 律**：一般指佛教道德部分的法教，不共的係指僧院的戒律。

Vipahsyana（梵文）、lhag mthong 毗婆奢那（觀）：字義是洞見或深觀。毗婆奢那本質上是克服了對我之實有的無明信念，並了悟法性。

Virtue Tending to Happiness、bsod nams cha mthun 福德同分：奠基在所造者、行為、客體為實有之信念上，所做出的一切善業，能產生輪迴的快樂。

Virtue Tending to Liberation、thar pa cha mthun 解脫同分：伴隨著要讓自身從輪迴解脫的決心，且結合了悟無自性的智慧，從一切學處、禪定、善業所生起的善德。

Water Torma、chu gtor 水食子：以水、牛奶、穀類所做的供養。

Wheel of Dharma、chos kyi 'kho lo 法輪：佛陀法教的象徵。詳見Three Turnings of the Dharma Wheel 三轉法輪。

Wheel of Inexhaustible Ornaments、zad mi shes pa'i rgyan gyi 'khor lo 無竭莊嚴輪：諸佛證悟的身、語、意、功德、事業。

Wind Energy、rlung、prana（梵文）氣：在身體之微細脈中運行的身心成分，做為心的所依。在凡夫身上，氣是不淨的，被稱為業氣（las kyi rlung），因為氣被業力所染污。但被淨化之後，就成為智慧氣（ye shes kyi rlung）。

Wisdom 智慧：一、藏文的shes rab，梵文的prajna，正確抉擇的能力、了知空性；二、藏文的ye shes、梵文的jnana，心性的本初與無二明分。

Wish-Fulfilling Jewel、yid bzhin nor bu、chintamani（梵文）如意寶：在天道或龍族界可見的一種珍寶，能實現願望。

Wish-Fulfilling Tree、dpag bsam gyi shing 滿願樹：神奇之樹，其根部在阿修羅道，但果實結在天道的三十三天之中。

World of Desire、'dod khams 欲界：指輪迴六道的通稱。

Yama（梵文）、gshin rje 閻羅：死神，將死亡擬人化的譬喻。

Yidam、yi dam 本尊：密續的本尊，有男相或女相，代表證悟的不同面向。本尊可以是寂靜的或忿怒的，依每位修行的天性與需求而禪修之。

Yoga（梵文）、rnal 'byor 瑜伽：字義是與心的本然狀態（rnal ma）相應（'byor）或結合，通常用來指稱精神的修行。

Yogachara（梵文）瑜伽行派：詳見Chittamatrins 唯識派。

Zur 素：素氏家族傳承的上師。西元十世紀至十二世紀之間，許多寧瑪派的上師都屬於這個部族，以其學識與成就聞名。

參考書目

（含上、下冊書目）

參考書目

一、英文書籍

Dalai Lama, H. H. *The Dalai Lama at Harvard: Lectures on the Buddhist Path to Peace*. Ithaca, N.Y.: Snow Lion, 1988.

Dudjom Rinpoche. *Perfect Conduct: Ascertaining the Three Vows*. Boston: Wisdom Publications, 1996.

Hookham, S. K. *The Buddha Within: Tathagatagarbha Doctrine According to the Shentong Interpretation of the Ratnagotravibhaga*. Albany: State University of New York Press, 1991.

Jackson, Roger. *Is Enlightenment Possible? Dharmakirti and rGyal tshab rje on Knowledge, Rebirth, No-Self and Liberation*. Ithaca, N.Y.: Snow Lion, 1993.

Jamgon Kongtrul Lodro Taye. *Myriad Worlds: Buddhist Cosmology in Abhidharma, Kalacakra and Dzog-chen*. Ithaca, N.Y.: Snow Lion, 1995.

Jamgon Kongtrul Lodro Taye. *Buddhist Ethics*. Ithaca, N.Y.: Snow Lion, 2003.

Khyentse, Dilgo. *Enlightened Courage: An Explanation of Atisha's Seven Point Mind Training*. Ithaca, N.Y.: Snow Lion, 1994.

Khyentse, Dilgo. *The Wish-Fulfilling Jewel: The Practice of Guru Yoga According to the Longchen Nyingthig Tradition*. Boston: Shambhala Publications, 1988.

Mipham Rinpoche. *Gateway to Knowledge*. Hong Kong: Rangjung Yeshe Publications, 1997.

Murti, T. R. V. *The Central Philosophy of Buddhism*. London: George Allen and Unwin, 1960.

Patrul Rinpoche. *The Words of My Perfect Teacher*. New York: HarperCollins, 1994; Altamira 1998; Boston: Shambhala Publications, 1999.

Pelden, Khenchen Kunzang, and Minyak Kunzang Sonam. *Wisdom: Two Buddhist Commentaries*. Translated by the Padmakara Translation Group. Saint Léon sur Vézère, France: Editions Padmakara, 1993, 1999.

Perdue, Daniel E. *Debate in Tibetan Buddhism*. Ithaca, N.Y.: Snow Lion, 1992.

Rabjam, Longchen. *The Practice of Dzogchen*. Introduced, translated, and annotated by Tulku Thondup. Ithaca, N.Y.: Snow Lion, 1996.

Rangdrol, Tsele Natsok. *The Mirror of Mindfulness: The Cycle of the Four Bardos*. Boston: Shambhala Publications, 1989.

Russell, Bertrand. *The Problems of Philosophy*. Oxford: Oxford University Press, 1912.

Shantideva. *The Way of the Bodhisattva: A Translation of the Bodhicharyavatara*. Boston: Shambhala Publications, 1997.

Tendar, Sogpo. *yon tan rin po che'i mdzod kyi dka' gnad rdo rje'i rgya mdud 'grel byed legs bshad gyi thur ma*. Tibetan xylograph.

Thondup, Tulku. *Masters of Meditation and Miracles: The Longchen Nyingthig Lineage of Tibetan Buddhism*. Boston: Shambhala Publications, 1996.

Tulku, Tarthang. *Light of Liberation*. Berkeley: Dharma Publishing, 1992.

二、佛經

Ajatashatru-parivarta, The Chapter of Ajatashatru, *ma skyes dgra'i le'u*, 《佛說阿闍世王經》

Akashagarbha-sutra, The Sutra of Akashagarbha, *nam mkha'i snying po'i mdo*, 《虛空藏菩薩經》

Akshayamati-paripriccha-sutra, The Sutra Requested by Akshayamati, *blo gros mi zad pas zhus pa'i mdo*, 《無盡意菩薩請問經》

Anityartha parikatha, The Discourse on Impermanence, *mi rtag pa'i gtam*,

《無常義譚》

Arya-Lokadhara-paripriccha-sutra, The Sutra of the Questions of Arya Lokadhara, *'phags pa 'jig rten 'dzin gyis dris pa'i mdo*,《聖持世所問經》

Avatamsaka-sutra, The Great Compendium Sutra, *phal po che'i mdo*,《華嚴經》

Bhadrakalpita-sutra, The Fortunate Kalpa Sutra, *bskal pa bzang po'i mdo*,《賢劫經》

Bodhisattvapratimoksha-sutra, The Bodhisattva Pratimoksha Sutra, *byang chub sems dpa'i so sor thar pa'i mdo*,《菩薩別解脫經》

Chandrapradipa-sutra, The Lamp of the Moon Sutra, *zla ba'i sgron me'i mdo*,《月燈三昧經》

Dashachakrakshitigarbha-sutra, The Ten Wheel Sutra, *'khor lo bcu pa'i mdo*,《地藏十輪經》

Dashadharmaka-sutra, The Ten Dharma Sutra, *chos bcu pa*,《十法經》

Gandavyuha sutra, The Tree-Garland Sutra, *sdong po bkod pa'i mdo*,《樹嚴經》（《華嚴經・入法界品》別稱）

Hridaya-sutra, The Heart Sutra, *shes rab snying po mdo*,《心經》

Karmashataka-sutra, The Hundred Actions Sutra, *las brgya pa*,《百業經》

Karmavibhanga, Actions Distinguished, *las rnam par 'byed pa*,《辨業經》

Kashyapa-parivarta, The Kashyapa Chapter, *'od srung gi le'u*,《大寶積經・迦葉品》

Lalitavistara-sutra, The Sutra of Great Play, *rgya cher rol pa*,《方廣大莊嚴經》（另譯《大遊戲經》、《普曜經》）

Lankavatara-sutra, The Visit to Lanka Sutra, *lang kar gshegs pa'i mdo*,《楞伽經》

Mahabheri-sutra, The Great Drum Sutra, *rnga bo che'i mdo*,《大法鼓經》

Mahaguhyaupayakaushalya-sutra, The Sutra of Skillful Means of the Great Secret, *gsang chen thabs la mkhas pa'i mdo*, 《佛說大方廣善巧方

便經》

Mahamoksha-sutra, The Great Liberation Sutra, *thar pa chen po'i mdo*,《聖大解脫經》

Niyataniyatagatimudravatara-sutra, The Sutra of Certain and Uncertain Displacement, *nges pa dang ma nges pa la 'jug pa'i mdo*,《入定不定印經》

Pitaputrasamagama-sutra, The Sutra of the Meeting of the Father with the Son, *yab sras mjal ba'i mdo*,《父子合集經》

Pratimoksha-sutra, The Individual Liberation Sutra, *so sor thar pa'i mdo*,《別解脫經》

Rajavavadaka-sutra, The Sutra of Advice for the King, *rgyal po la gdams pa'i mdo*,《佛說勝軍王所問經》

Ratnakuta, The Jewel Mound Sutra, *dkon mchog brtsegs pa*,《寶積經》

Ratnamegha-sutra, The Cloud of Jewels Sutra, *dkon mchog sprin*,《寶雲經》

Ratnarashi-sutra, The Heap of Jewels Sutra, *rin po che'i phung po'i mdo*,《寶蘊經》

Ratnolka-sutra, The Precious Lamp Sutra, *dkon mchog ta la la'i mdo*,《大方廣總持寶光明經》

Saddharmapundarika-sutra, The White Lotus Sutra, *pad ma dkar po'i mdo*,《妙法蓮華經》

Saddharmasmrityupasthana-sutra, The Close Mindfulness Sutra, *dran pa nyer bzhag mdo*,《正法念處經》

Sagaramati-paripriccha-sutra, The Sutra Requested by Sagaramati, *blo gros rgya mtshos zhus pa'i mdo*, 《海慧菩薩請問經》（漢譯《佛說海意菩薩所問淨印法門經》）

Samadhiraja-sutra, The King of Concentrations Sutra, *ting 'dzin rgyal po'i mdo*,《三摩地王經》

Sanchayagathaprajnaparamita-sutra, The Condensed Prajnaparamita Sutra, *mdo sdud pa*,《八千頌般若》

Sandhinirmochana-sutra, The Sutra Decisively Revealing the Wisdom Intention, *dgongs pa nges 'grel gyi mdo*,《解深密經》

Shrimaladevisimhanada-sutra, The Queen Shrimala Sutra, *dpal phreng gi mdo*,《勝鬘經》

Subahu-pariprccha-sutra, The Sutra Requested by Subahu, *lag bzangs kyis zhus pa'i mdo*,《妙臂請問經》

Triskandhaka-sutra, The Three Parts Sutra, *phung po gsum pa tshang ba'i mdo*,《三聚經》

Udanavarga, The Intentionally Spoken Chapters, *ched du brjod pa'i tshoms*,《法句經》

Vimala-sutra, The Sutra of the Immaculate, *dri ma med pa'i mdo*,《無垢經》

Vinaya-uttaragrantha, The Unparalleled Text on the Vinaya, *'dul ba gzhung dam pa*,《律上分》

Vinayavastu, The Basis of Vinaya, *lung gzhi*,《毘奈耶事》（另譯《律本事》）

Vinayavibhanga, The Distinctions Regarding the Vinaya, *lung rnam 'byed*,《律分別》

三、藏文、梵文論典

Abhidharmakosha by Vasubandhu, The Treasury of Abhidharma, *mngon pa mdzod*, 世親《阿毘達磨俱舍論》

Abhidharmasamucchaya by Asanga, The Compendium of Abhidharma, *mngon pa kun btus*, 無著《大乘阿毘達磨集論》

Abhisamayalankara by Maitreya/Asanga, The Ornament for Clear Realization, *mngon rtogs rgyan*, 彌勒菩薩／無著《現觀莊嚴論》

Absorption's Easeful Rest by Longchen Rabjam, *bsam brtan ngal gso,* 龍欽巴尊者《禪定休息》

Bodhicharyavatara by Shantideva, The Way of the Bodhisattva, *spyod 'jug*,

寂天《入菩薩行論》

Bodhichittavivarana by Nagarjuna, The Commentary on Bodhichitta, *byang chub sems 'grel*, 龍樹《菩提心釋》

Bodhisattvabhumi-shastra by Asanga, The Bodhisattva Grounds, *byang sa*, 無著《菩薩地持經》

Buddhacharita by Ashvaghosha, The Life of Buddha, *sangs rgyas kyi spyod pa*, 馬鳴《佛所行讚》

The Chariot of the Two Truths by Jigme Lingpa, *bden gnyis shing rta*, 吉美林巴《二諦車》

The Commentary on the Praise of the Grounds, *sa'i stod 'grel*,《十地經論》（譯注：世親的《十地經》釋論）

The Description of the Asuras, *lha min gyi rabs*,〈阿修羅品〉（譯注：《起世經》十二品中的一品）

The Description of the Hells, *dmyal ba'i rabs*,〈地獄品〉（譯注：同為《起世經》中的一品）

The Garland of Light by Bhutichandra, *'od phreng*, 福月《光鬘》

The Great Chariot by Longchen Rabjam, *shing rta chen po*, 龍欽巴尊者《大車疏》

The Great Commentary on the Kalachakra by Dawa Zangpo, *dus 'khor 'grel chen*, 月賢《時輪本續大疏》

Introduction to Scholarship by Mipham Rinpoche, *mkhas 'jug*, 米滂仁波切《智者入門》

The Introduction to the Two Truths, *bden gnyis 'jug pa*,《入二諦論》

The Lamp for the Path by Atisha, *lam gyi sgron me*, 阿底峽尊者《菩提道燈論》

Madhyamakalankara by Shantarakshita, The Ornament of the Middle Way, *dbu ma'i rgyan*, 寂護《中觀莊嚴論》

Madhyamakaloka by Kamalashila, The Light of the Middle Way, *dbu ma snang ba*, 蓮花戒《中觀光明論》

Madhyamakavatarabhasya by Chandrakirti, The Introduction to the Middle Way, *dbu ma la 'jug pa*, 月稱《入中論》

Maharajakanishka-lekha by Matriceta, The Letter to King Kanishka, *ka ni ka'i spring yig*, 摩咥里制吒《大王迦膩色迦書》

The Mind at Rest by Longchen Rabjam, *sems nyid ngal gso*, 龍欽巴尊者《心性休息論》

Mulamadhyamaka-karika by Nagarjuna, The Treatise of the Middle Way Called Wisdom, *dbu ma rtsa ba'i shes rab*, 龍樹《中論》（另稱《中觀論頌》）

Mulamadhyamakavrttiprasannapada by Chandrakirti, The Clear Worded, a Commentary on the Treatise on the Middle Way, *tshig gsal*, 月稱《淨明句論》（《中論》釋論）

Munimatalankara by Abhayakaragupta, The Ornament of the Muni's Intended Meaning, *thub dbang dgongs rgyan*, 無畏作《牟尼密意莊嚴論》

Panchakrama by Nagarjuna, The Five Stages, *rim pa lnga pa*, 龍樹《五次第》（譯注：另稱《密集金剛五次第論》）

Prajnapradipa by Bhavaviveka, The Lamp of Wisdom, *shes rab sgron me*, 清辨《般若燈論》

Rahula's Praises of the Mother, sgra gcan 'dzin gyis yum la bstod pa, 羅睺羅跋陀羅《讚般若偈》

Ratnavali by Nagarjuna, The Jewel Garland, *rin chen phreng ba*, 龍樹《寶鬘論》

Sammohavinodani by Buddhaghosha, 覺音（或譯佛音）《除癡迷論》

Samvaravimshaka by Chandragomin, The Bodhisattva's Vow in Twenty Verses, *sdom pa nyi shu pa*, 月官《菩薩律儀二十頌》

Satyadvayavibhanga by Jnanagarbha, The Two Truths of the Middle Way, *dbu ma bden gnyis rnam 'byed*, 智藏《二諦分別論》

The Seven Treasures by Longchen Rabjam, *mdzod bdun*, 龍欽巴尊者《七

寶藏論》

The Seventy Shlokas on Refuge, by Chandrakirti, *skyabs 'gro bdun bcu pa*, 月稱《皈依七十頌》

Shikshasamucchaya by Shantideva, The Compendium of Precepts, *bslab btus*, 寂天《學處集要》

The Songs of Realization by Jangya Rolpai Dorje, *gsung mgur*, 蔣嘉・若貝・多傑《道歌集》

Suhrllekha by Nagarjuna, The Letter to a Friend, *bshes springs*, 龍樹《勸誡王頌》（另譯《親友書》）

Sutralankara by Maitreya/Asanga, The Ornament of Mahayana Sutras, *mdo sde'i rgyan*, 彌勒菩薩／無著《大乘莊嚴經論》

The Three Vows by Jigdral Yeshe Dorje, Dudjom Rinpoche, *sdom gsum*, 敦珠法王（吉札・耶謝・多傑）《三律儀》

The Three Vows Distinguished by Sakya Pandita, *sdom gsum rab dbye*, 薩迦班智達《善辨三律儀論》

The Treasury of Tenets by Longchen Rabjam, *grub mtha' mdzod*, 龍欽巴尊者《宗派寶藏論》

A Treasure of Wish-Fulfilling Jewels by Longchen Rabjam, *yid bzhin rin po che'i mdzod*, 龍欽巴尊者《如意寶藏論》

Uttaratantra-shastra by Maitreya/Asanga, The Sublime Continuum, *rgyud bla ma*, 彌勒菩薩／無著《寶性論》

Vigrahavyavartani by Nagarjuna, The Commentary on the Refutation of Objections, *rtsod ldog*, 龍樹《迴諍論》

Vinaya-sutra by Gunaprabha, The Discourse on Discipline, *'dul ba'i mdo rtsa*, 德光《律經》

Visuddhimagga by Buddhaghosha, The Path of Purity, 覺音《清淨道論》

Vyakhyayukti by Vasubandhu, The Principles of Elucidation, *rnam par bshad pa'i rigs pa,* 世親《釋軌論》

Yogacharabhumi-shastra by Asanga, The Treatise on the Grounds of

Realization in Five Sections, *sa sde*, 無著《瑜伽師地論》

四、密續

bdud rtsi 'byung ba'i rgyud, The Nectar Spring Tantra,《甘露湧續》

dus 'khor, *Kalachakra-tantra*, The Wheel of Time Tantra,《時輪金剛續》

gsang ba cod pan, The Secret Diadem,《祕密冠續》

gsang ba 'dus pa, *Guhyasamaja-tantra*, The Union of Secrets Tantra,《密集金剛續》

'jam dpal rtsa rgyud, The Root Tantra of Manjushri,《文殊根本續》

'khor lo chub pa'i rol pa, The Play of the Accomplished Mandala,《圓滿輪莊嚴續》

kun byed rgyal po, The All-Creating King Tantra,《普作王續》

mdo dgongs pa 'dus pa, The Epitome of Essential Meaning,《經部密意總集》

nam mkha'i klong yangs kyi rgyud, The Vastness of the Sky Tantra,《廣大虛空續》

pad ma rtse mo rgyud, The Lotus Tip Tantra,《蓮花頂續》

phyag rdor dbang bskur ba'i rgyud, The Empowerment of Vajrapani Tantra,《金剛手灌頂續》

rdo rje sems dpa'i sgyu 'phrul dra ba, Vajrasattva's Phantasmagorical Net Tantra,《金剛薩埵幻化網》

rgya mtsho'i rgyud, The Tantra of the Ocean,《海會續》

rgyud gsang ba snying po, *Guhyagarbha-tantra*, The Secret Essence Tantra,《祕密藏續》

rgyud phyi ma, The Later Tantra,《後續》

rig pa mchog gi rgyud, The Supreme Awareness Tantra,《妙明續》

sangs rgyas mnyam sbyor, *Sarvabuddhasamayayoga-tantra*, The Union of Buddhas Tantra,《一切佛平等合續》

thal 'gyur rgyud, The Thalgyur Tantra,《應成續》

yid bzhin mchog gi rgyud, The Supreme Wish-Fulfilling Tantra,《殊勝如意續》

《功德藏釋：三道甘露精華》經部下冊

作　　者：吉美・林巴（Jigme Lingpa）
釋　　論：甘珠爾仁波切隆欽・耶謝・多傑
Kangyur Rinpoche（Longchen Yeshe Dorje）
英　　譯：蓮師翻譯小組
中　　譯：劉婉俐
總 策 劃：釋了意
主　　編：釋寶欣
責　　編：何維綺
封面設計：馬念慈
內文排版：何維綺
發 行 人：歐陽慕親
出版發行：財團法人靈鷲山般若文教基金會附設出版社
地　　址：23444新北市永和區保生路2號21樓
電　　話：(02)2232-1008
傳　　真：(02)2232-1010
網　　址：www.093books.com.tw
讀者信箱：books@ljm.org.tw
法律顧問：永然聯合法律事務所
印　　刷：海洋文具印刷有限公司
劃撥帳戶：財團法人靈鷲山般若文教基金會附設出版社
劃撥帳號：18887793
初版一刷：二〇二〇年六月
定　　價：新台幣 500 元
I S B N：978-986-97888-8-5

國家圖書館出版品預行編目（CIP）資料

功德藏釋 : 三道甘露精華(經部下冊) / 吉美.林巴(Jigme Lingpa)作 ; 甘珠爾仁波切(Kangyur Rinpoche)釋論 ; 劉婉俐中譯. -- 初版. -- 新北市 : 靈鷲山般若出版, 2020.06
面； 公分
譯自 : Treasury of precious qualities : a commentary on the root text of Jigme Lingpa.
ISBN 978-986-97888-8-5(平裝)

1.藏傳佛教 2.注釋 3.佛教修持

226.962　　109006425

靈鷲山般若書坊

Treasury of Precious Qualities: A Commentary on the Root Text of Jigme Lingpa by Kangyur Rinpoche and Foreword by H. H. The Dalai Lama
Copyright © 2001 by the Padmakara Translation Group. Published by agreement with the Editions Padmakara. Complex Chinese translation copyright © 2020 by Ling Jiou Mountain Press, Ling Jiou Mountain Prajna Cultural and Educational Foundation
ALL RIGHTS RESERVED